Manfred Stahnke

Struktur und Ästhetik bei Boulez

Dritte Sonate, Formant "Trope" -

mit Mallarmé & Joyce

2. durchgesehene und aktualisierte Auflage

Hamburg 2017

BoD

Bibliografische Information der Deutschen Nationalbibliothek:
Die Deutsche Nationalbibliothek verzeichnet diese Publikation
in der Deutschen Nationalbibliografie. Detaillierte bibliografische
Daten sind im Internet über http://dnb.de abrufbar.

Erstausgabe Verlag Karl-Dieter Wagner, Hamburg 1979

2. Auflage BoD Norderstedt
© 2017 Manfred Stahnke
Herstellung und Verlag:
BoD - Books on Demand, Norderstedt
ISBN: 9783743187542

Der Hamburger Komponist und Musikologe Manfred Stahnke wurde 1951 in Kiel geboren und studierte ab 1966 in Lübeck Violine, Klavier und Komposition, ab 1970 in Freiburg, Hamburg und in den USA Komposition, Musikwissenschaft und Computermusik. Er legte das Examen in "Musiktheorie und Komposition" 1973 in Freiburg bei Wolfgang Fortner ab. 1979 promovierte er in Hamburg bei Constantin Floros über Pierre Boulez. Seine Lehrer in Komposition waren nach Wolfgang Fortner: Klaus Huber und Brian Ferneyhough (Freiburg), Ben Johnston (Urbana, USA) und György Ligeti (Hamburg).

Zu seinen Kompositionen zählen Bühnenwerke: "DER UNTERGANG DES HAUSES USHER" 1981, "HEINRICH DER VIERTE" 1987, "WAHNSINN, DAS IST DIE SEELE DER HANDLUNG", Neufassung Berlin Staatsoper 2012, "ORPHEUS KRISTALL" 2002, Biennale München. Ferner Orchesterwerke und Konzerte, u.a. aufgeführt vom Radiosinfonieorchester Hilversum, den Kieler Philharmonikern und dem SWR-Sinfonieorchester, darunter "DANZBODNLOCK", Violinsinfonie mit Barbara Lüneburg (Violine) und Hans Zender; "SCALES OF AGES", Saxophonsinfonie mit John-Edward Kelly (Saxophon) und Thomas Kalb. Außerdem schrieb Stahnke viele Kammermusiken für Ensembles wie das ensemble modern, das Nieuw Ensemble Amsterdam, das ensemble decoder etc.

Er reiste mit dem Ensemble CHAOSMA als Komponist und Keyboarder in viele Erdteile; war in Neuseeland, Südafrika oder in den USA Vortragender über aktuelle Musik; spielt derzeit mit dem Improvisationsensemble "TonArt" Viola.

Seit 1989 ist er an der "Hochschule für Musik und Theater Hamburg" Professor für Komposition, seit 1999 Mitglied der "Freien Akademie der Künste in Hamburg", wo er derzeit (2017) die Sektion Musik leitet. Er wirkte viele Jahre im Musikbeirat des Goethe-Instituts München.

Inhalt

9   Einleitung

20 I. Die offene Logik der Mikrostruktur
25 A   Der Tonhöhenbereich
30   1. "Texte"
39   2. "Parenthèse"
43   3. "Commentaire"
          a   Die erste Strukturschicht
47   b   Die zweite Strukturschicht
49   1) Die Gesamtansicht (= Aufstellung 1)
53   2) Die Mikrostruktur
64   3) Der Weg der Entschlüsselung
68   c   Die dritte Strukturschicht
70   1) Die Gesamtansicht der dritten Strukturschicht im Verhältnis zur zweiten Schicht (= Aufstellung 2)
78   2) Formen der Verschleierung der dritten Strukturschicht
85   4. "Glose"
89 Zwischenergebnis der Tonhöhenanalyse

93 B   Der rhythmische Bereich
97   1. Zur Herkunft der rhythmischen Sprache Boulez' in der III. Sonate
104   2. Die rhythmische Zelle in der III. Sonate
          a   "Texte"
             1) Die Entwicklung von der Urzelle zur ersten "Texte"-Zelle
109   2) Die Hauptschicht-Zellen
112   3) Die Nebenschicht-Zellen
114   4) Das Netz rhythmischer Ableitungen

116	b	"Parenthèse"
		1) Die erste rhythmische Reihe: "Tempo"-Zellen
118		2) Die zweite rhythmische Reihe: "Libre"-Zellen
121		3) Die Mikrostrukturierung
		a) ... der "Tempo"-Zellen
126		b) ... der "Libre"-Zellen
135	c	"Commentaire", "Glose"
142		Zwischenergebnis der rhythmischen Analyse
145	II.	Inhaltsästhetische Aspekte
146	A	Boulez' Position zu Joyce und Mallarmé
		1. Das anonyme Werk
149		2. Die offene Form
167		3. "hasard", "réalité" bei Mallarmé - Der Zufallsbegriff bei Boulez
172	B	Die Bezugnahme auf Musikgeschichte im Formanten "Trope" der III. Sonate
183	C	Boulez' Verhältnis zur Naturwissenschaft und zu naturwissenschaftlichen oder mathematischen Denkweisen
193	III.	Versuch einer kritischen Annäherung
194	A	Zum Begriff "Anonymat"
		1. Der Tonhöhenbereich
200		2. Der rhythmische Bereich
202		3. Die Dynamik
208		4. Die Anschlagsarten
211	B	Zum Begriff der offenen Form
214	C	Der Zufallsaspekt der Sprache - Die Notwendigkeit der Codeveränderung
232		Abschließende Bemerkungen
237		Anmerkungen
251		Literatur
266		Nachwort

hören hören und nochmal hören!

Einleitung

2016 verstarb Pierre Boulez, einer der zentralen Komponisten des 20. Jahrhunderts und des sogenannten "Serialismus". Er selbst prägte diesen Denkstil entscheidend mit durch seine Werke und seine Schriften. In der zweiten Hälfte der 50er Jahre unterwarf er den Serialismus selbst einer Analyse, ganz besonders durch die Komposition seiner "Dritten Klaviersonate", hier noch tiefgründiger als in seinen Schriften. Dieses fulminante Fragment einer Sonate, von dem er große Teile wieder zurückzog, setzt sich tief auseinander mit Literatur, insbesondere mit Mallarmé und Joyce. Beide Dichter verbindet Boulez im Rahmen seiner komplex formulierten Musiksprache mit dem damals auch in die Kompositionswelt gelangenden Gedanken der "offenen Form". Einen der veröffentlichten Teile der Sonate, "Trope" ("Einfügung" im mittelalterlichen Sinn) werden wir hier eingehend untersuchen, nicht nur in seinen rein-musikalischen Strukturelementen, sondern ganz besonders in seiner ästhetischen Haltung. Wir werden sehen, dass dieses Werk weitgespannt künstlerische und nebenbei auch naturwissenschaftliche Positionen des 20. Jahrhunderts mit einbezieht und beschreibt. Diese Sonate wird sich herausstellen als eine Klang gewordene Philosophie. Boulez war ein Freund der Weisheit, ganz gewiss. Und er war ein Kämpfer für eine Musik voller Präsenz und Wahrhaftigkeit, geistiger Durchdringung ihrer selbst. Wir benutzen das Wort "Kämpfer" hier sehr bewusst. Ein Kämpfer hat immer auch Gegner, oder gegnerische Konzepte. Dazu gehörte für Boulez eine rein aus dem alten Vokabular schöpfende Musik. Vor lauter Kampfesmut sah er oft nicht, dass auch die alte Musiksprache sich mitunter selbst verschmitzt oder verzweifelt analysierte. Es dauerte für Boulez eine geraume Zeit, bis er die Qualität Strawinsky's sah. Schostakowitsch jedoch verstand Boulez rein gar nicht, äußerte sich sogar abschätzig, wie Ligeti im Schülerkreis berichtete.

Wir werden sehen, wie sehr auch Boulez in seiner III. Sonate mit dem Phänomen Sprache kämpfte, mit dem Phänomen der durch Jahrhunderte **gewordenen** Musiksprache. Dies wurde sogar zum Hauptthema der Sonate, weit über die kleinen Subthemen der Strukturierungen in Ton und Rhythmus hinaus. Dies ist extrem wichtig zu wissen, wenn wir uns in dieser Arbeit sehr extensiv mit Strukturen befassen müssen. Dieser Teil der Arbeit wird nur **hinführen** zum tiefen Inhalt des Werkes, der aus einem Dualismus, einer Dialektik, einer Antinomie, einer Aporie besteht, also einem Unauflösbaren zwischen reiner Musikstruktur und Menschenbotschaft, oder Menschenschrei. Boulez hat über Jahre mit dieser Sonate gekämpft. Sie ergab sich ihm nur in Teilen.

Der Serialismus hat Auswirkungen auf Bereiche des musikalischen Schaffens noch im 21. Jahrhundert, zentral etwa bei Brian Ferneyhough und dessen weitverzweigter Denkschule. Serialismus selbst allerdings erscheint immer deutlicher als ein abgeschlossenes musikhistorisches Phänomen. Seine Blütezeit liegt in dem Zeitraum 1952-57. Hier wurden die wenigen Werke geschrieben, die jene Epoche eines radikalen Avantgardismus überdauern könnten. Vielleicht sind dies von Stockhausen die "Zeitmaße" für Bläser, die "Gruppen" für Orchester, von Nono "Il Canto sospeso" für Soli, Chor und Orchester, von Boulez "Le Marteau sans Maître" für Alt und Ensemble und, eher wohl als die "Structures I" für zwei Klaviere, die III. Klaviersonate.

Auch heute, 2017, ist es jedoch gefährlich, mit Bestimmtheit gerade diese Werke als die tragenden einer Epoche hervorzuheben. Um bei Boulez zu bleiben: Werke wie "Pli selon pli" (mit drei "Improvisations sur Mallarmé") für Sopran und Orchester oder auch "Figures-Doubles-Prismes" für Orchester, die bald nach der III. Sonate geschrieben wurden, spielen sicher eine wichtige Rolle innerhalb der Avantgarde der damaligen Zeit, sind aber weniger die Exposition von etwas Neuem als eine Fortsetzung dessen, was speziell in der III. Sonate erreicht war.

Boulez ist, konsequenter als viele seiner Mitstreiter der 50er Jahre, der seriellen Idee prinzipiell treu geblieben, wenn sie sich auch bei ihm erweiterte und wandelte. Wir werden später "Rituel" für Orchester (1975) eingehender untersuchen. 1979, als die vorliegende Arbeit in ihrer ersten Form verfasst wurde, erschien der Kreis der damals noch seriell denkenden Komponisten wie ein Relikt. Es entstand besonders seit den 70er Jahren des vorigen Jahrhunderts ein gewichtiger Kontrapunkt: Damals wurde "Tonalität" in ihren vielfältigen Formen auch in Konzerten der sogenannten "Neuen Musik" wieder thematisiert. Immer deutlicher zeigte sich die Tendenz, den musikgeschichtlichen Abfall, den die Avantgarde der 50er Jahre ein für allemal unter den Tisch fegen wollte, wieder hervorzugraben. Zitat- und Collagekompositionen seit den 60er Jahren, bei Bernd Alois Zimmermann etwa oder bei Luciano Berio, entstanden aus einer Vorstellung heraus, dass Musik und Musikgeschichte eben doch nicht, wie die Serialisten dachten, auch Boulez, auf einem Pfeil eines wie auch immer gearteten Fortschritts angesiedelt sind, sondern dass Musik sich innerhalb einer **Kugelgestalt der Zeit** bewegen könnte. Mitunter auch nahmen Komponisten eine Haltung des **uneigentlichen** tonalen Komponierens ein, in etwa formulierend: "Ich schreibe tonal, wohl wissend, dass es eigentlich nicht mehr geht, und ich thematisiere genau diesen Zustand". Spätestens ab den 70er Jahren aber schien diese Haltung umzuschlagen in eine - im positiven Sinn - naiv ausgelebte **Sehnsucht** nach der emotionalen Kraft des Alten. In dieser vielfältigen Umgebung wurde die Abgeschlossenheit der seriellen Denkweise immer offensichtlicher. Die Neue Musik diversifizierte sich in eine Pluralität von Denkrichtungen und Stilen. Serialismus wurde ein geschichtliches Phänomen und schreit heute danach, eingehend und emotionsfrei untersucht zu werden. Schließlich hatte diese Denkweise entscheidend dazu beigetragen, dass neu komponierte Musik im Kulturkontext diskutiert wurde, wie kontrovers auch immer. Ab den 50er Jahren wurden in den diversen Rundfunkanstalten Sendereihen mit "Neuer Musik" eingerichtet, in Hamburg etwa "das neue werk". Boulez führte hier seine - damals noch fünfsätzige - III. Sonate selbst auf. Neukomponierte Musik nahm teil an der Gesamtdiskussion der Künste. Vehement und gewiss extrem einseitig wurde damals kurzzeitig der Serialismus als einzig mögliche Denkform in neukomponierter Musik propagiert, von Komponisten und Musikjournalisten. Und ähnlich vehement wurde er von vielen Musikschaffenden und großen Teilen des Publikums abgelehnt, weil zu viele Brücken für ein Verständnis entweder zu schwach gebaut oder weil sie ohne Ersatz abgerissen worden waren. Eine Region, wo diese Neue Musik hätte leben können, wurde nicht mitgedacht, oder sie wurde gar nicht erst gewollt. Selbst in dem kleinen Kreis von spezialisierten Profihörern aus Komponisten und schreibenden Musikphilosophen, die sich in Darmstadt oder auf Neue-Musik-Festivals trafen, überlebten die allermeisten dieser Werke nicht ihre Uraufführung. Werke waren temporäre Diskussionspunkte in einer schier endlosen Kette von Versuchsanordnungen wie in einem Chemielabor. Die meisten dieser Anordnungen sind für das Musikleben verlorengegangen. Gerade deshalb ist es ungeheuer wichtig, die zentralen, Wirkung zeitigenden Perlen zu finden und zu beschreiben. Dazu gehört zweifellos die III. Sonate.

Diese Arbeit über Boulez' III. Sonate muss als ein Versuch betrachtet werden, das serielle Denken und dessen ästhetischen Hintergrund analytisch zu durchleuchten. Die III. Sonate wurde gewählt, weil sie ein Schlüsselwerk innerhalb des Serialismus und innerhalb des Boulez'schen Œuvre darstellt. In ihr realisiert sich, viel konsequenter noch als im "Marteau", die Durchdringung von Strenge und Spontaneität. Boulez' Grundvorstellung eines beweglichen Universums, abgezogen von Stéphane Mallarmé und James Joyce, findet in der III. Sonate die extreme Ausprägung.

Boulez hat in der III. Sonate jene Denkweise fortgesetzt, die mit dem "Marteau sans Maître" (1952/54) auf Texte von René Char begann. Es geht nicht mehr darum, starre Zahlentabellen strikt einzuhalten wie noch in der frühseriellen Zeit, ganz besonders in der "Structure I a" von 1952, die György Ligeti exemplarisch analysierte.(1) Die "Structures I" für zwei Klaviere faszinierten als Extremfall von serieller Strenge und dem Versuch, diese Strenge zu überwinden. Frühe weitere Beispiele der Auseinandersetzung sind in den Anmerkungen erwähnt.(2,3)

Boulez schafft sich dann im "Marteau" und extrem in der III. Sonate Möglichkeiten, durch "lokale Indisziplin"(4) unter verschiedenen Strukturwegen frei zu wählen, in der Sonate dann praktisch in jedem Moment. Der Notentext wird flexibel, da der Komponist ihn lokal nach eigenem Ermessen steuern und umsteuern, ja sogar zugrunde liegende Strukturen durch Gegenstrukturen auslöschen kann. Auch darin ist Boulez Mallarmé und Joyce nah. Je offener aber die Regeln sind, auf denen der Notentext beruht, desto schwieriger wird es, diese Regeln ausfindig zu machen. Die entwickeltsten Teile der III. Sonate erscheinen zunächst völlig improvisiert. Nach einiger Zeit detaillierter analytischer Arbeit stellt sich jedoch heraus, dass dem Notentext doch ein strenger struktureller Ablauf zugrunde liegt, wenn auch oft als Bild seiner Aufhebung. Wir werden uns mit der Frage beschäftigen, was Boulez zu dieser Sprache der Offenheit geführt hat und woher diese Haltung kam.

Boulez hat dem Analysierenden die Arbeit insofern erleichtert, als er in verschiedenen Schriften und Interviews seine Kompositionstechnik, seine gesamte Denkweise erläuterte. Besonders wichtig im Zusammenhang mit der III. Sonate sind folgende Schriften:

1. "Möglichkeiten" (1952): Hier schildert Boulez unter anderem ausführlich seine rhythmische Zellentechnik. Diese spielt in der III. Sonate eine zentrale Rolle.(5) Sie geht aus von Boulez' Lehrer Messiaen, aber ebenso stark von Strawinsky.

2. "Alea" (1957): Boulez beschäftigt sich hier mit allen Implikationen des Begriffs "Zufall" und seiner Einpflanzung in das musikalische Werk. Mallarmé steht deutlich im Hintergrund. Am Ende wird aus seinem "Igitur" zitiert.(6)

3. "Zu meiner Dritten Klaviersonate" (1960): In diesem Aufsatz erläutert Boulez die großformale bewegliche Anlage seiner Sonate. Er setzt sein Werk in Beziehung einerseits zu den neuen Erkenntnis der Naturwissenschaft, andererseits speziell zu Mallarmé's "Un coup de dés" und "Le livre", außerdem zu Joyce' "work in progress" mit dem endgültigen Titel "Finnegans Wake".(7)

4. "Musikdenken heute 1" (1963): Dies ist ein umfangreicher Essay über Boulez' damaligen kompositorischen Standpunkt. Wichtig ist für uns vor allem die Erwähnung der Zwölftonreihe von "Trope" aus der III. Sonate, außerdem die Behandlung vieler kompositionstechnischer Einzelfragen,

wie z.B. jene nach der Gewichtung der musikalischen **Parameter**: Tonhöhe, Tondauer, Tonstärke, Tonfarbe.(8) Die Idee des Parameters übernimmt Boulez aus der frühseriellen Zeit und formt sie sich spezifisch um.

5. Ferner äußerte sich Boulez (1972 bzw. 1974) eingehend über seine Sonate in Interviews mit Célestin Deliège.(9)

Über das Vorgängerwerk für Alt und Ensemble, "Le Marteau sans Maître", liegen, was seine Mikrostruktur und Ästhetik betrifft, inzwischen viele Untersuchungen vor.(10) Dieser bunte Strauß von Arbeiten zeigt das stetig wachsende Interesse an diesem Werk, mit dem Boulez gern identifiziert wird, das aber doch nur einen Zwischenschritt innerhalb seines Œuvre darstellt.

Über die III. Sonate hingegen fehlen bisher fast gänzlich detaillierte Darstellungen. Der Schwierigkeit der Sonate entspricht die rare Beschäftigung mit ihrem Text. Rosângela Pereira de Tugny und Peter O'Hagan haben das Skizzenmaterial eingesehen.(11,12) O'Hagan hat dazu einen ausführlichen Bericht verfasst und die Skizzen zum endgültigen Klaviertext in Beziehung gebracht. Es gibt auch eine kurze Untersuchung speziell zur Verbindung zwischen der III. Sonate und den Literaten Mallarmé und Joyce von Zbigniew Granat.(13)

Die Feinstruktur der III. Sonate ist bisher noch nicht zusammenhängend analysiert worden. O'Hagan hat in seiner umfänglichen Surrey-Veröffentlichung die Entwicklung "Commentaire" aus "Trope" auf das Tonmaterial hin durchleuchtet, ohne die Tonhöhen-Vorgänge im Zusammenhang zu beschreiben.(12) Konrad Boehmer hat in seinem Buch "Zur Theorie der offenen Form in der Neuen Musik" den Abschnitt "Parenthèse" eingehender betrachtet, was die Tonhöhen betrifft.(14) Hier benutzt Boulez in den "Tempo"-Teilen das einzige Mal in "Trope" seine Zwölftonreihe samt Vergrößerung in die erste "série privilégiée" und deren Ausfaltung in das "squelette".(12) "Parenthèse" ist damit in der Gesamttonstruktur fast ohne Tonumstellungen realisiert, wobei immer die Flexibilität der Auswahl durch den Komponisten hinzugedacht werden muss. Boulez beschreibt, wie erwähnt, diese Reihe in "Musikdenken heute 1". Boehmer bezieht sich bei seiner Analyse auf diese Schrift. Deswegen nimmt es Wunder, dass er sich nicht exakt an Boulez' Reihe hält, sondern eigenmächtig Tonumstellungen vornimmt.(15) Boehmers Buch enthält einen

Vergleich der Formprinzipien von Stockhausens "Klavierstück XI" und Boulez' III. Sonate.(16) Beide Werke werden bezüglich ihrer Form eingehend dargestellt. Boehmer gibt Boulez' Konzeption des **Weges** den Vorzug vor Stockhausens Idee des **Zeitfeldes**: Während dem Interpreten der III. Sonate eine begrenzte (vom Komponisten kontrollierte) Anzahl von Wegen angeboten wird, darf der Interpret von Stockhausens "Klavierstück XI" frei auf der Partiturseite springen; er allein besorgt die Zusammenstellung der Formteile. Für Boehmer ist Stockhausens Zeitfeld eine "undifferenzierte Summe aller gegebenen Permutationen".(17) Formale Kontinuität werde verhindert. In Boulez' III. Sonate hingegen stifteten die Kriterien der Indetermination formalen Zusammenhang, so Boehmer. Wir werden in dieser Arbeit das Problem der offenen Form, wie es sich in der III. Sonate darstellt, ausführlich zu behandeln haben.

György Ligeti hat in seiner Schrift "Zur III. Klaviersonate von Boulez" auf die neuen formalen Fragestellungen dieser Sonate aufmerksam gemacht.(18) Allerdings geht Ligeti von einem sehr frühen Entwicklungsstand der Sonate aus. Spätere Überarbeitungen und das Zurückziehen einiger Formanten führten dazu, dass Ligetis Text auf die heute vorliegenden Teile der Sonate nur bedingt anwendbar ist. Auf den Formant-Begriff, ein zentraler Begriff innerhalb Boulez' formaler Konzeption, kommen wir noch zurück. Zu erwähnen ist eine frühe kurze Studie von Nicholas Maw: "Boulez and tradition", kurz nach der Veröffentlichung des Formanten "Trope" entstanden.(19) Maw macht unter anderem aufmerksam auf das Fehlen der Starrheit der "Structures I", auf die Verbindungen zur Brillanz der beiden früheren Sonaten, auf die literarischen Bezugspunkte, auf die Komplexität des Texts, ohne aber ins Detail zu gehen. Ferner versucht Maw sich an einer Erklärung des Titels "Trope".(20) Maw kennt offensichtlich nicht Boulez' Aufsatz "Zu meiner Dritten Klaviersonate", wo Boulez "Trope" eindeutig auf den mittelalterlichen Begriff bezieht. Tragend im Formanten "Trope" ist der Gedanke, **Einschübe** in vorher festgelegte Texte vorzunehmen, und zwar nicht nur, wie es der mittelalterliche Begriff impliziert, melodische, sondern Einschübe ganzer Formteile. Tropen werden, ausgehend von der Mikrostruktur, übereinander geschichtet, bis sich die Struktur an der Oberfläche dem Zustand der Un-Struktur, dem Chaos nähert. Das wird eines der wichtigen Themen innerhalb der vorliegenden Untersuchung sein.

Als das schlagend Neue der III. Sonate wurde die Verschiebbarkeit ihrer Formteile empfunden. Stockhausens bereits erwähntes "Klavierstück XI" (1956) und Boulez' III. Sonate (1956/57) waren die ersten Werke, die dem Interpreten eine bei Boulez mehr, bei Stockhausen weniger beschränkte Wahlmöglichkeit in der Anordnung der Formteile gewährten. Boulez schreibt als erste Begründung für diese Umwälzung:

> [Es habe sich gezeigt,] "dass ein endgültig festgelegter Ablauf mit dem gegenwärtigen Stand des Musikdenkens nicht mehr übereinstimmt, auch nicht mit der Entwicklung der musikalischen Technik, die sich mehr und mehr der Untersuchung eines relativen Universums zuwendet, einer permanenten Erforschung - vergleichbar einer 'permanenten Revolution'."(21)

Wir werden festzustellen haben, inwiefern die musikalische Technik Grundsätze eines "relativen Universums" untersuchte und was Boulez hierunter überhaupt versteht. Boulez' zweite Begründung für die Offenheit der formalen Anlage stellt die erste in den Hintergrund:

> "Im Grunde genommen ist mein gegenwärtiges Denken mehr aus Reflexionen über die Literatur als über die Musik hervorgegangen."(22)

Der Einfluss komme vor allem von Joyce und Mallarmé. Offenbar gibt es für Boulez zwei Triebfedern dafür, ein Werk nicht mehr mit festgelegtem Formablauf zu konzipieren: 1. die musikalische Sprachentwicklung, 2. das Werk von Joyce und Mallarmé. Diese zwei Stränge gilt es in der III. Sonate zu verfolgen.

Um die Eigenschaften der Boulez'schen musikalischen Sprache von 1956/57 zu beschreiben, brauchen wir Boulez nicht durch das gesamte (nicht fertiggestellte) Labyrinth seiner Sonate zu folgen. Wir werden den Formanten "Trope" herausgreifen. Die komplexe, teilweise bis an den Rand des Chaos getriebene Struktur von "Trope" kann umfassend unsere Frage nach der Boulez'schen Kompositionstechnik dieser Jahre beantworten. Die Begriffe "Labyrinth" und "Chaos" sind zentrale Komponenten im musikalischen Denken von Boulez.

Im ersten Teil dieser Arbeit wird es nicht zu umgehen sein, bis in die feinsten Verästelungen der Boulez'schen Strukturen vorzudringen. Wer diese Analyse nachvollzieht, wird dabei nicht selten das Gefühl haben, er verliere den Boden unter den Füßen. Boulez' Grundprinzip ist das Tropieren einer vorgegebenen Ordnung. Über eine erste Ordnung wird eine zweite gestülpt und eine dritte etc. Alle diese Schichten können sich gegenseitig beeinflussen. Sie bilden gewissermaßen Interferenzen und löschen sich teilweise gegenseitig aus. Der Komponist gewinnt in einem derartigen System erstaunliche Gestaltungsfreiheiten.

Diese Spätform des Serialismus wird gern als bloße Zwischenstufe zur sogenannten 'postseriellen Musik' gesehen. Wer von Serialismus redet, meint oft nur jene Denkweise, die exemplarisch aus der "Structure I a" (1952) von Boulez spricht. Gegen das dort vorhandene rigorose Denken in Zahlentabellen zog Boulez schon 1954 selbstkritisch zu Felde. Er sprach, allerdings ohne sich direkt auf die "Structures" zu beziehen, von einer "monströsen polyvalenten Organisation, die man schleunigst aufgeben sollte".(23) Er meinte, man habe Komposition mit Organisation verwechselt. Viel später, 1972 bzw. 74, charakterisierte Boulez jene Zeit Anfang der 50er Jahre folgendermaßen:

> "Eine Krise, die zwei oder drei Jahre dauert, was ist das schon? Es hat ein Durchgangsstadium gegeben, so, wie man durch einen Tunnel fahren muss, um auf die andere Seite des Berges zu kommen. Dieser Tunnel musste ein paar Jahre lang durchquert werden, und in dieser Zeit war die theoretische Anstrengung so groß, dass es zwischen der eigentlichen Forschung und der Komposition zu keiner Übereinkunft mehr kam."(24)

Angesichts der III. Sonate und der in ihr sich krisenhaft zuspitzenden Situation des seriellen Denkens wird die Frage zu stellen sein, ob die Krise Anfang der 50er Jahre überhaupt überwindbar war ohne gleichzeitige Überwindung der seriellen Denkweise.

Die "Structure I a" gehorcht Zahlentabellen, die primär nichts mit musikalischem Klang zu tun haben. Die strenge Befolgung dieser Tabellen führt, wie Ligeti in seiner Analyse gezeigt hat, zu mehr oder weniger auffälligen Absurditäten der musikalischen Struktur.(25) In den nächsten Werken hat Boulez versucht, seine serielle Grammatik flexibler zu gestalten und damit größere Einflussmöglichkeiten auf die klangliche Oberfläche seiner Werke zu gewinnen. Die Flexibilität der seriellen Struktur erreicht in der III. Sonate einen Höhepunkt. Sie wird so umfassend, dass ein Abfärben auf den großformalen Bereich sozusagen eine materialimmanente Notwendigkeit darstellt. Der wichtigste Punkt ist dabei, dass in den entwickeltsten Teilen der Sonate, wo an der Oberfläche reine Klang-Improvisation vorzuliegen scheint, die Reihe (oder die rhythmische Zelle) zur Erklärung dieser Strukturen unnötig wird. Der serielle Grundstoff ist so flexibel, dass er tendenziell jede nur denkbare Konstellation ermöglicht.

Die Krise zur Zeit der "Structures I", die sich im Übergewicht des Strukturdenkens gegenüber dem Klangdenken ausdrückte, scheint sich mit der III. Sonate dahingehend verlagert zu haben, dass bei einer Priorität der klanglichen Oberfläche der serielle Hintergrund nurmehr als Last mitgeschleppt wird. Wenn hier von einer Krise des seriellen Denkens in der III. Sonate gesprochen wird, ist damit beileibe nicht von vornherein ein Werturteil verknüpft. In der kritischen Materialsituation zwischen Struktur und Chaos kann sich gerade der positive Gehalt des musikalischen Textes verbergen. Hierbei ist zunächst gar nicht entschieden, was an der Oberfläche 'chaotischer' **klingt**: Anwesenheit von serieller Struktur oder deren Abwesenheit. Gerade mit der Aufweichung des seriellen Prinzips schafft sich der Komponist die Chance, das klangliche Resultat in seinem Sinn zu beeinflussen, also aus einer chaotischen Fülle von Formen eine persönliche auszuwählen. Unser Anliegen im ersten Teil dieser Arbeit ist die Darstellung der bis zum äußersten gespannten, nah an ihrem Zerreißpunkt stehenden seriellen Denkweise.

Boulez hat sich zu jeder Zeit umfassend über seine Arbeit und über allgemeine ästhetische Fragen geäußert. Seine Schriften fordern geradezu heraus zu Analysen seiner Werke und zu Untersuchungen über deren gedanklichen Hintergrund. Es mag scheinen, als sei der Boulez'sche Serialismus kein reines Spiel mit Tönen, sondern verberge in sich eine umfassende Weltsicht. Natürlich werden wir kein banales Hineinpflanzen außermusikalischer Inhalte in die musikalische Struktur finden. Boulez stellte ausdrücklich fest, dass die Musik "eine Kunst ohne direkt fassbaren Bedeutungsinhalt" sei.(26) Aber ausgehend von Boulez' Bezugnahme auf Joyce und Mallarmé, werden wir dennoch eine Reihe von Indizien für konkrete gedankliche Vorstellungen finden, die mit der III. Sonate verbunden sind. Sie werden um die eben kurz beschriebene kritische Situation des Komponierens kreisen.

Der zweite Teil dieser Arbeit ist vor allem dem Komplex Mallarmé / Joyce gewidmet. Mit den Poetiken dieser beiden Dichter im Hintergrund verlangt die III. Sonate nach einer Exegese, so sehr dies auch im Widerspruch zu der überkommenen Vorstellung von Serialismus als einem Erzeugungsprinzip von nur um sich selbst kreisenden Strukturen zu stehen scheint.

Nach der Definition von C. Floros ist

> "musikalische Exegetik ... eine übergeordnete Disziplin, die über die Formanalyse und Stilkritik hinausgeht und im Gegensatz zur alten Hermeneutik eine objektiv fundierte und nachprüfbare Deutung musikalischer Kunstwerke leisten will".(27)

Wir werden uns strikt an die Äußerungen von Boulez über die moderne Literatur, auch über die moderne Naturwissenschaft zu halten haben. Wo er selbst Parallelen zu seiner Musik zieht, wird unsere Aufmerksamkeit natürlich besonders gefordert sein. Letzte Klarheit über mögliche Konvergenzen schafft aber allein der Notentext. So wie es Widersprüche zwischen theoretischem Anspruch und komponiertem Resultat auf rein grammatikalischer Ebene geben kann, so dürfen wir die vom Komponisten selbst aufgezeigten Konvergenzen zu anderen Künsten oder zur Naturwissenschaft nicht ohne Weiteres von seinen Schriften her glauben.

Im dritten Teil wird eine kritische Betrachtung einer von Boulez versuchten Anonymität der III. Sonate unternommen. Boulez versuchte, durch die offene Form (deren Prinzip sich aus der offenen Logik der Mikrostruktur ableitet) ein anonymes Werk zu erreichen, ein "Anonymat", das ohne die Stimme des Autors auskomme.(28) Die zentralen Aspekte der Sonate, Anonymität, offene Form, Codeveränderung (auch die Frage nach einem Verzicht oder Nicht-Verzicht auf vorgegebene Codes wie Tonalität oder auch klassische Zwölftontechnik) werden daraufhin untersucht, ob sie im Notentext widerspruchsfrei sind, oder ob letzteres geradezu unmöglich wird.

Wir haben schließlich den Standort zu bezeichnen, den die III. Sonate innerhalb des Serialismus einnimmt, und die Perspektive, die sie vielleicht dem Fortbestehen der seriellen Idee eröffnen wollte. Es wird darum gehen, ob in der Sonate die Selbstaufgabe der seriellen Denkweise begründet liegen könnte. Dabei werden wir das 'serielle' Denken vom 'strukturalen' (kurz: kulturbezogenen) Denken abzugrenzen haben und besonders die linguistischen Forschungen von Claude Lévi-Strauss und vor allem von Umberto Eco heranziehen.(29,30) Das serielle Denken, das die eingefleischten, erstarrten Formen eines kulturellen Codes überwinden möchte, wird dort einem Denken gegenübergestellt, das auf einem gewachsenen kulturellen Code beruht und durch ihn 'Bedeutungen' entfalten kann. Es gilt festzustellen, wieweit sich das serielle Werk tatsächlich vom kulturellen Code des Abendlandes entfernt.

Wer sich zunächst mit den Grundlagen der seriellen Technik vertraut machen möchte, könnte mit den technischen Kapiteln von Herbert Eimerts Buch "Grundlagen der musikalischen Reihentechnik" beginnen. Außerdem werden wesentliche Grundbegriffe zur Neuen Musik erläutert in "Terminologie der Musik im 20. Jahrhundert". In unserem Zusammenhang ist dort der Artikel "Aleatorisch, Aleatorik" wichtig mit der Erwähnung der III. Sonate.(31) Eine kurze, treffende Zusammenfassung über den gedanklichen Hintergrund der erweiterten seriellen Konzeption gibt Boulez in seinem Lexikon-Artikel "Reihe".(32) Die meisten Boulez'schen Schriften der 50er und 60er Jahre liegen auf deutsch in den Sammelpublikationen "Werkstatt-Texte"(33) und "Anhaltspunkte"(34) vor. Einen Überblick über Boulez' veröffentlichte Schriften und Interviews in Auswahl findet der Leser in der Bibliographie, ebenso ein Verzeichnis der Sekundärliteratur über Boulez. Ferner sei hingewiesen auf die Publikationen "die reihe" (1955-62) und "Darmstädter Beiträge zur Neuen Musik" (ab 1958), die sich mit der "Neuen Musik" der 50er Jahre befassen. (35,36)

I. Die offene Logik der Mikrostruktur

Die Vorgänge innerhalb des mikroformalen Bereichs sind kaum zu verstehen ohne die Logik der großformalen Anlage. Die verschiebbare Großform ist gewissermaßen eine Projektion des Mikrobereichs nach außen.

Oder erwächst aus der großformalen flexiblen Anlage die Mikrostruktur? Wir werden in der Feinstruktur des Werks eine der Großform sehr ähnliche Verschiebbarkeit der kleinsten Bausteine finden. In diesem Bereich hat der Komponist jedoch seine definitive Wahl getroffen. Nur die Groß- und auch die Medioform, also die mittlere Ebene innerhalb der "Formanten", wird auch vom Interpreten beeinflusst.

Die III. Sonate besteht aus fünf Teilen, die Boulez "Formanten" nennt.

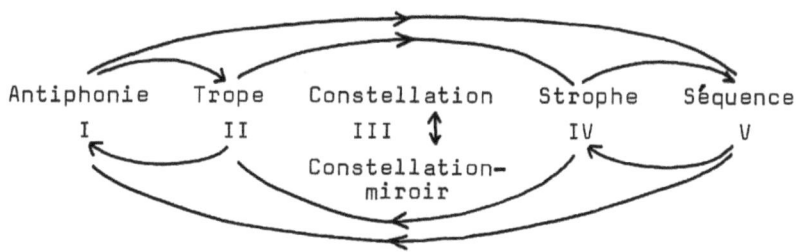

Zum Formant-Begriff schreibt Boulez:

> "Die Klangfarbe entsteht hauptsächlich durch die Verteilung der Obertöne: diese schließen sich zu mehr oder weniger vorherrschenden Gruppen zusammen, je nach ihrem höhen- oder lautstärkemäßigen Verhältnis zum Grundton; man nennt das die 'Formanten' einer Klangfarbe. Könnte man nicht auch von 'Formanten' eines Werkes sprechen?"(37)

Boulez möchte auf formaler Ebene alle vorgegebenen historischen Muster vermeiden. Derartige formale "Themen" mit ihren "bereits integrierten Eigentümlichkeiten" widersprechen offensichtlich der seriellen Idee.

> "Der 'Formant' indessen - die nicht integrierten Eigentümlichkeiten - wäre für die Physiognomie des Werkes verantwortlich, für seinen einmaligen Charakter."(37)

Dies schrieb Boulez schon 1954. Er sah zu dieser Zeit sehr deutlich das formale Grundprinzip der III. Sonate:

> "Wir wünschen, dass das musikalische Werk nicht eine Flucht von Zimmern sei, die man unbarmherzig besichtigen muss, eines nach dem anderen; wir wollen es uns als einen Bereich vorstellen,

in dem man gewissermaßen seine eigene Richtung einschlagen kann."(38)

"Antiphonie" und "Trope" sind, wie in der Abbildung oben sichtbar, untereinander austauschbar, desgleichen "Strophe" und "Séquence". Diese beiden Formant-Paare kreisen um "Constellation". Statt "Constellation" kann man auch die Spiegelform spielen. Der dritte Formant ist als "Constellation-Miroir" veröffentlicht. Boulez hat zwei der fünf Formanten, "Strophe" und "Séquence", definitiv zurückgezogen. In seinen frühen Interpretationen mit Boulez selbst am Klavier spielte er gern zu Beginn "Constellation", gefolgt von den unfertigen Formanten "Strophe", "Séquence" und "Antiphonie", abgeschlossen dann von "Trope". Das erste Mal präsentierte er diese fragmentarische Sonate zweimal nacheinander in Darmstadt am 25. Juli 1957 bei der Kranichsteiner Musikgesellschaft auf einem "Kompositionsabend Pierre Boulez". Es handelte sich um einen Kompositionsauftrag der Stadt Darmstadt. Es gibt Aufnahmen der Sonate einschließlich der fragmentarischen Formanten. Boulez selber spielte diese Version öfter, z.B. am 11. Mai 1959 in der Reihe "das neue werk" des NDR in wiederum geänderter Reihenfolge.

Größere Teile von "Antiphonie" werden auch in jüngerer Zeit neben den fertiggestellten Formanten von dem Pianisten und Musikwissenschaftler Peter O'Hagan gespielt. Um "Antiphonie" hat Boulez lange Jahre gekämpft. Ein Bruchstück daraus durfte durch seinen Verleger, die Universal Edition Wien, ins "UE-Buch der Klaviermusik des 20. Jahrhunderts", UE12050, S.88-89 als "Sigle" ("Kürzel") aufgenommen und veröffentlicht werden, ist aber nicht als spielbare Partitur gedacht. Zumindest bis 1963 arbeitete Boulez an "Antiphonie". Die Skizzen dazu gehören zu den umfänglichsten in der gesamten Boulez-Sammlung der Paul Sacher Stiftung.(12) O'Hagan schreibt:

"...the work has remained in an unresolved state for four decades, notwithstanding the fact that the sketches for it are among the most extensive for any of the works in the Pierre Boulez Collection at the Paul Sacher Foundation. The first drafts date from as early as 1955, with the dedication to Heinrich Strobel of an unidentified fragment of the fifth Formant, "Séquence", "à l'occasion du dixième anniversaire de son activité en Südwestfunk", whilst work on the expanded version of "Antiphonie" continued at least until the summer of 1963 with the completion of the unpublished "Trait initial".

Ursprünglich nahm Boulez für "Trope" nur acht Aufführungsmöglichkeiten an. Diese ergeben sich, wenn die Paare I, II und IV, V immer als zusammengehörend gespielt werden und um III kreisen. Boulez spielte 1959 im Norddeutschen Rundfunk Hamburg die Reihenfolge IV, I, III, V, II. Er trennte also die Paare I, II und IV, V. Dadurch kommen wesentlich mehr als nur acht Kombinationsmöglichkeiten zustande.(39)

Zum Aufbau der einzelnen Formanten hat sich Boulez im Aufsatz "Zu meiner Dritten Klaviersonate" näher geäußert.(40) Wir werden uns in der Analyse der Feinstruktur auf den zweiten Formanten "Trope" beschränken.

"Trope" besteht aus den "Entwicklungen" A)"Texte", B)"Parenthèse", C)"Commentaire", D)"Glose". "Glose" kann auch vor "Commentaire" treten. Boulez erhält dadurch zwei originale Reihenfolgen: A) B) C) D) und A) B) D) C). Boulez schreibt in seinen Skizzen: α-β-γ-δ oder α-β-δ-γ.(12)

$$\begin{array}{c} \text{texte} \\ \text{Glose} \quad \bigcirc \quad \text{Parenthèse} \\ \text{Commentaire} \end{array}$$

$$\begin{array}{c} \text{texte} \\ \text{Commentaire} \quad \bigcirc \quad \text{Parenthèse} \\ \text{Glose} \end{array}$$

Die Anlage sowohl von A) B) C) D) als auch A) B) D) C) ist kreisförmig: Man kann bei jeder beliebigen "Entwicklung" einsteigen. Erstens ist also der Gesamtformant "Trope" beweglich im Gesamtnetz der III. Sonate. Zum zweiten sind seine Teile noch einmal in sich beweglich.

Der Titel "Trope" bezieht sich auf die Einschiebsel innerhalb des gregorianischen Gesangs. Als Tropen sind, allein vom Titel her, die Entwicklungen "Parenthèse", "Commentaire" und "Glose" (Glosse) zu erkennen. "Texte" muss als Ausgangsform betrachtet werden. Hier wird das Material in seiner einfachsten Form dargestellt. Alle vier Entwicklungen, auch

"Texte", sind ihrerseits von Tropen durchsetzt. Boulez arbeitet mit verschiedenen Strukturebenen, von denen jeweils eine die Hauptebene darstellt. Einige Beispiele: In "Texte" sind 1. in die Kette rhythmisch strenger Großzellen freie rhythmische Zellen eingeschoben. 2. gibt es zwischen den Großzellen Einschiebsel in Form von Vorschlagsnoten.

Alle diese Tropen sind obligat. In "Parenthèse" bestehen die Tropen aus "Libre"-Teilen, die ad libitum gespielt oder weggelassen werden können, desgleichen in "Commentaire". Ferner gibt es sehr raffinierte Tropen, die sich in "Commentaire" z.B. als eine der gesamten Hauptstruktur überlagerte Struktur manifestieren, wobei ein und dieselben Töne zugleich Originaltext und Tropus sind, je nachdem, unter welchem Blickwinkel man sie betrachtet. Ein anderes Beispiel für einen sehr ausgefallenen Tropus ist "Glose". Hier wird die verwendete serielle Struktur auf folgende Weise glossiert: Die tatsächlich notierten Töne bilden das "Negativ" zu den vorausgesetzten, aber nicht erklingenden Tönen der zugrunde liegenden seriellen Struktur. Wo z.B. "gis" auftreten müsste, erscheinen stattdessen alle anderen 11 Töne, nicht aber "gis". Der Begriff Tropus ist bei Boulez also sehr weitgefasst und meint nicht nur fakultative Einschiebsel.

Die Analyse von "Trope" ist zweigeteilt: Zunächst wird die Tonhöhensprache untersucht, dann die Rhythmik. Die sogenannten **Parameter** Tonstärke und Anschlagsart werden im letzten Kapitel behandelt. Im seriellen Denken Boulez' hat sich von den "Structures I" für zwei Klaviere zur III. Sonate diesbezüglich ein entscheidender Wandel vollzogen, der im zweiten Teil dieser Arbeit ausführlicher erläutert wird. Im Wesentlichen besteht er darin, dass nicht mehr um jeden Preis abendländische musikalische Denkschemata bezüglich der Tonparameter umgangen werden. Dies ergab in den "Structures I" erhebliche materialimmanente Widersprüchlichkeiten, wie aus der Ligeti'schen Analyse der "Structure I a" zu ersehen ist.(41) Boulez akzeptiert jetzt die musikgeschichtlich entstandene **Unterordnung** von Tonstärke und Klangfarbe gegenüber Tonhöhe und Rhythmik. Er gesteht ihnen nurmehr Koordinationsfunktionen zu.

A Der Tonhöhenbereich

In seinem Aufsatz "Musikdenken heute 1" hat Boulez seine in "Trope" verwendete Reihe erörtert.(42) Er geht von einer "Grundreihe" aus.

Die Grundreihe besteht aus vier Gruppen, **a b c d**, bestehend aus 4, 1, 4 und 3 Tönen. Die Gruppenbezeichnungen werden in dieser Arbeit immer **fett** gedruckt, um Verwechslungen mit Notennamen zu vermeiden. In den Notenbeispielen umkreise ich oft die Gruppenbezeichnungen zur weiteren Verdeutlichung. Wir werden, was die Binnenstruktur der Reihe betrifft, bei dem Wort "Gruppe" bleiben, weil die Boulez'sche Bezeichnung "Figur" (siehe Zitat unten) irreführend ist wegen der mit diesem Wort implizierten, hier falschen, Vorstellung, dass es sich um vier in der Folge der Töne **feststehende** Formationen handeln könnte, eben um "Tonfiguren". Außerdem ist eine 1-Ton-"Figur" schwer vorstellbar.

Die Grundreihe taucht in der Urform in "Trope" nicht auf - vorausgesetzt, man kann überhaupt von "Urform" sprechen. Sie ist der fiktive Hintergrund zum wirklichen Geschehen. Boulez schreibt zur Binnenstruktur dieser Reihe:

> "Figur [=Gruppe, d. Verf.] a kann auf zwei Ursprungsintervalle zurückgeführt werden: den Halbton und die Quarte, die die vertikalen und horizontalen Beziehungen herstellen (e-f/h-fis; e-h/f-fis); die Verbindungsintervalle sind Tritonus und Ganzton (f-h; fis-e). In der durch Umkehrung und Permutation gewonnenen Figur b/d treten Tritonus und Ganzton dagegen als vertikale Beziehungen auf (gis-d; cis-es); die horizontalen Beziehungen und die Verbindungsintervalle sind durch Halbton und Quarte definiert (gis-cis/d-es; d-cis/es-gis). Figur c enthält zwei isomorphe Elemente, kleine Terzen (g-b/c-a), die gegenseitig um einen Ganzton verschoben sind; wenn

man aber die Töne kreuzweise miteinander verbindet, so bekommt man wiederum die Beziehung Halbton und Quarte (g-c/b-a)."

Boulez geht hierbei offenbar von folgenden zweidimensionalen Projektionen der Töne aus:

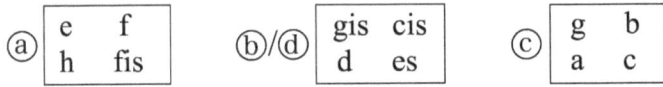

Der Notentext zeigt, dass die jeweils vier Töne der Gruppen **a**, **b/d** und **c** frei untereinander austauschbar sind. Boulez nützt die Gesamtheit der möglichen intervallischen Beziehungen aus, die er im obigen Zitat beschreibt.

Auffällig ist die Isomorphie der Gruppen **a** und **b/d**: Wenn wir das Tonmaterial aufsteigend notieren, erhalten wir für **a**: (e f fis h), für **b/d**: (cis d es gis). Beide Male kommen dieselben Intervalle vor: Halbton-/Halbton/Quarte. Gruppe **c** dagegen ist anders strukturiert. Boulez macht aber darauf aufmerksam (siehe Zitat vorher), dass bei "kreuzweiser" Verbindung der Töne auch Halbton und Quarte entstehen. Wichtig ist ferner, dass die Gruppen untereinander gemäß denjenigen Intervallen verbunden sind, die auch als "Grundintervalle", wie Boulez schreibt, in den Gruppen selber vorkommen: Halbton, Ganzton, Quarte.

Unmittelbar vor der Beschreibung dieser Reihe aus der III. Sonate erwähnt Boulez Webern und Berg. Am Beispiel Webern'scher Reihen (aus op.24 und op.28) erläutert Boulez mögliche Reihenbildungen aufgrund weniger isomorpher Tongruppen. Die Reihe aus op.28, basierend auf der Tonfolge (b a c h), enthält diese Intervallkonstellation dreimal: (b a c h / dis e cis d / ges f as g). Alle drei Tongruppen sind isomorph. Sie alle sind untereinander nichts anderes als Transpositionen und Umkehrungen. In der III. Sonate, Formant "Trope", verwendet Boulez keine derartige totale

Isomorphie der Gruppen:

1. **b/d** ist durch die dazwischentretende Gruppe **c** in **b** und **d** aufgespalten.

2. **b/d** ist gegenüber **a** komplex permutiert, also keine einfache Transposition, Umkehrung etc.

3. **c** besteht aus einer von **a** und **b/d** abweichenden Intervallanordnung aus Kleinterzen und einem Ganztonschritt.

Webern steht aber dennoch sehr deutlich hinter der Reihe des Formanten "Trope". Boulez sucht wie Webern eine strukturelle Logik, die auf möglichst wenigen Intervallen beruht.

Alban Bergs Einfluss macht sich neben der Idee der Isomorphie geltend in der Idee der stetigen Variabilität der Reihe. Auf den Seiten 62, 63 und 67 in "Musikdenken heute 1" erwähnt Boulez eine der Reihenmodifikationen in Bergs "Lyrischer Suite": Aus der symmetrischen Ausgangsreihe entsteht durch die Umstellung des 4. und 10. Tons die Reihe des dritten Satzes "Allegro misterioso". Um Boulez' Prinzip der Reihenumwandlung in der III. Sonate beschreiben zu können, müssen wir zunächst auf die von ihm so genannten "Vorzugsreihen" - séries privilégiées - in diesem Werk eingehen. "Vorzugsreihen" sind für Boulez alle jene Reihen, in denen sich die Originalfiguren der Grundreihe wiederfinden.

In der III. Sonate wird die Grundreihe zunächst um eine ihrer Krebsumkehrungen, dann um eine Tritonus-Transposition, dann wieder um eine Krebsumkehrung erweitert. Dies ist die "erste Vorzugsreihe". Jeweils eine Gruppe dient als Verkettungsglied:

Die "zweite Vorzugsreihe" unterscheidet sich grundsätzlich dadurch von der ersten, dass die Gruppenfolge der Grundreihe **a b c d** permutiert ist zu **b c d a**:

Die dritte Vorzugsreihe hat zum Ausgangspunkt die Gruppenfolge **c d a b**, die vierte **d a b c**:

3. Vorzugsreihe:

4. Vorzugsreihe:

Boulez vertauscht also, anders als Berg, ganze Tongruppen, nicht nur Einzeltöne, und schafft sich für den Formanten "Trope" einen kreisförmig permutierten Reihenzusammenhang:

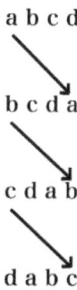

Die Vorzugsreihen sind durchgehend die Grundlage der Tonhöhenstruktur von "Trope". Allerdings versucht Boulez, sie so weit wie irgend möglich zu verschleiern.

"Texte" basiert auf der ersten Vorzugsreihe, "Parenthèse" auf der zweiten, "Commentaire" auf der dritten, "Glose" auf der vierten. Vor allem "Commentaire" ist jedoch äußerst vieldeutig angelegt. Hier scheint zusätzlich eine Strukturschicht eingearbeitet zu sein, die der ersten Vorzugsreihe gehorcht. Außerdem gibt es, wie in "Texte", transponierte Reihenordnungen. Die dritte Vorzugsreihe ist in "Commentaire" stets in Gefahr zu versickern. "Commentaire" wird die Hauptaufmerksamkeit der Tonhöhenanalyse beanspruchen wegen der sehr weit getriebenen Komplexität der Strukturierung.

Zunächst behandeln wir aber "Texte" und "Parenthèse", um einen relativ einfachen Zugang zu Boulez' Denkweise zu bekommen.

1. "Texte"

Am Anfang von "Texte" findet sich folgende Gruppierung der Töne:

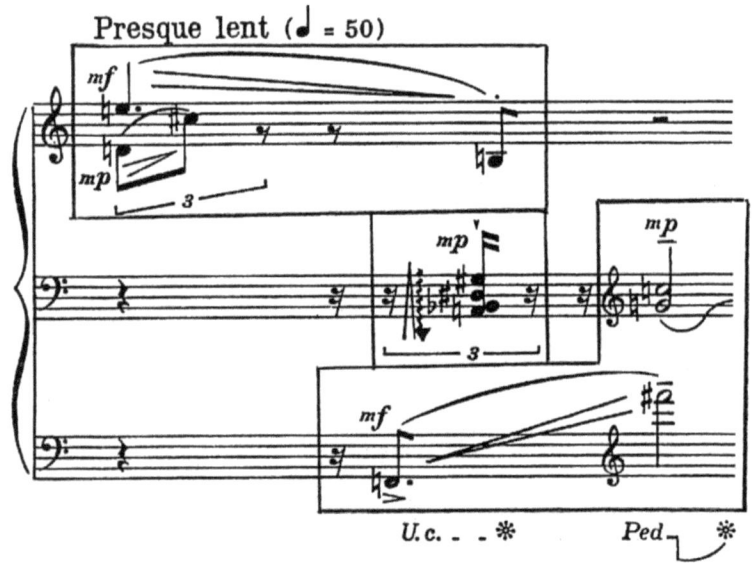

Wir haben 3 Gruppen aus jeweils 4 Tönen:

Gruppen: c   b/d   a

              (h cis d e)   (f fis g c)   (gis a b dis)

Das Tonmaterial ist der Übersichtlichkeit halber aufsteigend notiert.

Wir halten dieser Konstellation die Grundreihe entgegen und ordnen deren Tonmaterial ebenfalls aufsteigend an, fassen ferner die Gruppen **b** und **d** zu **b/d** zusammen:

Gruppen: a   b/d   c

              (e f fis h)   (cis d es gis)   (g a b c)

Verglichen mit dieser Konstellation ist der Anfang von "Texte" eine Großterztransposition aufwärts, wobei die Gruppenreihenfolge im Krebs verläuft: **c b/d a** .

Auffällig ist nun, dass wir, um die Gesamtstruktur von "Texte" erklären zu können, zunächst **nicht alle** Töne in die Analyse mit einbeziehen dürfen. Es gibt zentrale und tropierende Töne. Welche Töne die zentralen sind, ergibt sich aus der Gesamtschau von "Texte":

Zunächst müssen wir eine Einteilung in 13 Zwölftonsektionen vornehmen. Diese sind meist (nicht immer!) durch gleichlautende Pausen in allen drei Notensystemen voneinander getrennt. Die erste Zeile umfasst die Sektionen A-D, die zweite E-I, die dritte K-N. Die Zentraltöne in diesen Sektionen A-N sind folgende:

Sektion:

A	e f h fis
B	gis
C	g b c a
D	d cis es
E	g e fis a
F	as
G	b f h c
H	d
I	des fes ges es
K	as g a
L	cis ais c dis
M	d
N	e h f fis

Diese Töne gehorchen ohne Ausnahme der 1. Vorzugsreihe. Es sind in A, C, E, G, I, L, N jene Töne, die um die jeweilige Sektion gewissermaßen eine Klammer bilden, z.B. in A:

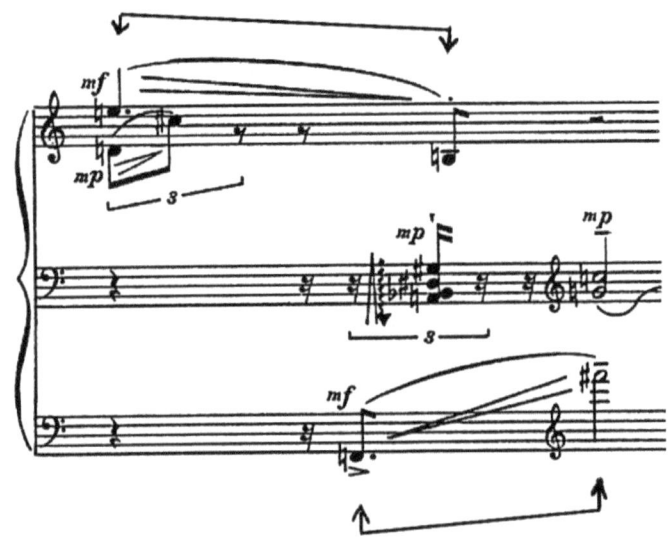

In den übrigen Sektionen B, D, F, H, K, M werden die zentralen Töne durch die jeweiligen längsten Notenwerte gekennzeichnet (Ausnahme ist K, wo "g" und "a" kurz sind).

Überlagert wird die 1. Vorzugsreihe durch tropierende Töne, die sich - unter Einbeziehung der zentralen Töne - zu Transpositionen der Grundreihe zusammenschließen. Am Anfang von "Texte", in Sektion A, sehen wir bereits, dass alle 12 Töne zusammen eine Großterztransposition aufwärts der Grundreihe bilden. Wir müssen bei diesen Transpositionen aber ganz absehen von der spezifischen Ton-**Anordnung** der Grundreihe. Nur die Ton-**Gruppen a b/d c** spielen als Bezugspunkt eine Rolle.

Sektion B enthält folgende Tongruppen:

Gruppen: **a**   **b/d**   **c**
Töne: (cis d es gis)   (b h c f)   (e fis g a)

Dies ist eine Großsext-Transposition aufwärts der Grundreihe, die wir in der einfachen Dreiergruppierung e f fis h | cis d es gis | g a b c als Vergleichspunkt hinzuziehen müssen.

Sektion C gliedert sich folgendermaßen:

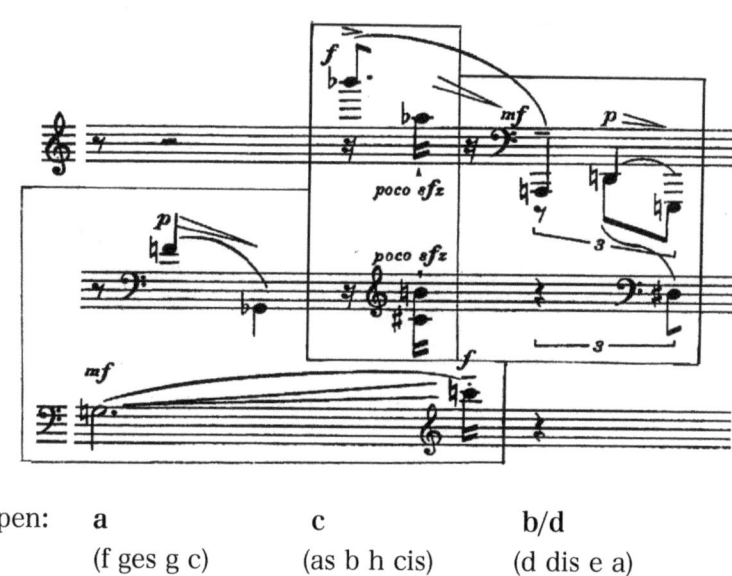

Gruppen: **a**   **c**   **b/d**
        (f ges g c)   (as b h cis)   (d dis e a)

Dies ist eine Halbtontransposition aufwärts der (wie oben) vereinfachten Grundreihe; nur die Gruppenreihenfolge ist zu **a c b/d** permutiert.

Die Reihenfolge der Gruppen in "Texte" hat Boulez folgendermaßen geregelt:

Reihenfolge der Gruppen (der jeweils erste Ton einer Gruppe zählt):

	1.	2.	3.	
Sektion				
A	c	b/d	a	
B	a	b/d	c	
C	a	c	b/d	
D	b/d	c	a	
E	a	c	b/d	
F	b/d	c	a	
G	a	c	b/d	
H	b/d	c	a	
I	a	b/d	c	
K	c	b/d	a	
L	a	b/d	c	
M	c	a	b/d	Ausnahme!
N	a	b/d	c	

Wir bemerken eine "ABA-Form" des Schemas: Die äußeren Sektionen entsprechen sich. M bildet eine Ausnahme; dort sind a und b/d vertauscht. Solche Störungen eines an sich strengen Ablaufs werden uns noch sehr häufig begegnen. Es scheint, als habe Boulez das Durchbrechen der Ordnung zum Prinzip erhoben. Derartige "Kompositionsfehler" tauchen so oft auf, dass sie keine mehr sind. Das Verbiegen der Gesetze ist selber Gesetz.

Insgesamt kommen wir in den 13 Sektionen von "Texte" zu folgenden Transpositionen der Grundreihe:

Sektion:
A B C D E F G H I K L M N

Transposition:
+4 +9 +1 +11 +8 0 +5 +6 +7 +10 +2 +3 +11

+1 bedeutet: 1 Halbtonschritt höher
+2 bedeutet: 2 Halbtonschritte höher etc.

Es lässt sich eine Erklärung für die Wahl gerade dieser Reihenfolge der Transpositionen finden: Boulez nahm als Ausgangspunkt die Grundreihe in ihrer ursprünglichen Intervallkonstellation

e f h fis | gis | g b c a | d cis es

und schuf sich durch folgende Permutationen die Reihenfolge der Transpositionsstufen für seine 13 Sektionen:

Grundreihe:
e   f   h   fis   gis   g   b   c   a   d   cis   es

Reihenfolge der Sektionen:
            2.   5.   4.   3.
7. 8. 6. 9.
                            10. 12. 11.   1.
            13.

Transpositionen:
+5 +6 0 +7 +9 +8 +11 +1 +10 +3 +2   +4
Sektion:
G H   F I   B   E   D   C   K   M   L   A
               N

Wir haben bisher noch nicht die Vorschlags- bzw. Nachschlagsfiguren behandelt. Diese Schicht, die die 1. Vorzugsreihe nochmals tropiert, besitzt eine eigene Zwölftonordnung. Die kleinen Noten stehen meist zwischen den Sektionen A-N. Einige Besonderheiten sind zu erwähnen: Zu der tropierenden Nebenschicht der kleinen Noten gehören **nicht** jene kleinen Noten in E und F sowie H. Desgleichen zählen die Vorschlagsnoten "fis" und "h" in L **nicht** zur Nebenschicht, genauso wenig wie (b c des es) und (e f h fis) in M. Alle anderen kleinen Noten gehören folgender übergreifenden Struktur an:

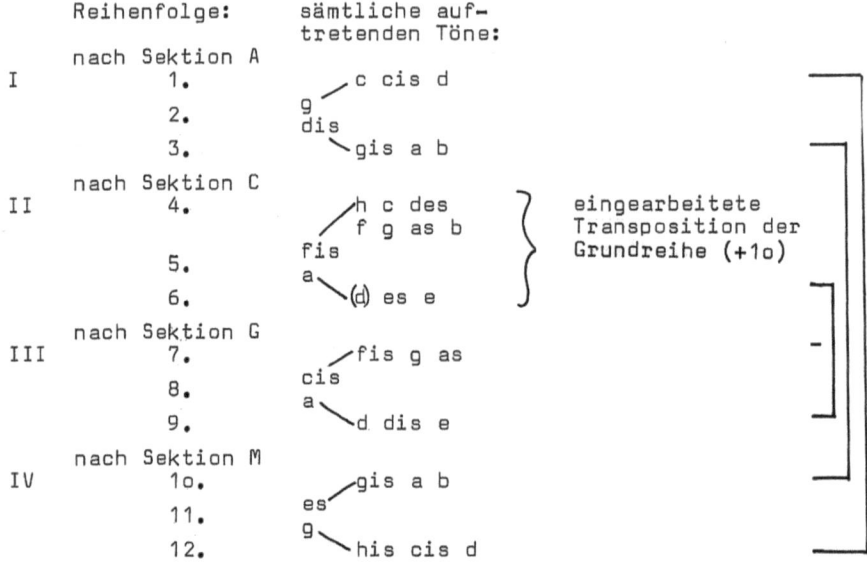

Rechts am Rand ist die Symmetrie der meisten Strukturelemente aufgezeigt. "I, III und IV" bestehen aus je 2 Gruppen der Intervallkonstellation Halbton/Halbton/Quart, was sowohl der Gruppe **a** als auch **b/d** entspricht. "II" ist eine Transposition der Grundreihe. Die Gruppen treten im Krebs auf: **d c b a**

Gruppen in "II":

d	c	b	a
(h c des)	(f g as b)	(fis)	(a d es e)

Diese Transposition taucht in Sektion K auf. Hier wird die Reihe fast bis zur Unkenntlichkeit verschleiert:

Sektion K

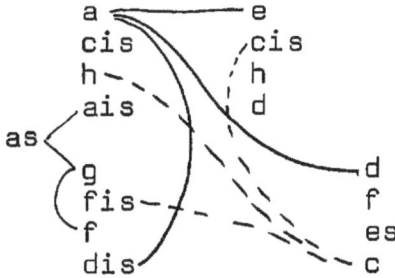

Verwendet Boulez diese Transposition nochmals in der Nebenschicht, um ihr angesichts der Verstümmelung in K Gerechtigkeit widerfahren zu lassen?

Was die Oktavlagenfixierung betrifft, so hat sich Boulez hier einen gestalterischen Freiraum gelassen, ähnlich wie in den "Structures I" und im "Marteau". Aber wie im "Marteau" (dort besonders im 5. Satz) beeinflussen auch in der III. Sonate die vorgegebenen Intervallstrukturen die Vertikale. Boulez bevorzugt symmetrische Anordnungen. Dabei vertauscht er gern einige Töne.(43)

Beispiel Sektion A aus "Texte":

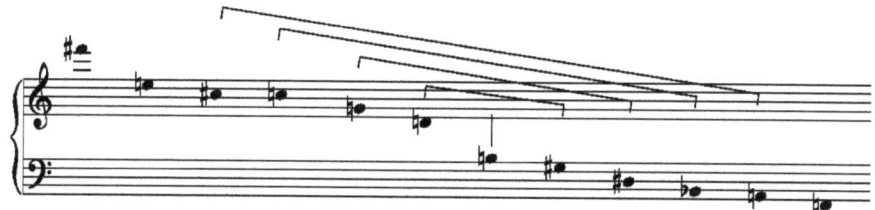

Zunächst einmal ist die Intervallsymmetrie des Mittelteils deutlich. Das Besondere des vertikalen Aufbaus von A ist neben der Teilsymmetrie die Beziehung zur Grundreihe. Diese liegt, wie erwähnt, in A in der Transposition +4 vor, also:

Gruppen:

a	b/d	c
(gis a b dis)	(f fis g c)	(h cis d e)

Diese drei Gruppen **a b/d c** können im vertikalen Aufbau von A aufgesucht werden. Das "fis" hat Boulez (einer Laune folgend?) eine Oktave höher gelegt, als es der Logik der Vertikalbeziehungen entsprochen hätte; alle anderen Töne stehen in engen Intervallen zueinander:

Sektion A, vertikaler Aufbau

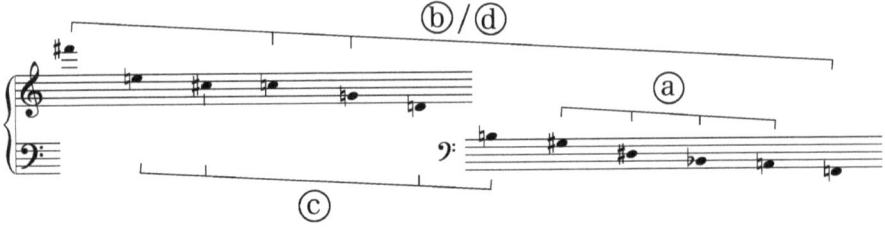

Die Sektion B bezieht sich ihrer vertikalen Struktur nach auf die Grundreihe in nicht transponierter Form, obwohl B gemäß den drei auftretenden Gruppen (gis cis es d), (h c b f), (g a e fis) der Transposition +9 zugehört. Hier ist die symmetrische Anordnung der Gruppen noch deutlicher als in A:

Sektion B, vertikaler Aufbau

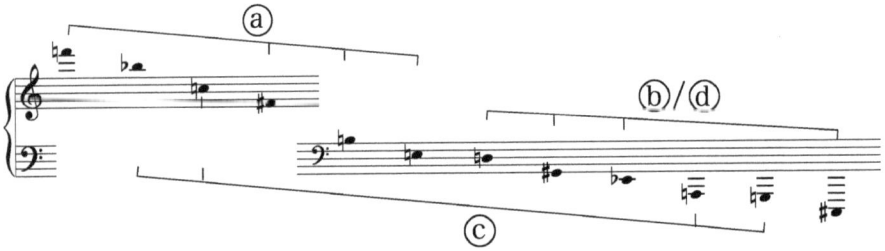

In einigen anderen Sektionen hat Boulez entweder an keine Symmetrien gedacht oder diese soweit verschleiert, dass nur noch Mehrfachdeutungen möglich sind. Es ist klar, dass gerade das Auskomponieren der Register unter anderem von nichtseriellen Fragestellungen gesteuert wird, wie z.B.: Was kann die Hand des Pianisten bewältigen? Die serielle Idee scheint aber durchaus in den Bereich der Oktavlagenfixierung hinein.

2. "Parenthèse"

In "Parenthèse" ist die Hauptschicht der "Tempo"-Zellen sehr einfach deutbar. Sie gehorcht der 2. Vorzugsreihe. Eine kleine Ausnahme in der Tonreihenfolge gibt es nur in der letzten "Tempo"-Zelle: Hier heißt die Reihenfolge (e g+a fis / gis) statt (g e fis a / gis).

Komplizierter ist die "Libre"-Struktur. Auch diese Strukturschicht gehorcht der 2. Vorzugsreihe. Wir notieren diese Reihe nochmals. Die vier Zwölftonreihen, aus denen diese Vorzugsreihe besteht, bezeichnen wir als "Unterreihen 1 - 4":

In der Hauptschicht (="Tempo"-Zellen) durchläuft Boulez nacheinander alle vier Unterreihen. Dasselbe geschieht in der tropierenden Schicht der "Libre"-Zellen. Hier wiederholt Boulez aber, einem symmetrischen Plan folgend, einzelne Tongruppen. So fängt die 2. Unterreihe erst mitten im 2. "Libre" an, nachdem aus der 1. Unterreihe die Gruppenfolge

1. "Libre": **a+c b/d a b/d a a+c**

2. "Libre": **b/d c**

herausgewuchert ist. Schauen wir uns das 1. "Libre" im Notentext an:

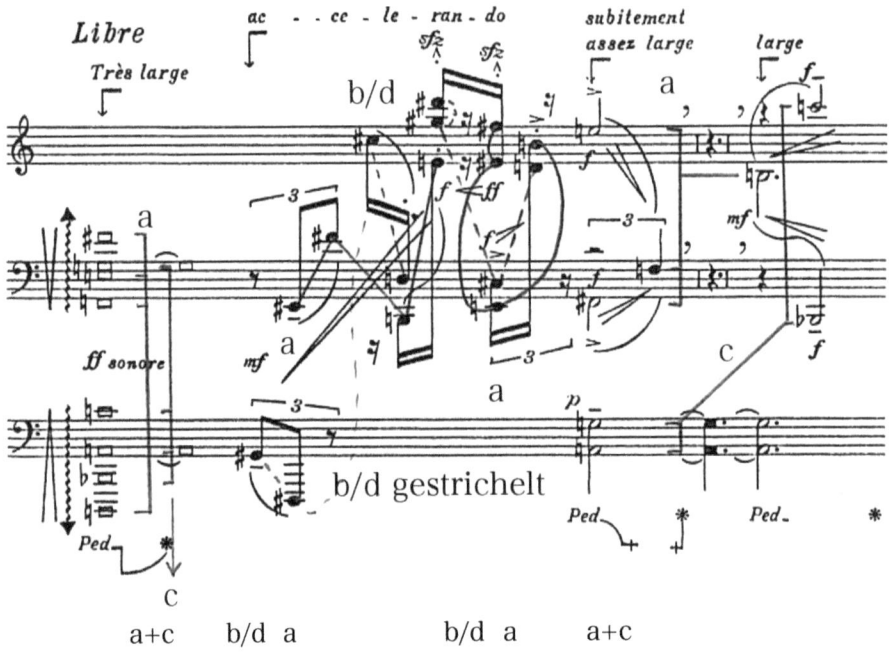

Die Gruppen **a+c** liegen übereinander in einer "Zeitblase", die nur durch "très large" definiert ist. Darauf werden wir in unser Rhythmus-Analyse kommen. **b/d** und **a** folgen kanonisch in einer Accelerando-Formation kurz nacheinander in einer freien Variation zwischen Triolen-Achteln, 16teln, Triolen-16teln und 16tel-Sforzati, wobei neuerlich **b/d** und **a** integriert sind. Den krebsartigen Abschluss des 1. "Libre" bilden die am Anfang erschienenen Gruppen **a+c**. Hier ist die freie Zeitblase des Anfangs zurückgenommen und durch ein metrisch fixiertes "subitement assez large" in 2:1-Proportion sowie durch ein folgendes "large" ersetzt, welches die Proportion zu 1:2 umkehrt und die Werte punktiert. Der letzte Wert einer punktierten Halben ist wiederum in 1:2 unterteilt.

Dies ist eine typische Boulez'sche Wucherung in Tongruppen und rhythmischen Zellen, voller Asymmetrien und Veränderungen. Die Tongruppen überschneiden sich massiv, d.h. es sind meist noch nicht alle vier Töne einer Gruppe erklungen, sobald schon die nächste einsetzt. Oder sie verschmelzen zu einem Gesamtakkord. Wir sehen außerdem Beispiele für Boulez' rhythmische Zellentechnik, die uns später ausführlich beschäftigen wird. Die Proportion 2:1 oder 1:2 scheint vielfach auf.

Die gesamte "Libre"-Struktur hat folgendes Aussehen:

Folge der Gruppen (die Gruppen können sich überschneiden)

```
                              Libre 1                    | 2
Unterreihen  → 1 | a       a     a  | b/d c
der 2.Vor-       | c b/d a b/d a c  |       8   9   10    11      12
zugsreihe    ↘ 2 | 1  2 3  4 5 6    | 7  a
                                       ↙      c b/d c a|b/d c b/d c|
                                  (verknüpfen-              ↓
                                   de Gruppe)            Ton c
                                                         zuviel
```

```
                  Libre 3
Unter-  → 2 |        a   a
reihen      | b/d a  c  b/d  c  17 16  15  14  13
          ↘ 3 | 13 14 15 16 17 c a b/d a c|b/d a
                                              a
                                          Ton f
                                          zuviel
```

```
                    Libre 4              | 5
Unter-  → 3 |    b/d         b/d
reihen      | a   c   b/d c|c  c
          ↘ 4 |  11   12   10  9
                                a
                               b/d a         a
                                c   c  a b/d a b/d c
                              Ton e
                              zuviel   8 7 6 5 4 3 2 1
```

Diese sehr weitgehende Veränderung der Vorzugsreihe weist den Weg zu "Commentaire", wozu wir gleich kommen. In "Parenthèse" gibt es so verschachtelte Konstellationen wie:

2. "Libre"

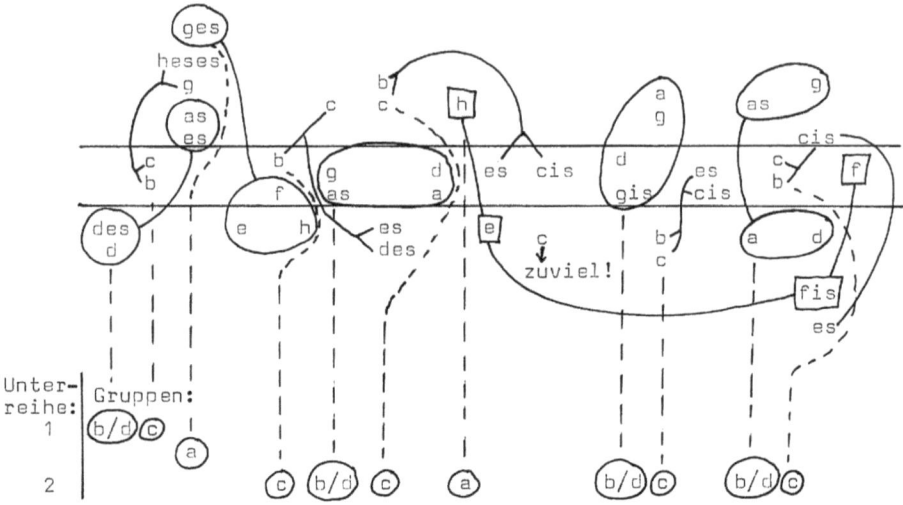

Derartige Konstellationen lassen sich nur noch entschlüsseln durch wechselseitiges Aufeinanderbeziehen der sich symmetrisch entsprechenden "Libres". Ein Beispiel aus dem 2. "Libre": Die auseinandergezogene zweite Gruppe a der 2. Unterreihe (h-e-fis-f, eingeeckt) tritt in ähnlich gespreizter Form zu Beginn des 4. "Libre" auf: (f-b-c-h). Durch diese Entsprechung wird die Zusammengehörigkeit dieser jeweils vier Töne zweifelsfrei. Die Reihe aber ist in ihrer ursprünglichen Form völlig eliminiert. Sie steuert allein noch die Anzahl der Gruppen und damit die Gesamtmasse der Töne.

Beispiel 2. "Libre":
vergleiche mit der 2. Unterreihe der 2. Vorzugsreihe

    c cis d dis e f fis g gis a b h

Anzahl der Töne:

6 5 4 5 2 2 2 4 4 4 5 2

2x e f fis h
4x g gis a d
5x b c cis dis

Ton "c"
1x zuviel

3. "Commentaire"

Boulez hat die soeben in "Parenthèse" beschriebene Verschachtelungstechnik, die sich dort noch allein auf die Tongruppen bezieht, in "Commentaire" potenziert. Hier steuern drei parallel laufende Strukturebenen die Tonhöhen. Sie sind so ineinander verschachtelt, dass im Extremfall die eine Ebene die andere total auslöschen kann. Boulez gelangt hier zu einer weitgehenden Auflösung der herkömmlichen seriellen Technik.

a Die erste Strukturschicht

Die erste und tragende Schicht bildet die 3. Vorzugsreihe, bzw. ein Derivat von ihr. Sie ist sehr schwer analytisch zu fassen, da ihre Tongruppen nur aufgrund einer Analyse der **Tonanzahl** hervortreten. Nehmen wir die ersten drei Segmente von "Commentaire" als Beispiel. Wir nennen die "Tempo"- und "Libre"-Teile hier nicht "Zellen", da keine dieser Teile selbständige Zwölfton-Sinneinheiten sind, sondern eben "Segmente" einer einzigen übergreifenden Tonhöhenstruktur. Alle "Tempo"- und "Libre"-Teile gehören, anders als in "Parenthèse", durchlaufend zu dieser einheitlichen Struktur:

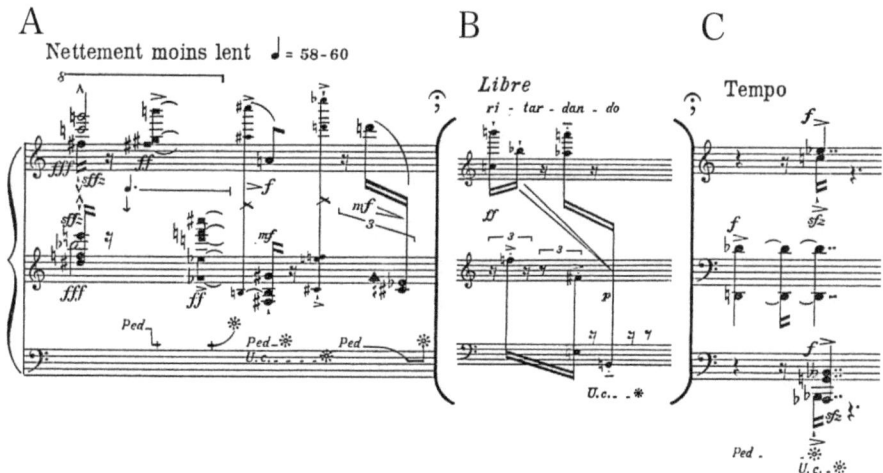

Der Tonvorrat ist folgender:

Segment	c	cis	d	dis	e	f	fis	g	gis	a	b	h
A	1	4	3	4	3	3	3	1	2	1	2	2
B	1	-	-	-	1	1	1	1	1	1	1	1
C	1	1	1	1	-	-	-	1	1	1	1	-

In A kommen die Töne (c, g, a) nur 1x vor. In B kommen (cis, d, dis) gar nicht vor, in C (e, f, fis, h) gar nicht. Hiermit wird der Anfang der 3. Vorzugsreihe in Umrissen erkennbar:

g b c a | d cis es | e f h fis ...

Boulez verzichtet offensichtlich in "Commentaire" ganz auf die spezifische Intervallkonstellation seiner Reihe. Die Reihe realisiert sich hier nur dadurch, dass ihre Tongruppen pro Segment **seltener** vorkommen als die restlichen Töne: Die erste Tongruppe (g b c a) tritt in Segment A nur 1x auf, wobei Boulez allerdings beim Ton "b" eine Ausnahme macht: "b" kommt 2x vor. Alle anderen Töne treten in A mehrmals auf. Nur dadurch heben sich die Töne (g c a) hervor, dass sie seltener als die anderen verwendet werden.

Ganz deutlich ist der Bezug auf die nächste Gruppe der 3. Vorzugsreihe dann in Segment B, wo exakt die Töne der Gruppe (d cis es) fehlen. Die darauf folgenden Töne der Reihe (e f h fis) fehlen dann in Segment C. Es ist aber nicht so, dass die jeweils maßgeblichen Tongruppen der 3. Vorzugsreihe in jedem Fall seltener als die restlichen Töne vorkommen. In Segment G1 tritt das erste Mal eine maßgebliche Tongruppe **öfter** auf als die restlichen Töne. Wir schauen uns den Gesamtablauf der 3. Vorzugsreihe in "Commentaire" an. Dabei sind die Segmente A bis T2d folgendermaßen im Notentext ausfindig zu machen: Die "Tempo"- und "Libre"-Teile sind mit A bis T bezeichnet. In einigen Segmenten gibt es interne Unterteilungen, das erste Mal in F. Eine Unterteilung muss dann vorgenommen werden, wenn mindestens zwei gleichlautende Pausen oder die "V"-Zeichen als Zäsur **alle** gerade verwendeten Notensysteme trennen. Ferner ist in G2 nach "réenfoncer..." eine weitere Unterteilung, die zu G2a und G2b führt. In M folgen drei Zwölftonstrukturen aufeinander, Ma/b/c, in T2 deren vier: T2a/b/c/d.

Die 3. Vorzugsreihe als die erste tragende Strukturschicht in "Commentaire":

Segmente	Tongruppen der Unterreihen, die in den jeweiligen Segmenten seltener oder öfter vorkommen als die restlichen Töne		Unterreihen
A	g a c	1x; alle andern Töne 2x bis 4x	
B	cis d dis	0x	1
C/D	e f fis h	0x	
E/F1/2	gis	0x	
F3	b h c f	0x	
G1	b h c f	2x; alle andern Töne 1x	2
G2a	gis	3x	
	b h c f	2x	
	cis d dis	3x	
	e fis g a	1x	
G2b	e fis g a	1x	
	b h c	2x	
	cis d dis gis	2x	
	f	3x	3
(G2b Vorschlagsnoten:			
	e fis g a	0x	
	b h c	2x	
	cis d dis gis	1x	
	f	2x)	
G3	cis d dis gis	0x	
G4/H/I1	3x12 Töne (d e g am Anfang von I1 zählt doppelt)		
I2/K1	f	3x	
	g gis a d	3x	4
	b h c	2x	
	cis dis e fis	2x	
K2/3/L/Ma	4x12 Töne		5
Mb	b h c f	0x	
Mc	1x12 Töne		

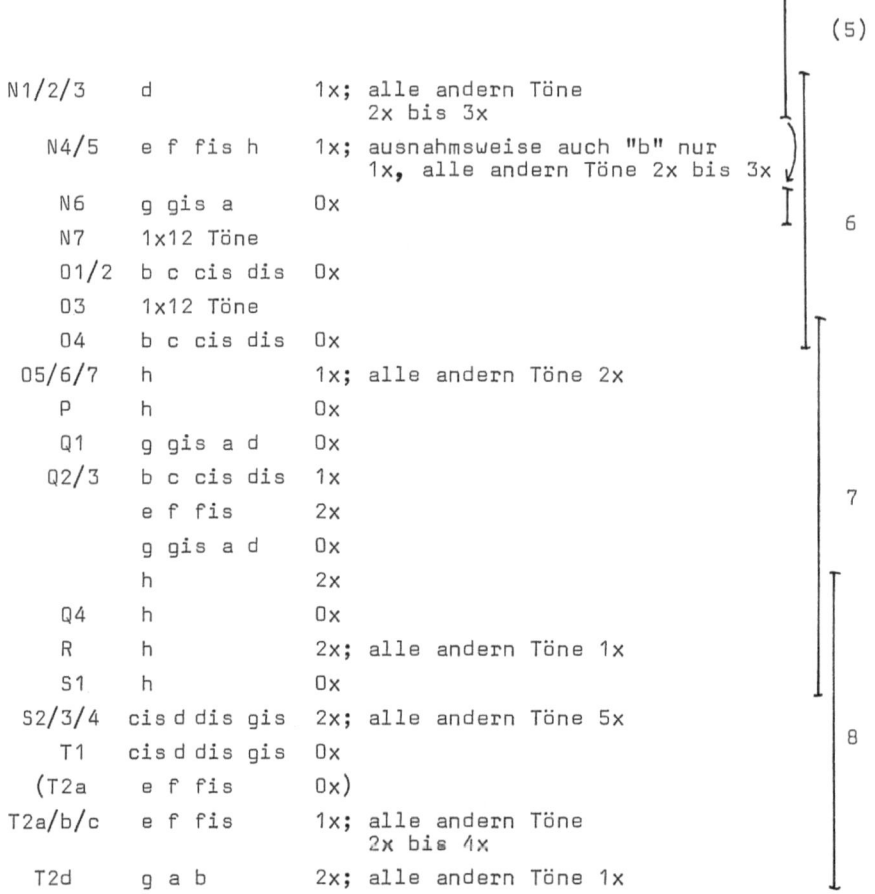

Hiermit ist zunächst die grundlegende Tonhöhenstruktur für "Commentaire" beschrieben. Die strukturelle Vieldeutigkeit erschließt sich uns aber erst, wenn wir die anderen möglichen Deutungen des Textes vornehmen. Wir haben zwar die Knochen von "Commentaire" ausfindig gemacht, aber die Haut bleibt zunächst ein Rätsel. Warum z.B. treten in Segment A 4x (cis dis) auf, aber nur 3x (d e f fis) und nur 2x (gis b h) ? Um dies beantworten zu können, müssen wir von der 3. Vorzugsreihe absehen und weitere logische Strukturen ausfindig machen. Unser Ziel wird sein, so genau wie möglich die Grenze zu bestimmen, die die reine Improvisation vom streng strukturbezogenen Denken trennt.

b   Die zweite Strukturschicht

Die Grundlage dieser Schicht bildet offensichtlich die 1. Vorzugsreihe. Die Analyse sieht zum Teil sehr kompliziert aus. Das liegt daran, dass ihr Regelkanon 1. ohnehin sehr offen ist (und doch möglichst exakt gefasst werden soll), dass 2. außerdem durch Umstellungen, Wiederholungen, Auslassungen von Tönen, Tongruppen, sogar ganzen Unterreihen der 1. Vorzugsreihe der Regelkanon noch weiter aufgeweicht wird. Mitunter werden wir zu einem Punkt gelangen, wo sich die Frage erhebt, ob Boulez tatsächlich diese Beziehungen in den Notentext hineingelegt hat, oder ob sie selbsttätig - unter Umgehung des handelnden Komponisten - aus dem Notentext herauswuchern. Hier entstünde dann aus dem Werk ein wirklicher "Anonymat" - ein Automat, der seine Strukturen sich selbst, anonym, erschafft.

Wir finden die 1. Vorzugsreihe in folgender Form in "Commentaire":

```
                        | A B C D E F     G           H I   K       L M
                        | 1 2 3 1 2ab 3 4  1 2 1 2 3     a b c
                        |─────────────────────────────────────────
Unterreihen der         | 1 4 1 4 3 2 (3    2)          1 4   3 2  (3 2)1
1.Vorzugsreihe          |              Wieder-                    Wieder-
═══                     |              holung                     holung
                                                                  ═══

| N           O             P Q       R S       T
| 1 2 3 4 5 6 7 1 2 3 4 5 6 7  1 2 3 4  1 2 3 4 1 2abc d
|─────────────────────────────────────────────────────
| 4         1         4         3 2 1 3 4   2      1 4   1
                                      ↰
                                    Um-
                                    stellung
```

Boulez hat sich wie in "Parenthèse" (auch in "Glose", wie wir noch sehen werden) die Regel aufgestellt, keine Unterreihe zu überspringen. Die Folge 1 - 4 ist kein Sprung, da das System der 4 Unterreihen kreisförmig ist:

Diese Regel ist in Q durchbrochen. Boulez hat hier die 3. und 4. Unterreihe vertauscht. Wird die Umstellung rückgängig gemacht, so ist die Wiederholung des Abschnitts A ... N4 ab Mc evident. Ausnahme: In A ... N4 werden an zwei Stellen die Unterreihen 3 und 2 wiederholt, was in Mc ... T2d nicht geschieht.

Die Interpretation als Wiederholungsform ist aber nur eine von zwei möglichen. Unter Auslassung der beiden Wiederholungen der 3. und 4. Unterreihe und mit der nötigen Umstellung in Q ergibt sich folgende Gesamtsymmetrie (hierbei entsprechen sich 1. und 4. sowie 2. und 3. Unterreihe):

Unterreihen

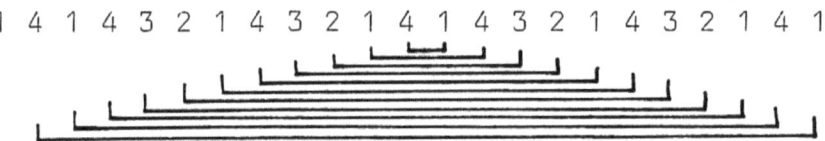

Um dieses Schema im Notentext aufzeigen zu können, muss die Tonhöhenorganisation detailliert wiedergegeben werden. An der umseitigen "Aufstellung 1", die sämtliche Töne in "Commentaire" der 1. Vorzugsreihe zuordnet, wird auffallen, wie flexibel Boulez mit dieser Reihe umgegangen ist.

1. Einige Gruppen kommen öfter vor als andere. In Segment A kommen die Gruppen (e f fis h) und (cis d dis) 3x vor, (gis) aber nur 2x, die Gruppe (g a b c) gar nur 1x. Einige Gruppen sind ganz ausgelassen. Dies wird in "Aufstellung 1" mit Klammern ( ) angedeutet.

2. Boulez hat die Gruppen selten als zusammenhängende Töne notiert. Dort, wo ein echter Zusammenhang besteht, sind die Ziffern umkreist; z.B. steht in A bei der Gruppe (cis d dis) in meiner Analyse eine eingekreiste 3. Das bedeutet: Im ganzen Segment A kommen diese Töne 3x vor. Die Umkreisung besagt, dass die Töne 1x als Gruppe notiert sind, am Ende des Segments: (d es+cis), mit Sechzehntelbalken verbunden.

3. Oft hat Boulez 12 Töne genommen und jeden Zusammenhang zur 1. Vorzugsreihe verwischt. Derartige 12-Tonansammlungen sind mit einem senkrechten Strich gekennzeichnet. Wir werden in der "Aufstellung 2" sehen, dass besonders an solchen Stellen eine dritte, zur zweiten antago-

nistische Strukturschicht die Steuerung der Töne übernimmt.

1) Die Gesamtansicht der zweiten Strukturschicht
   = Aufstellung 1

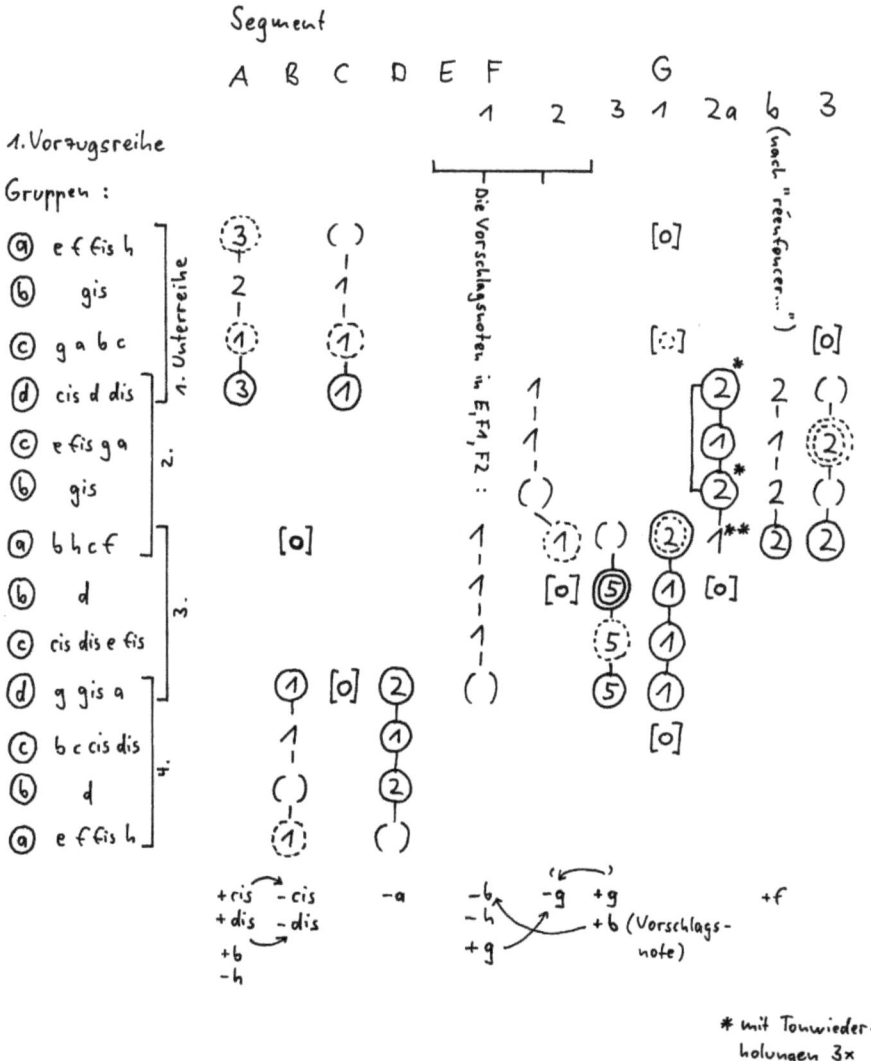

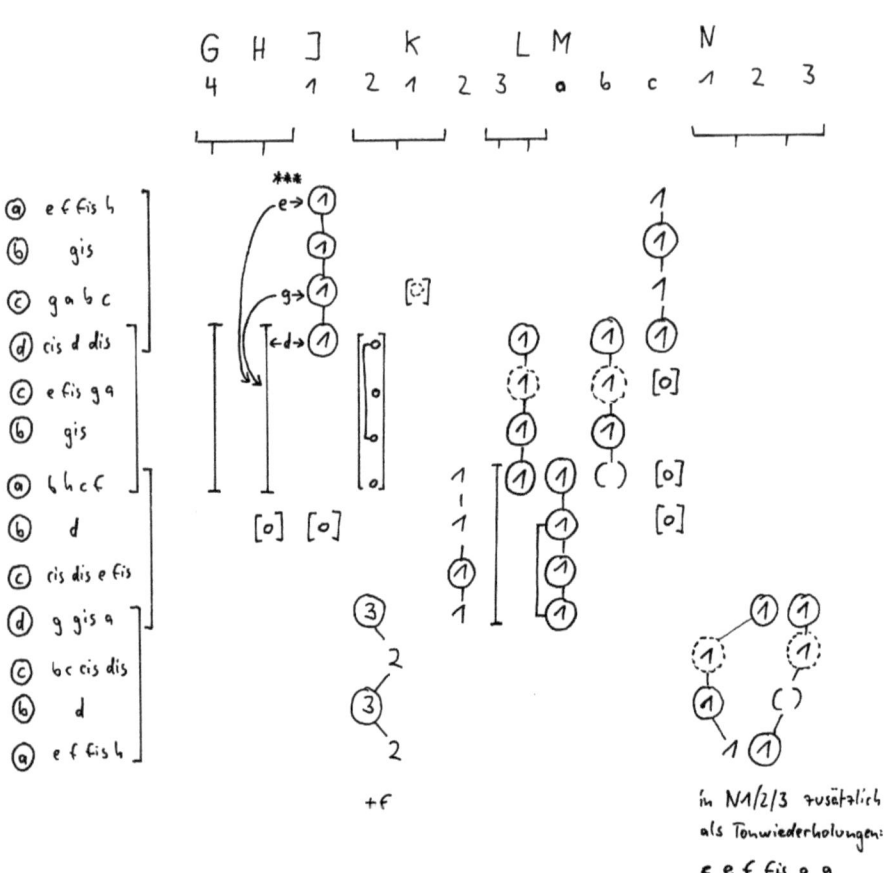

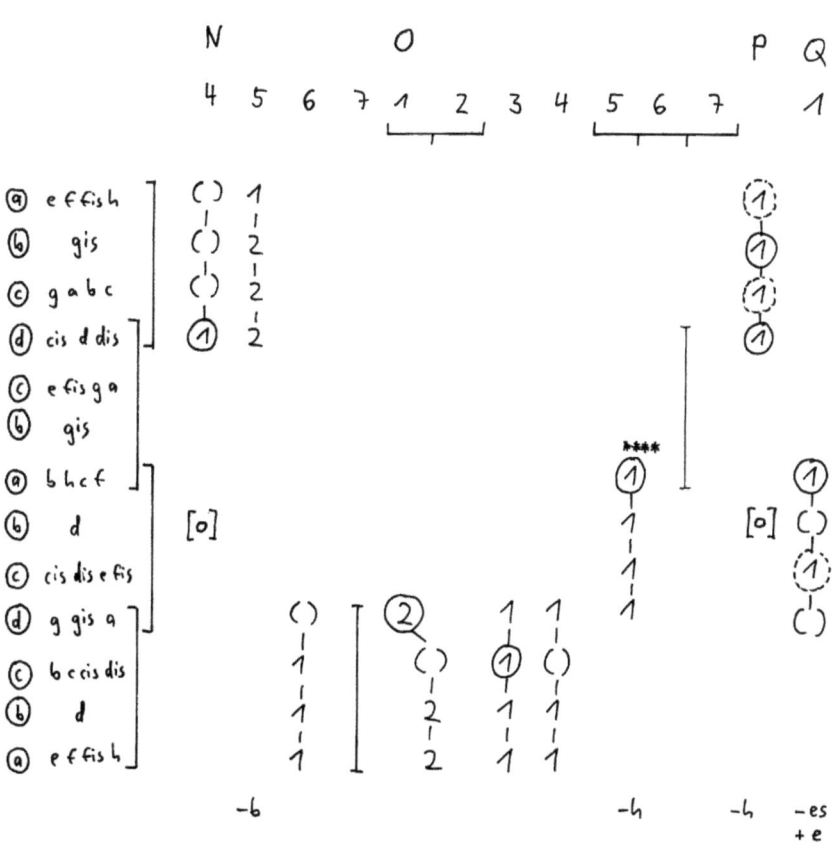

**** bhcf als Gruppe in O5-Ende und O6-Anfang

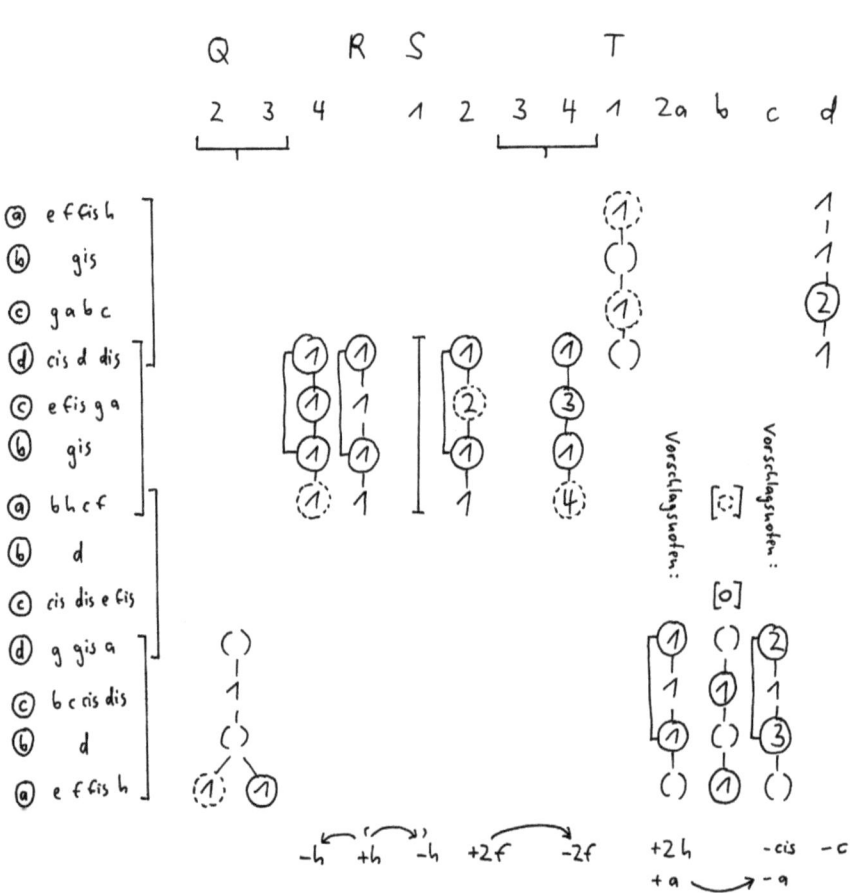

Erläuterungen:

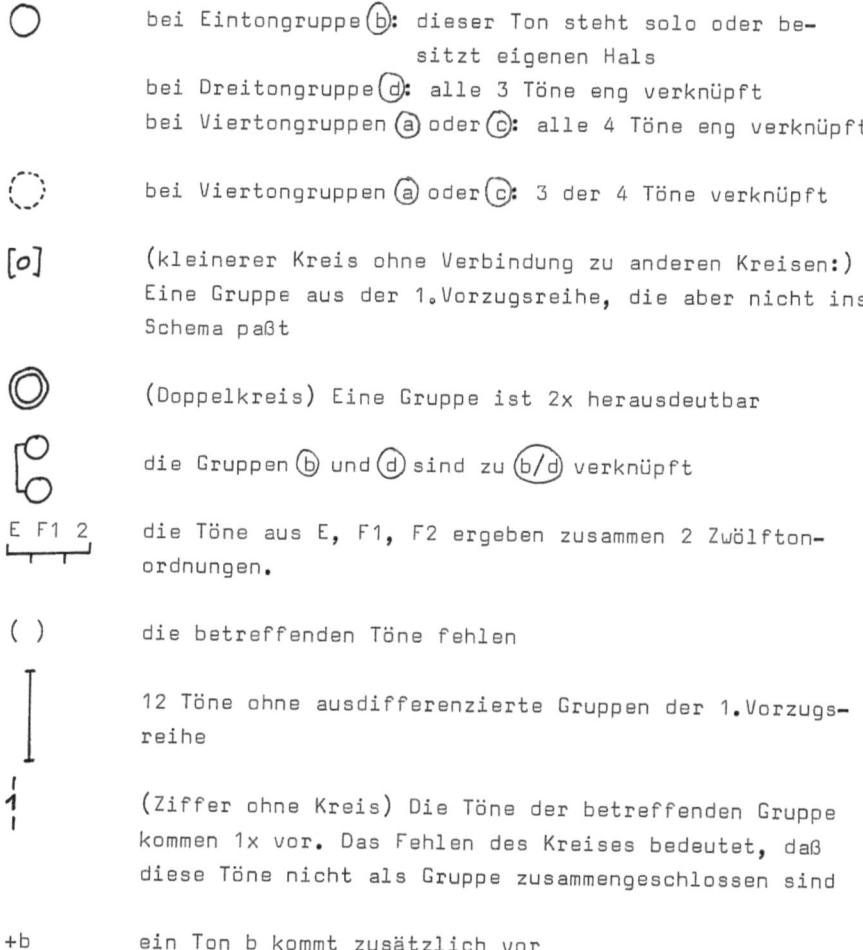

○   bei Eintongruppe ⓑ: dieser Ton steht solo oder besitzt eigenen Hals
        bei Dreitongruppe ⓓ: alle 3 Töne eng verknüpft
        bei Viertongruppen ⓐ oder ⓒ: alle 4 Töne eng verknüpft

(⃝)   bei Viertongruppen ⓐ oder ⓒ: 3 der 4 Töne verknüpft

[o]   (kleinerer Kreis ohne Verbindung zu anderen Kreisen:) Eine Gruppe aus der 1. Vorzugsreihe, die aber nicht ins Schema paßt

◎   (Doppelkreis) Eine Gruppe ist 2x herausdeutbar

     die Gruppen ⓑ und ⓓ sind zu ⓑ/ⓓ verknüpft

E F1 2   die Töne aus E, F1, F2 ergeben zusammen 2 Zwölftonordnungen.

( )   die betreffenden Töne fehlen

I   12 Töne ohne ausdifferenzierte Gruppen der 1. Vorzugsreihe

1   (Ziffer ohne Kreis) Die Töne der betreffenden Gruppe kommen 1x vor. Das Fehlen des Kreises bedeutet, daß diese Töne nicht als Gruppe zusammengeschlossen sind

+b   ein Ton b kommt zusätzlich vor

2) Die Mikrostruktur

Bevor die Tonhöhenstruktur diskutiert wird, seien die Kriterien angegeben, unter denen eine Tonkonstellation als auf die 1. Vorzugsreihe bezogene **Gruppe** anzusehen ist. Wir beschränken uns auf die exakt fassbaren Beziehungen.

I. Töne liegen direkt übereinander.
   A. keine gruppenfremden Töne im Akkord.
      1. gleiche Tondauern.
         Beispiel Ma: g   𝅗𝅥
                       gis 𝅗𝅥   = Gruppe (b/d) aus Unterreihe 3
                       d   𝅗𝅥
                       a   𝅗𝅥
      2. verschiedene Tondauern.
         Beispiel L: c   𝅘𝅥.‿𝅘𝅥𝅮
                       f   𝅘𝅥   = Gruppe ⓐ aus Unterreihe 2
                       b   𝅘𝅥
                       h   𝅘𝅥..
   B. gruppenfremde Töne im Akkord.
      1. Töne einer Gruppe sind durch gleiche Tondauern zusammengeschlossen.
         Beispiel N1: e   𝅘𝅥.. ⎫
                       d   𝅘𝅥.. ⎬ d dis e = eine transponierte
                       cis 𝅘𝅥   ⎭   Gruppe. Siehe "Aufstel-
                       his 𝅘𝅥   lung 2" S.59 ff
                       dis 𝅘𝅥..
      2. gruppenfremde Töne sind in ein anderes Notensystem gelegt.
         Beispiel A: g   𝅘𝅥   oberes
                       c   𝅘𝅥   System: fis g c = aus einer trans-
                       fis 𝅘𝅥   ponierten Gruppe
                       ─────────────
                       e   𝅘𝅥
                       b   𝅘𝅥   unteres
                       f   𝅘𝅥   System: dis e f b = transponierte
                       dis 𝅘𝅥   Gruppe

   Außerdem bilden gemäß Kriterium I.B.1. alle Halben
   (g b c) eine weitere Gruppe, ferner alle Sechzehntel.

In wenigen Fällen bringt weder die Trennung nach Tondauern noch nach Notensystemen eindeutige Ergebnisse. Solchen Akkorden wird in keiner der "Aufstellungen" 1 und 2 eine Gruppe zugeordnet, was nicht heißt, dass Boulez sie nicht doch gemäß einer oder mehrerer Gruppen aus der Vorzugsreihe oder aus transponierten Reihen aufgebaut hat. Zumindest ist dieser Aufbau dann so vieldeutig, dass eine Zuordnung zu den Grundschemata nicht sinnvoll erscheint. Hier zeigt sich innerhalb des Serialismus die Grenzüberschreitung vom Schematismus zur Improvisation. Dies betrifft folgende Akkorde:

Segment:	A		G2a	N5	
	cis	es	b	as	es
	f	d	f	cis	as
	d	f	es	a	g
	es	e	as	g	d
	fes	cis			

In K2 wird der an sich vieldeutige Akkord (b-a-c-d-h) durch den Zusammenhang deutlich:

Zwei transponierte Gruppen

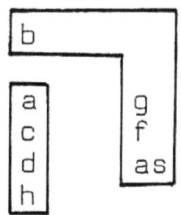

Dasselbe gilt für den Akkord (d-a-g-es-cis) in Mb:

(e fis g a) = Gruppe **c** aus Unterreihe 2
(cis d es) = Gruppe **d** aus Unterreihe 2

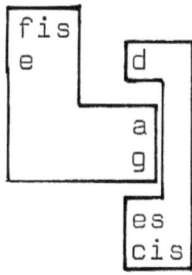

Eine Dreitonkonstellation ist nicht als Gruppe deutbar: Q1: (f-c-e). Vielleicht liegt hier ein Druckfehler vor. "Aufstellung 1" zeigt, dass "es" fehlt und "e" zuviel ist. Eine Konstellation (f-c-es) würde die Deutung (c (d) es f) als transponierte unvollständige Gruppe **c** zulassen. Nebenbei:

Mit den Boulez'schen Oktavbehandlungsregeln (45) ist der Vorhalt "fes" auf (e!-c-f) nicht zu vereinbaren.

II. Töne folgen direkt aufeinander.
   Dies ist die zweite Möglichkeit, Töne nach Gruppen zusammenzufassen.
   Beispiel 12: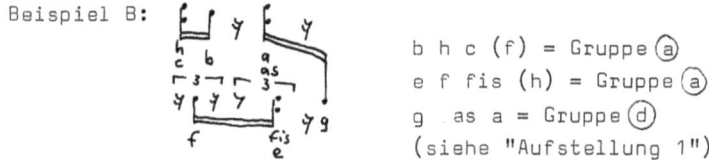
   h cis d e = transponierte Gruppe ⓒ

III. Töne sind durch Notenbalken verbunden. Die Töne einer Gruppe brauchen nicht unmittelbar aufeinander folgen.
   Beispiel B: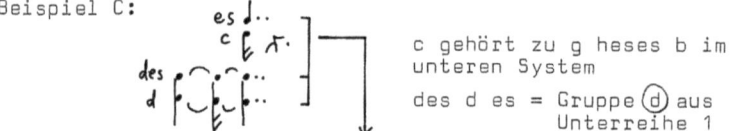
   b h c (f) = Gruppe ⓐ
   e f fis (h) = Gruppe ⓐ
   g as a = Gruppe ⓓ
   (siehe "Aufstellung 1")

IV. Verschieden gerichtete Notenhälse trennen vertikale oder horizontale Tonverbindungen.
   Beispiel C: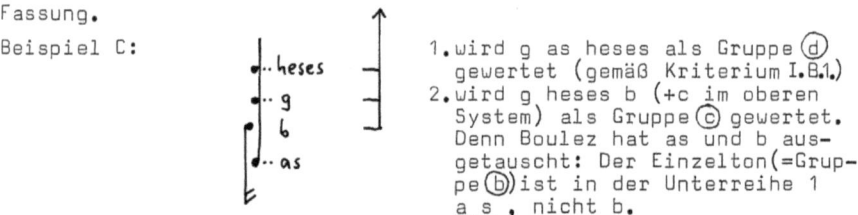
   c gehört zu g heses b im unteren System
   des d es = Gruppe ⓓ aus Unterreihe 1

V. Wenn Boulez 2 Töne ausgetauscht hat, wird die Gruppe zusätzlich so gewertet, als stünde sie in der ursprünglichen Fassung.
   Beispiel C:
   1. wird g as heses als Gruppe ⓓ gewertet (gemäß Kriterium I.B.1.)
   2. wird g heses b (+c im oberen System) als Gruppe ⓒ gewertet. Denn Boulez hat as und b ausgetauscht: Der Einzelton (=Gruppe ⓑ) ist in der Unterreihe 1 a s , nicht b.

VI. Einige Konstellationen erlauben eine Trennung der Töne nach Vorschlags- und vollausgefüllten Noten.
   In H z.B. gehören die vollausgefüllten Noten d e f zusammen, in O3 die Vorschlagsnoten b c des es.

Die zahlreichen Auslassungen von Tönen oder der Verzicht auf deutlich ausgeformte Gruppen, in "Aufstellung 1" durch ( ) kenntlich gemacht bzw. durch das Fehlen der Umkreisung, zeigen den von Boulez intendierten apokryphen Charakter der zweiten Strukturschicht.

Die 1. Vorzugsreihe tritt nur in G1, I/1, Ma/b ohne oder mit nur geringer Verschleierung auf. Verschleiert wird sie, wie erwähnt, von einer 3. Schicht, die später in "Aufstellung 2" (transponierte Gruppen) beschrieben wird. Verschleierung bedeutet hier nicht, dass das Schema nicht mehr wirksam ist. Es liefert weiter die Gesamtmasse der Töne. Deren spezifische Zusammenstellung regelt aber an den Verschleierungsstellen die übergestülpte dritte Ordnung. Durch dieses Übereinander dreier Ordnungen gelingt es Boulez fast, "Commentaire" einer exakten seriellen Ton-für-Ton-Analyse zu entziehen. Er baut sich sein privates Labyrinth. Zitieren wir Boulez:

> "Für mich kommt der Begriff des Labyrinths im Kunstwerk dem Kafkas in seiner Erzählung 'Der Bau' ziemlich nahe. Man erschafft sich sein eigenes Labyrinth ... Man konstruiert es genauso, wie ein unter der Erde lebendes Tier seinen Bau anlegt, was Kafka so großartig beschrieben hat; man verlagert ständig seine Vorräte, um sie vor Entdeckung zu schützen, und man wählt immer neue Wege, um seine Fährte zu verwischen." (46)

Versuchen wir, das Boulez'sche Spurenverwischen in "Commentaire" dingfest zu machen und dem Komponisten damit doch auf die Schliche zu kommen. Wir bleiben vorerst bei der 2. Schicht:

I.

Zunächst seien die drei Segmente angeführt, wo die Struktur mit nur geringer Verschleierung deutlich wird:

Segment G1

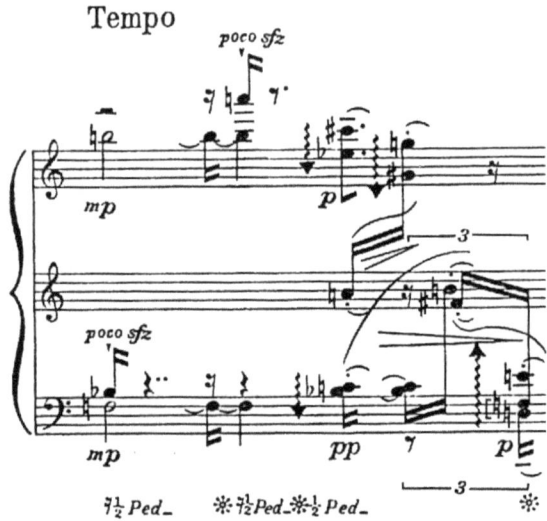

Die Zusammengehörigkeit nach Ton-Gruppen wird hier durch die rhythmische Notation unterstrichen. Es ist die 3. Unterreihe der 1. Vorzugsreihe zugrunde gelegt, hier oben in Boulez' ursprünglicher enharmonischen Schreibweise, unten die aktuelle Notation:

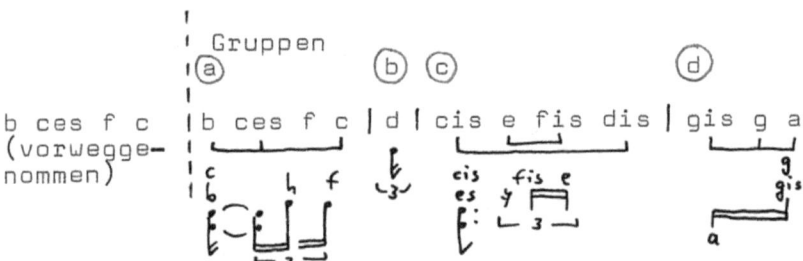

Es zeigt sich eine weitgehende Veränderung der ursprünglichen Reihe. Wohl existieren noch die Gruppen, da vier Töne (bei Gruppen **a** und **c**) oder drei Töne (Gruppe **d**) jeweils zusammengeschlossen sind bzw. der Ton der Gruppe **b** getrennt auftritt. Aber die Gruppen lösen sich von der Reihenfolge in der Reihe (die Einzeltöne sowieso) und sind in G1 frei übereinander gebaut. Zudem wird ein Ton von seiner Gruppe abgespalten: "f", das sich (e fis) zugesellt. Es entsteht latent die Gruppe (e f fis h).

In "Aufstellung 1" sind diese Gruppen der 1. Vorzugsreihe, die in keinem Zusammenhang zur gerade verwendeten Unterreihe stehen, durch kleinere, isolierte Kreise angezeigt.

Segment I/1

1. Unterreihe

e f h ges | as | g ais his a | d cis dis

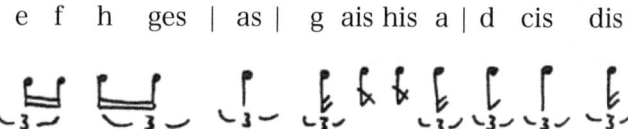

Auch in diesem Segment gibt es latent eine Gruppe, die nicht zur verwendeten Unterreihe zählt:

d e f g = transponierte Gruppe c

Dabei liegen (d e g) akkordisch übereinander. "e" und "f" sind durch einen Balken aneinander gebunden. Beide Faktoren weisen auf eine sekundäre Gruppenbildung bei Boulez hin jenseits seiner Hauptstruktur.

Segment Ma/b

M bezieht sich im ersten Teil: Ma deutlich auf die 3. und im zweiten Teil: Mb auf die 2. Unterreihe:

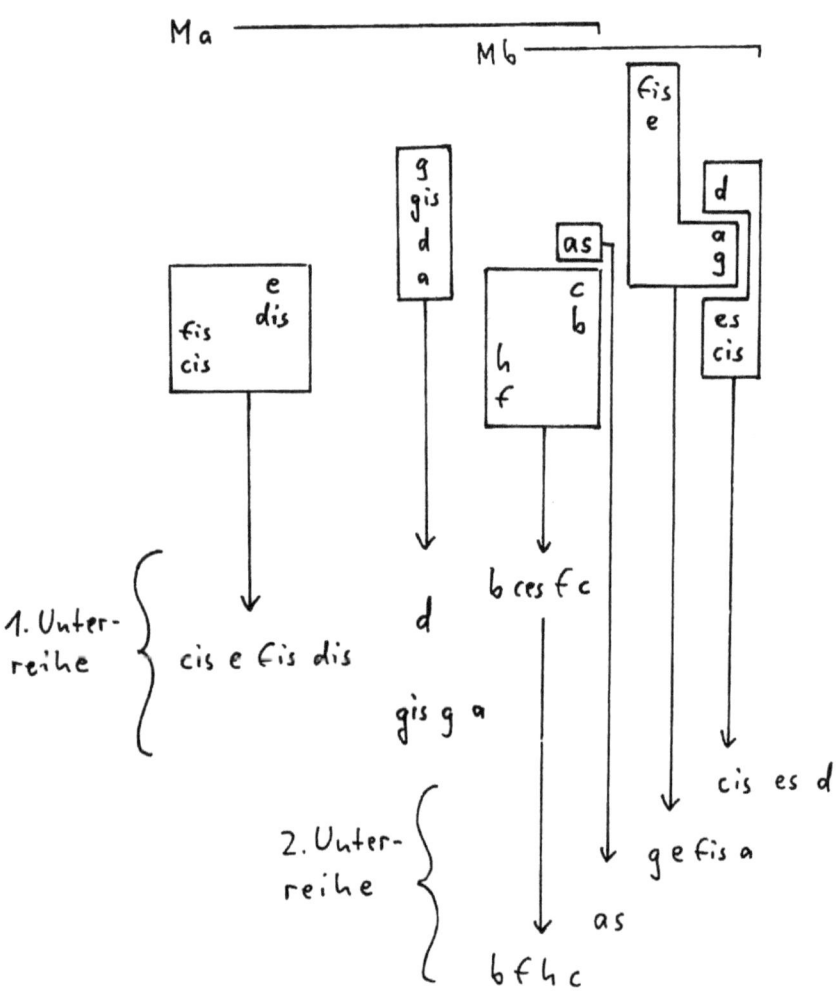

II.

Alle Gruppen kommen vor. Sie sind aber durch Ton-Vertauschungen, -Auslassungen, -Wiederholungen oder durch sehr starke Vermischung der Gruppen relativ stärker verschleiert als in G1, I/1 und Ma/b.

Segment L

2. Unterreihe

cis es d | g e fis a | gis | b f h c

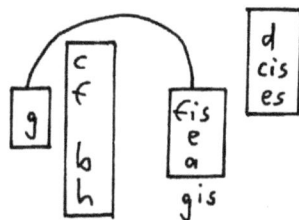

Der erste Teil von L schließt sich mit K3 zu einer Zwölftongruppe zusammen.

Segment P

1. Unterreihe

e f (h) ges | as | g ais his a | d cis dis

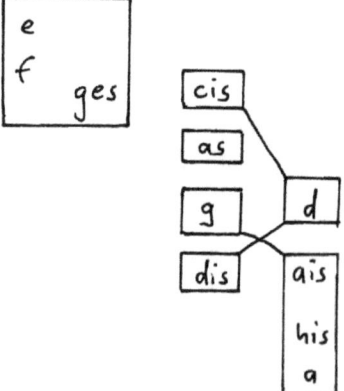

Der Ton "h" fehlt. Die Gruppen (g ais his a) und (d cis dis) sind durcheinander gemischt.

Segment Q4

2. Unterreihe

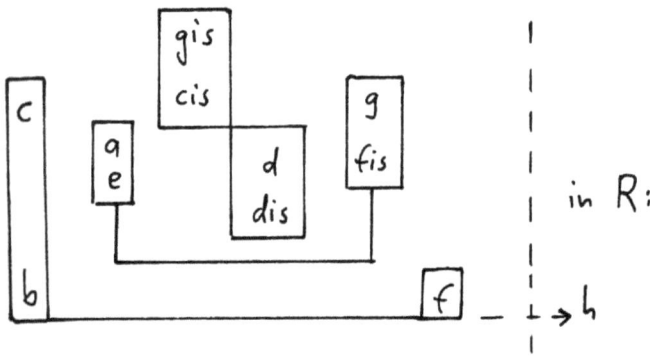

Segment S3/4, 2. Unterreihe.

Hier werden einige Gruppen wiederholt, so dass sich die Gesamtsumme von 1x (cis d es), 3x (e fis g a), 1x (as), 4x (ais h c f) ergibt. Die zwei fehlenden "f" ergänzen sich aus S2. Nur drei Gruppen: (f c ais h), (a fis e g), (d cis es as) sind zusammenhängend komponiert:

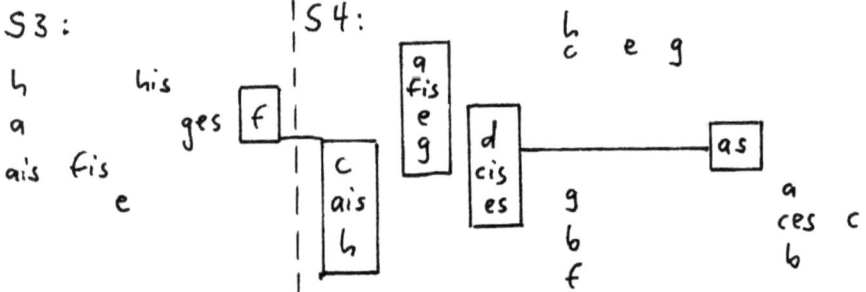

III.

Die nächste Stufe der Verschleierung der zugrunde liegenden Reihe ist die nur teilweise Verwendung der Gruppen. Hierzu zählen die Segmente A, G2, I/2/K1, K2, N1/2/3, N5, O3, O5/6/7, R, S2, T2. Als Beispiel sei O3 herausgegriffen. Hier liegt die 4. Unterreihe vor: g a gis | cis b c dis | d | e h f ges, wobei nur (cis b c dis) als Gruppe angeordnet ist, nämlich in Form von Vorschlagsnoten.

Segment O3

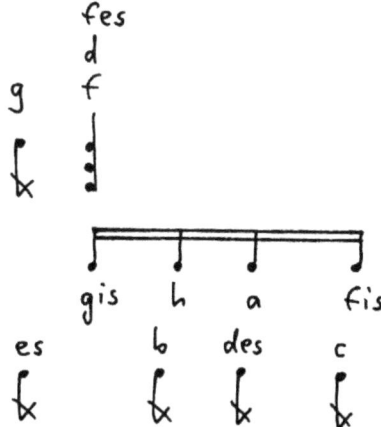

(es b des c) = Gruppe c, alles Vorschlagsnoten, kommen aus Unterreihe 4. Das restliche Tonhöhenmaterial ordnet sich zu den **reihenfremden** Gruppen (gis h a fis) = vier 16tel mit Balken, dann (g f d fes) = ein Viertelakkord mit Vorschlag. Die Gruppe c kommt also in drei Transpositionen vor. Dass die 4. Unterreihe angenommen werden muss, obwohl nur **eine** ihrer Gruppen vorkommt, ergibt sich aus dem Gesamtschema der 2. Strukturschicht.

IV.

Eine weitere Verschleierungsmöglichkeit ist die in G1 und S3/4 schon erwähnte Vervielfachung einer Gruppe bzw. die Eliminierung einer oder mehrerer Gruppen. Häufig treten Vervielfachung und Eliminierung kombiniert auf, z.B. in F3, wo (d), (cis dis e fis), (g gis a) je 5x auftreten und (b h c f) ausgelassen ist.

V.

Die größtmögliche Verschleierung liegt da vor, wo **kein** Ton der 1. Vorzugsreihe zugeordnet werden kann. Die Reihe liefert nur noch das Gesamtmaterial von 12 Tönen ohne interne Ordnung. Die Gruppen **a b c d** sind nicht erkennbar. An diesen Stellen übernimmt die 3. Strukturschicht die Steuerung der internen Ordnung. Solche Zwölftongruppen bestehen in G4/H, K3/L, N7, S1.

3) Der Weg der Entschlüsselung

Auf welchem Weg kann trotz des apokryphen Charakters der 2. Strukturschicht auf ein zusammenhängendes Schema geschlossen werden? Es sei angenommen, dass die 1. Vorzugsreihe zugrunde liegt.

Nebenbemerkung: Die 2. Vorzugsreihe könnte ebenfalls angenommen werden. Dies würde im Wesentlichen nichts ändern, da die Unterreihen der zwei Reihen wie folgt miteinander korrespondieren:

Unterreihen der 1. Vorzugsreihe		Unterreihen der 2. Vorzugsreihe
1	⟷	1
4	⟷	2
3	⟷	3
2	⟷	4
1	⟷	1

Die gesamte Anlage würde also bei Zugrundelegung der 2. Vorzugsreihe umgekehrt verlaufen gegenüber der in "Aufstellung 1" angenommenen 1. Vorzugsreihe.

Zunächst gibt es zwei Möglichkeiten, in "Commentaire" auf bestimmte Unterreihen zu schließen:

1.

Schließen wir aus der **Anzahl** der vorhandenen Töne. So lässt sich z.B. in O1/2 ausschließlich die 4. Unterreihe herausdeuten, da exakt die Töne (b c cis dis) ausgelassen sind. Das sind die Töne der Gruppe c der 4. Unterreihe. In keiner anderen Unterreihe ergäbe sich ohne (b c cis dis) eine sinnvolle Deutung.

Auf diese Weise werden folgende Segmente eindeutig bestimmbar: A, D, G2b, O1/2, O4, Q2/3, S2, S3/4, T2c, T2d. In den anderen Segmenten, wo eine unterschiedliche Anzahl der Gruppen vorliegt, sind zwei Deutungen möglich. So kann in Segment C das Fehlen der Gruppe (e f fis h) sowohl auf die 1. als auch auf die 4. Unterreihe hindeuten. Denn diese beiden Unterreihen besitzen gleichermaßen die Gruppe (e f fis h).

2.

Die weitere Möglichkeit, Unterreihen zu bestimmen, ist die Berücksichtigung der zur 1. Vorzugsreihe gehörenden und tatsächlich im Notentext vorhandenen Gruppen **a b c d**. Alle diese Gruppen in untransponierter Form sind in "Aufstellung 1" durch Kreise gekennzeichnet. Dabei stoßen wir allerdings auf eine Schwierigkeit: Einige dieser Gruppen stehen außerhalb des Unterreihen-Verbandes. Diese Gruppen sind in "Aufstellung 1" mit einem kleinen Kreis gekennzeichnet. In Segment B begegnet uns die Tongruppe (b h c f), die nicht in der 4. Unterreihe vorkommt. Hier nützt die Analysemöglichkeit nach Gruppen also nichts. Aber G2a z.B. lässt sich mithilfe der im Notentext vorhandenen Ton-Gruppierungen eindeutig fixieren: Die Gruppe (e fis g a) gestattet nur die Deutung 2. Unterreihe.

Mit der Tongruppen-Analyse finden sich Klärungen in F3, G2a, I/1, K2, L, Ma, Mb, N1/2/3, O3, P, Q1, Q4, T1, T2a. Teilweise Klärungen liegen vor in Mc, O5/6/7, R. Hier stehen immer noch zwei Unterreihen zur Wahl.

Die anderen Segmente können zunächst nicht geklärt werden, z.B. erscheinen in I/2 alle vier Gruppen der 2. Unterreihe, während von der Tonanzahl her die Gruppe **b/d** der 4. oder 3. Unterreihe verdoppelt ist: (g gis a d). Mit K1 dazugezählt, ist letztere Gruppe verdreifacht.

3.

Ein dritter Weg, durch das Boulez'sche Labyrinth zu gelangen, ist ein Vergleich von Teil 1 und 2 der Gesamtstruktur. Wir kommen jetzt zu der früher erwähnten Interpretation als Wiederholungs- bzw. symmetrischer

Form.

Die Abschnitte A ... N5 und Mc ... T2d werden übereinander projiziert. Fast überall sind beide Abschnitte kongruent. Ausnahmen sind F3 ... H und Ma/b. Diese Stellen lassen sich als Wiederholungen der Unterreihen 3 und 2 interpretieren. Außerdem lässt sich I/2/K1/2/3 nur mit Q1/2/3 in Übereinstimmung bringen, wenn wir eine Vertauschung der Unterreihen in Q1/2/3 annehmen.

Die Symmetrie in der Abfolge der Unterreihen lässt hoffen, dass wir zumindest sehr nahe an Boulez' sekundärem Grundplan sind. Es muss dem Komponisten zugebilligt werden, dass er - wir bleiben im Kafka'schen Bild - seine Vorräte in "Commentaire" extrem gut versteckt hat.

Vergleich von Abschnitt A ... N5 mit Mc ... T2d:

Die nach der Tonanzahl- und Tongruppen-Analyse noch bleibenden, mehrfach deutbaren Unterreihen sind mit senkrechten Strichelungen gekennzeichnet. Durch die Übereinanderprojektion ergibt sich ein möglicher Weg durch die Unterreihen der 1. Vorzugsreihe, der mit "1 4 1 4 3 ..." unten bezeichnet ist, siehe folgendes Bild.

Vergleich von Abschnitt A ... N5 und Mc ... T2d

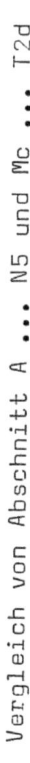

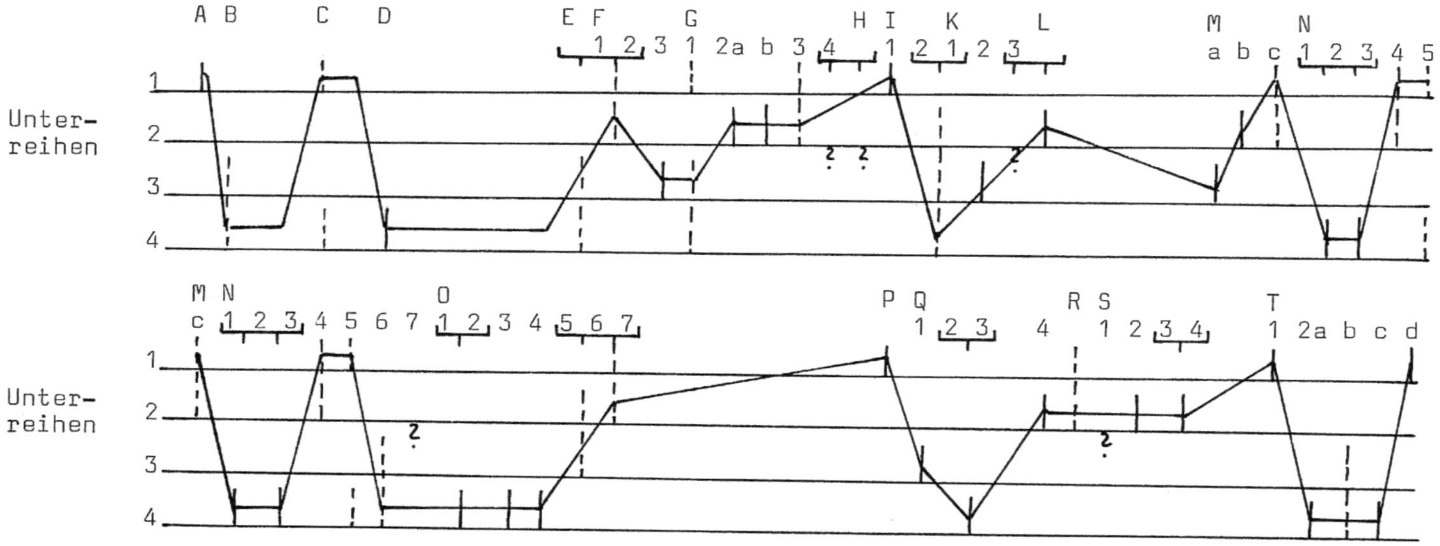

Nach der Tonanzahl- und Tongruppen- Analyse noch mehrfach deutbare Unterreihen sind mit ---- gekennzeichnet. Durch die Übereinanderprojektion ergibt sich möglicherweise folgender Weg durch die Unterreihen der 1.Vorzugsreihe:

```
   3 2  3̄ 2̄            1 4  3̄ 4̄  2            3̄ 2̄ 1 4    1
        Wiederholung    1 3                    Wiederholung
        im 1.Teil          Permu-              im 1.Teil
                           tation
                           im 2.Teil
1 4   1   4
```

4.

Vereinzelt kommen wir auch auf einem ganz anderen Weg durch das Boulez'sche Labyrinth, durch die Berücksichtigung der vertikalen Struktur. In N5 z.B. hat Boulez einen Akkord symmetrisch aufgebaut. Dies ermöglicht die Deutung von N5 als zur 1. Unterreihe gehörend.

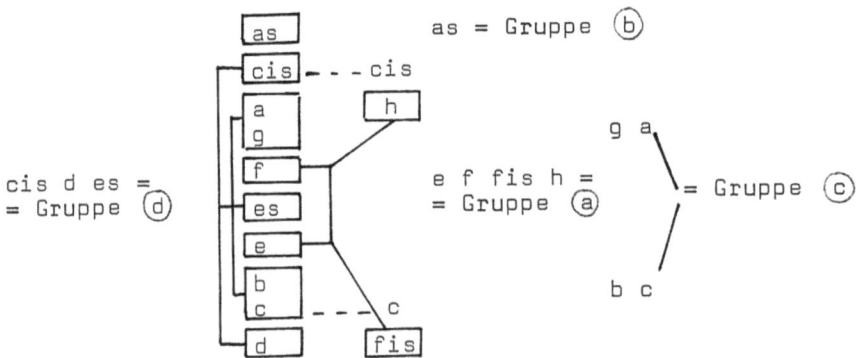

Es ist keine intervallische Symmetrie, sondern eine auf die Gruppen **a c** und **d** bezogene. Die Eintongruppe **b** ist von Boulez an die Spitze gestellt worden.

c Die dritte Strukturschicht

Wir gelangen jetzt zum dritten Blickwinkel, unter dem die Mikrostruktur von "Commentaire" zu betrachten ist. Es handelt sich hier um den Mechanismus der Reihen**transpositionen**. Im Folgenden werden wir absehen von der ersten Schicht (der 3. Vorzugsreihe) und nur den Dualismus der zweiten und dritten behandeln. Dies ist ein **Beispiel** einer möglichen Mikroanalyse. Wir lassen das Wechselspiel zwischen erster und zweiter sowie erster und dritter Schicht außer Betracht. Berechtigt sind wir dazu insofern, als wir prinzipiell zu ähnlichen Ergebnissen kommen würden. Uns liegt nur daran, Boulez Vorgehensweise exemplarisch aufzuzeigen.

Wie funktioniert der Antagonismus zweier Ordnungen in "Commentaire"? In G2b als Beispiel liegt bei alleiniger Berücksichtigung der 1.

Vorzugsreihe deren 2. Unterreihe vor; denn exakt die Töne (e, fis, g, a) kommen nur 1x vor. Die Organisation der Akkorde (a-fis-gis, e-f-es, d-g-cis) gehorcht aber keineswegs dieser 1. Vorzugsreihe, die nur die **Tonanzahl** steuert. Mikrostrukturell greift die antagonistische Ordnung der transponierten Reihen ein. Es liegt die Transposition -1 vor:

G2b
Gruppen: a   b   c   d
      es e b f | g | fis a h gis | cis c d

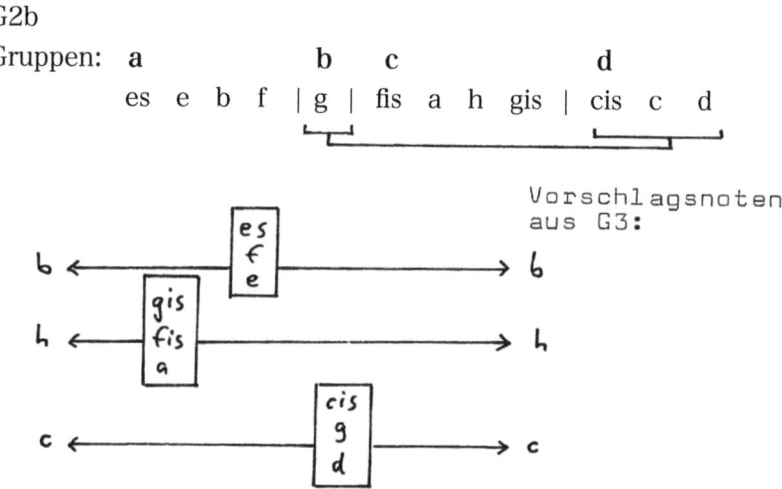

Einer Gruppe: (b h c f) aus der 1. Vorzugsreihe treten also **drei** Gruppen: (es e f b), (c cis d g), (fis gis a h) aus einer transponierten Reihe entgegen. Dieser Dualismus Vorzugsreihe / transponierte Reihen lässt sich durch die gesamte Anlage von "Commentaire" verfolgen. Wir werden der folgenden "Aufstellung 2" entnehmen, dass an den Stellen, wo die zweite Schicht (die 2. Vorzugsreihe) in allen vier Gruppen deutlich ausgeprägt ist, die dritte Schicht (die Transpositionen) entweder völlig verschwindet (in Ma, P, Q4) oder nur durch eine Gruppe vertreten ist (in G1, I/1, L; in S4 hat die dritte Schicht zwei Gruppen). Umgekehrt verliert die zweite Schicht bei völliger Ausprägung des Antagonisten meist gänzlich ihre Gruppen **a b c d**. Dies ist der Fall in E/F1, H, K3, N7, O6/7, S1. In folgenden Segmenten, wo die dritte Schicht in allen vier Gruppen ausgeprägt ist, weist je eine vereinzelte Gruppe der 1. Vorzugsreihe hin auf die verdeckte zweite Schicht: F2, G2b (dieses Segment wurde eben schon erläutert), O5/6, T2d.

In "Aufstellung 2" gelten für die Gruppen der dritten Schicht dieselben Kriterien wie für jene der zweiten Schicht. Bei der zweiten Schicht ist nur die Anzahl ihrer (zur 1. Vorzugsreihe gehörenden) Gruppen angeführt.

1) Die Gesamtansicht der 3. Strukturschicht im Verhältnis zur 2. Schicht

= Aufstellung 2

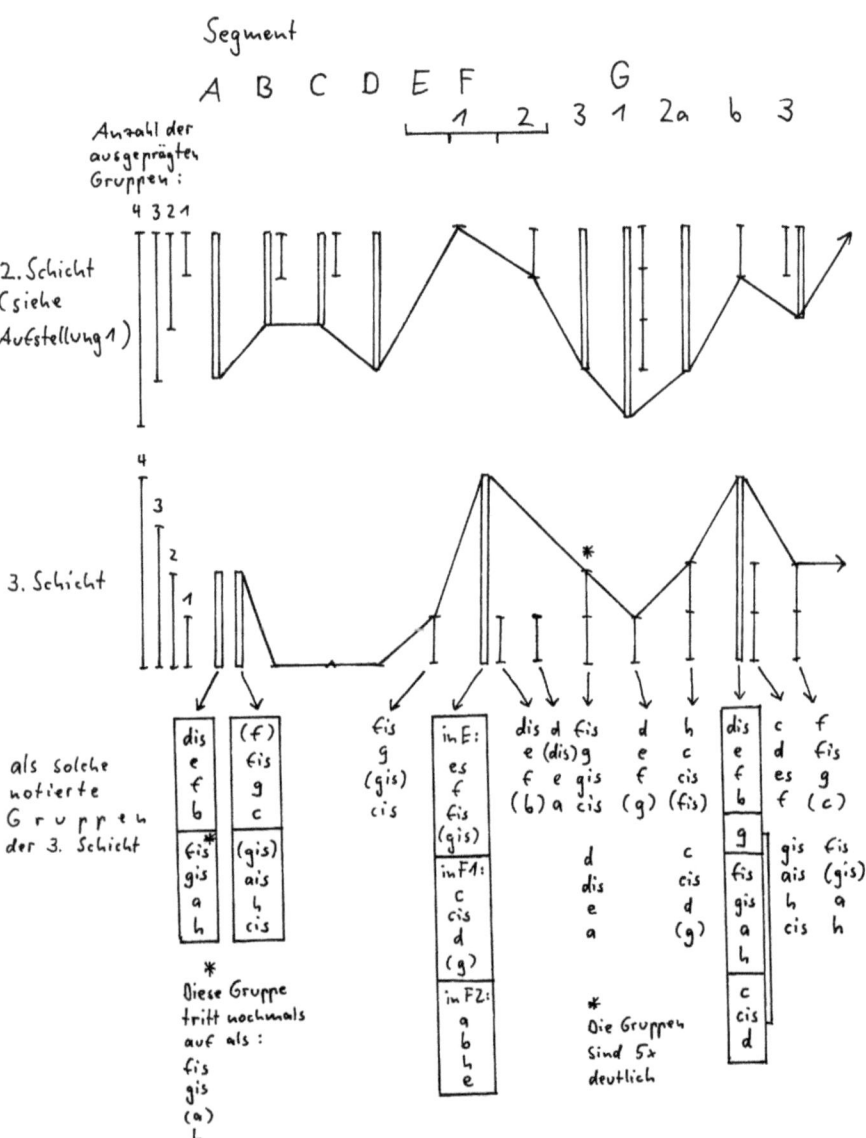

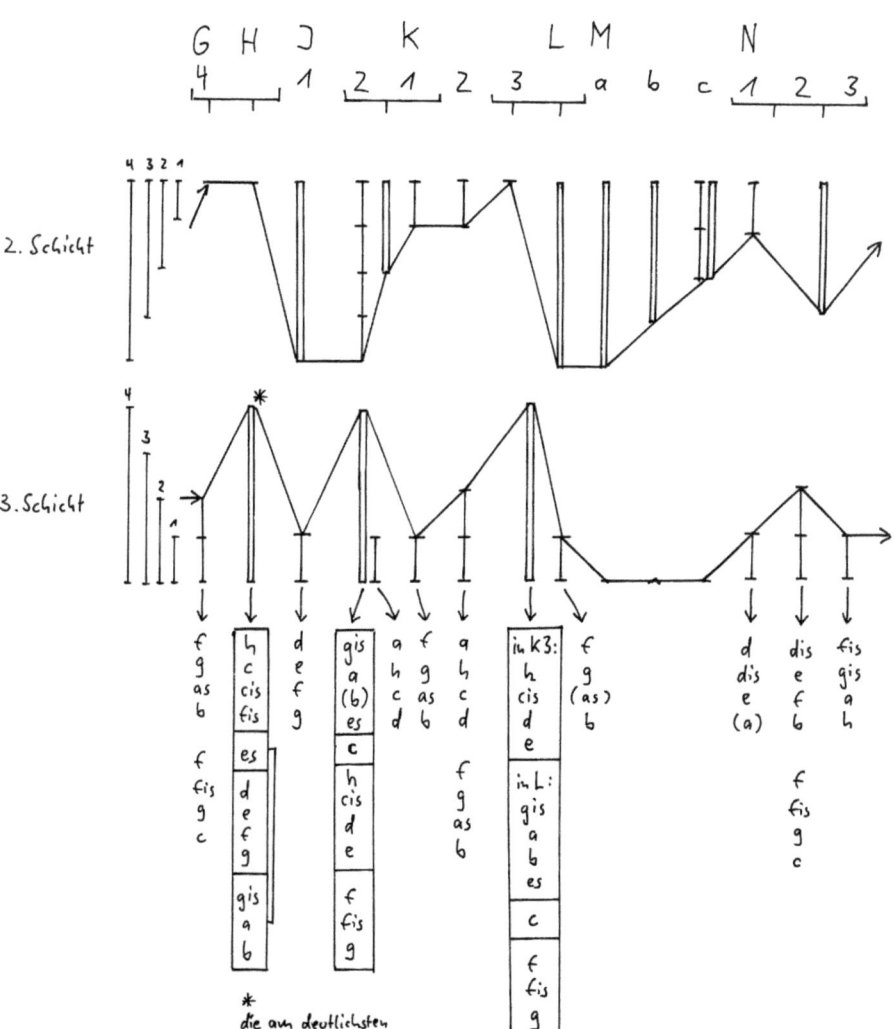

* die am deutlichsten ausgeprägte Transposition

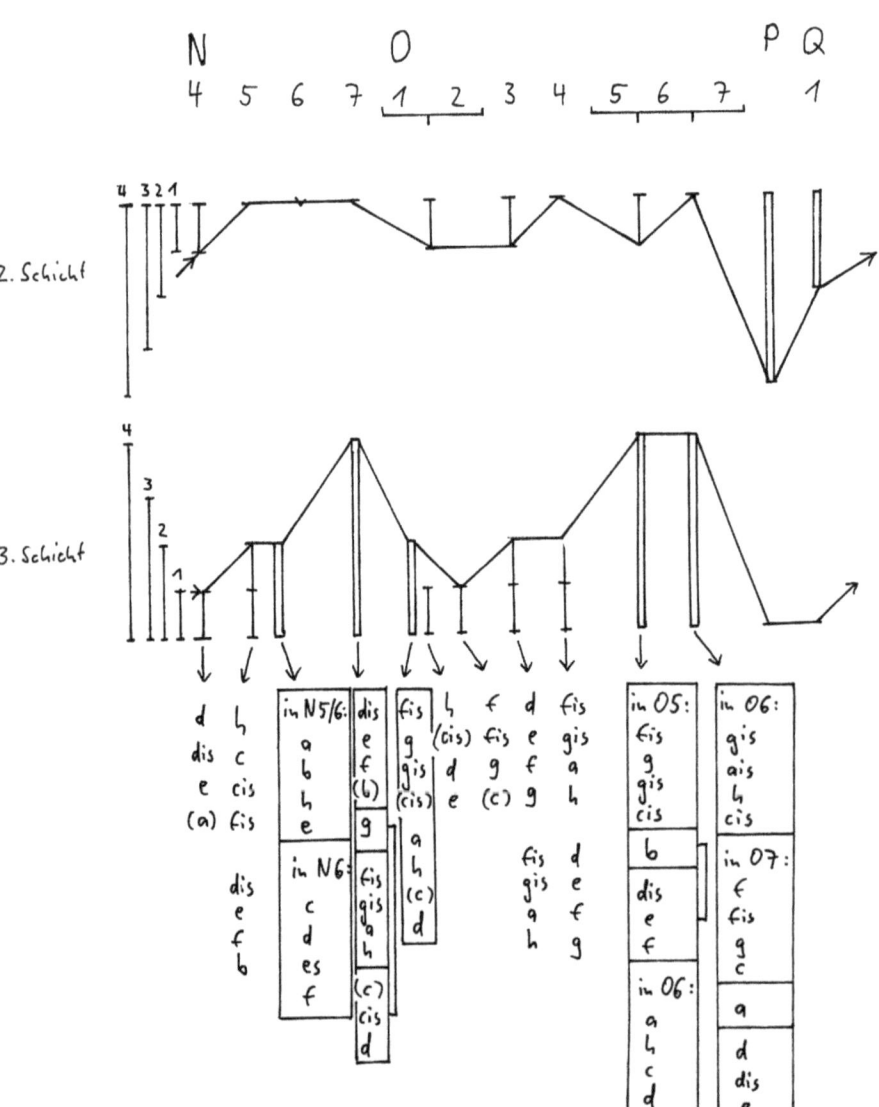

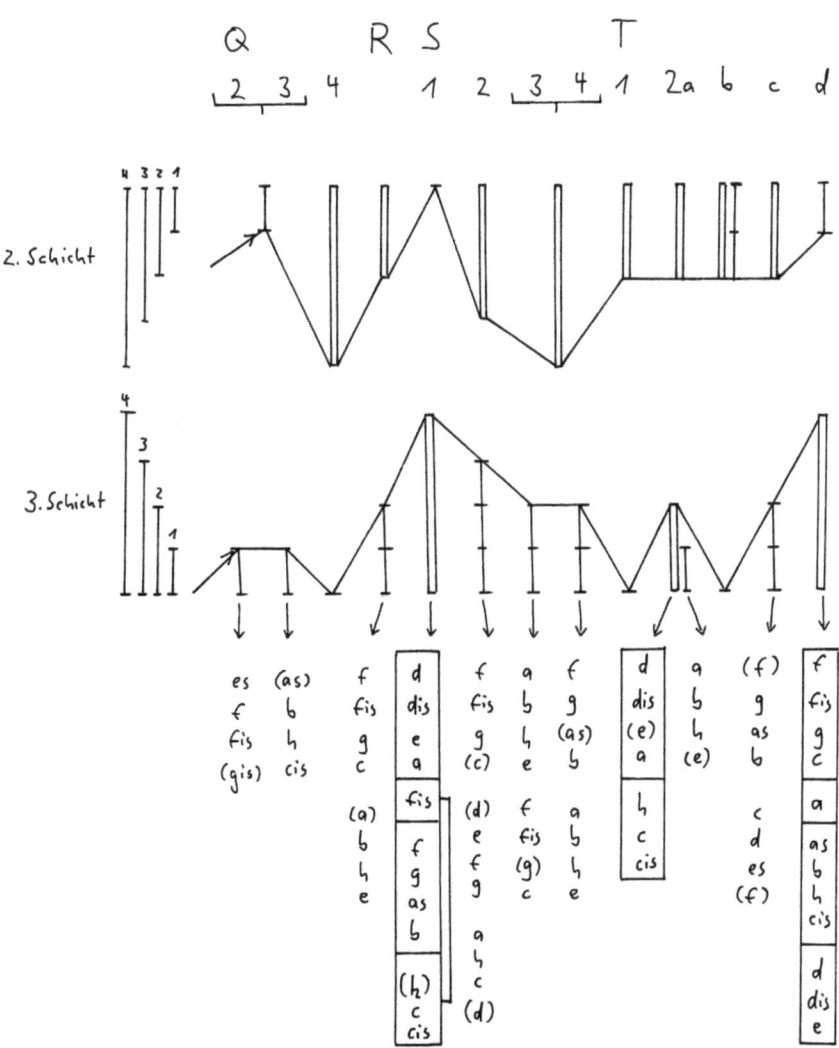

Erläuterungen folgen auf der nächsten Seite.

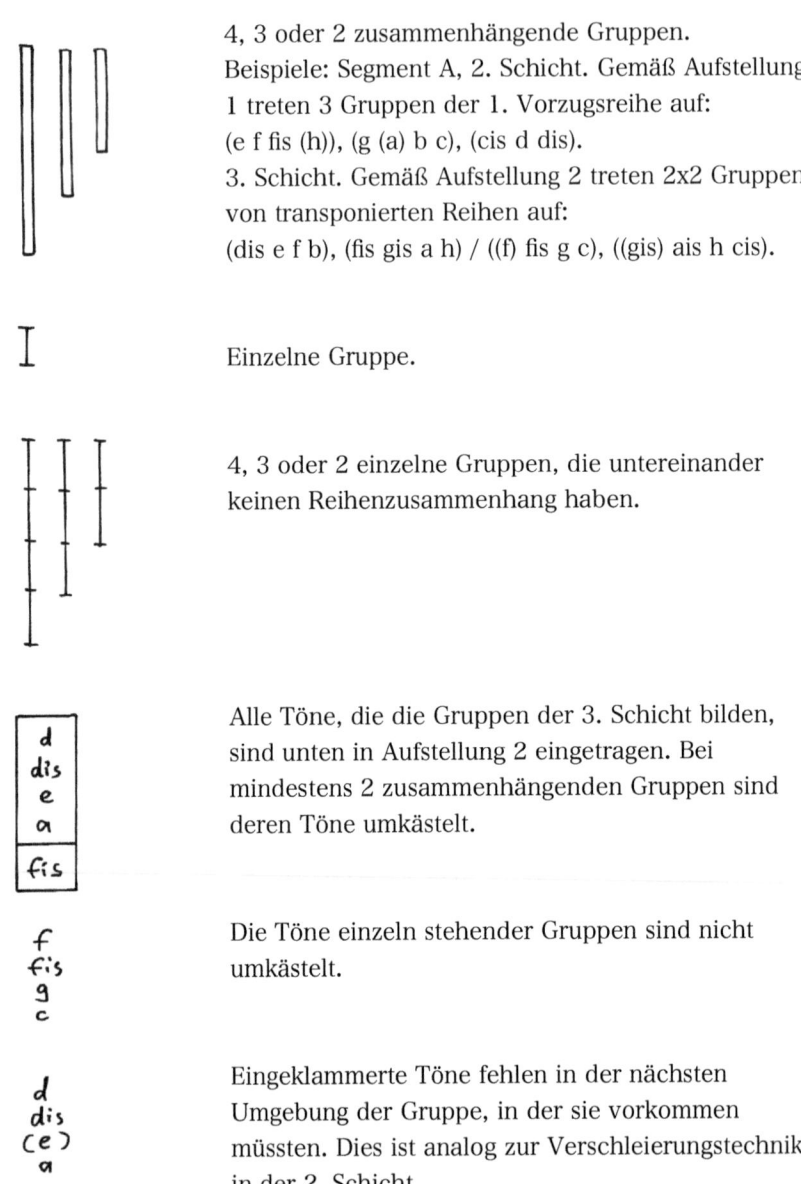

4, 3 oder 2 zusammenhängende Gruppen.
Beispiele: Segment A, 2. Schicht. Gemäß Aufstellung 1 treten 3 Gruppen der 1. Vorzugsreihe auf:
(e f fis (h)), (g (a) b c), (cis d dis).
3. Schicht. Gemäß Aufstellung 2 treten 2x2 Gruppen von transponierten Reihen auf:
(dis e f b), (fis gis a h) / ((f) fis g c), ((gis) ais h cis).

Einzelne Gruppe.

4, 3 oder 2 einzelne Gruppen, die untereinander keinen Reihenzusammenhang haben.

Alle Töne, die die Gruppen der 3. Schicht bilden, sind unten in Aufstellung 2 eingetragen. Bei mindestens 2 zusammenhängenden Gruppen sind deren Töne umkästelt.

Die Töne einzeln stehender Gruppen sind nicht umkästelt.

Eingeklammerte Töne fehlen in der nächsten Umgebung der Gruppe, in der sie vorkommen müssten. Dies ist analog zur Verschleierungstechnik in der 2. Schicht.

Klammer: Die Gruppen **b** und **d** einer transponierten Reihe sind zu **b/d** verschweißt.

Die in "Aufstellung 2" vorgestellte dritte Schicht der Tonhöhenstruktur ist anders angelegt als die zweite. Die Struktur der dritten Schicht deutet darauf hin, dass Boulez nach der Festlegung des globalen Ablaufs von "Commentaire" (gemäß der 1. Vorzugsreihe) für einen Teil der Mikrostruktur eine Liste der Reihentranspositionen benutzte. Dieser Liste entnahm er in freier Reihenfolge einzelne Tongruppen. Mitunter verwendete er auch 2, 3 oder 4 zusammenhängende Gruppen, im letzten Fall also eine gesamte transponierte Reihe.

2, 3 oder 4 zusammenhängende Gruppen in der dritten Schicht. Transpositionsstufen: verschachtelter Kleinterzzyklus.

```
A    E/F1/F2 G2b H I/2 K3/L N6 N7  O1  O5/6 O6/7 S1 T2a T2d
dis   c      dis     a     dis fis fis
 f            h gis gis              f   d   d   f
```

Es ist für jedes betreffende Segment der **erste** Ton der jeweils gültigen transponierten Grundreihe angegeben: **e** f h fis | gis | g b c a | d cis es. "dis unterstrichen" in Segment A bedeutet also, dass hier die Transposition **dis** e b f | g | fis a h gis | cis c d vorliegt.

Andeutungsweise ist hier wie in der 1. Vorzugsreihe ein (in der dritten Schicht) verschachtelter Kleinterzzyklus zu erkennen. Die vier Ausnahmen in G2b, N7 sowie in A und T2d weisen hin auf die sehr freie Handhabung der dritten Schicht.

Ganz frei scheint (!) die Organisation der **einzeln** auftretenden Gruppen zu sein. Es werden die Anfangstöne der Gruppen (bei aufsteigender Tonanordnung) aufgeführt.

Beispiele:

Gruppe **a** bzw. b/d: (fis g gis cis),

oder Gruppe **c** : (d e f g)

Einzeln auftretende Gruppen der dritten Schicht:

	E	F1	F2	F3	G1	G2a	G2b	G3	G4	I1	I2	K1	K2	L	N1	N2	N3	N4	N5
Transpositionsstufen der Gruppen ⓐ oder ⓑ/ⓓ	fis	dis	fis	c	h	c		f	f			a	a		d	dis	f	d	dis
Transpositionsstufen der Gruppe ⓒ		d			d	gis	f	fis	f	d	f	f	f				fis	h	

	O1	O2	O3	O4	Q2	Q3	R	S2	S3	S4	T2a	T2c
Gruppen ⓐ oder ⓑ/ⓓ	f	fis	fis	dis		gis	f	f	a	a	a	c
Gruppen ⓒ	h	d	d		gis	d			d	f	f	f

Es werden die Anfangstöne der Gruppen (bei aufsteigender Tonanordnung) aufgeführt.

Gruppe ⓐ bzw. ⓑ/ⓓ : z.B. <u>fis</u> g gis cis

Gruppe ⓒ : z.B. <u>d</u> e f g

Oberflächlich betrachtet, ergibt sich kein Plan für die Abfolge der Gruppen. Aber beim Addieren der Transpositionsstufen werden bestimmte Zahlenverhältnisse deutlich: Es fällt zuerst auf, dass die Gruppen **a** oder **b/d** (diese beiden sind von der Intervallstruktur her identisch: Halbton/Halbton/Quarte) und Gruppe **c** annähernd gleich oft vorkommen, nämlich **a** oder **b/d** 23x, **c** 24x. Ferner stellt sich beim Addieren **gleicher** Transpositionsstufen Folgendes heraus:

Gruppe **a** oder **b/d**:
Transpositionsstufe c 1x, fis 2x, dis 3x, a 4x,
                gis 0x, h 2x, d 4x, f 7x

Gruppe **c**:
Transpositionsstufe dis 1x, c 2x, a 3x, fis 4x,
                h 1x, gis 2x, d 5x, f 6x

Die Beziehung zwischen den Gruppen **a** und **c** bei den Transpositionsstufen c, dis, fis, a ist auffällig. Die Anzahlreihe heißt beide Male 1, 2, 3, 4. Die Reihenfolge der Transpositionsstufen ist so permutiert, dass in Gruppe **c** jede Stufe eine andere Anzahl hat als dieselbe Transpositionsstufe in Gruppe **a**: Die Stufe c erst 1x, dann 2x; dis erst 3x, dann 1x; fis erst 2x, dann 4x; a erst 4x, dann 3x.

Hingegen ist die Beziehung bei den Transpositionsstufen gis, h, d, f nur undeutlich vorhanden. Wir müssen bedenken, dass wir bei der Interpretation der **Gruppen** von Kriterien ausgegangen sind, die Boulez zwar augenscheinlich zum Ausgangspunkt seiner Mikroebene machte, dass er sich aber vielerorts von ihnen entfernt, z.B. bei den vieldeutigen Akkorden in A, G2a und N5. Es lässt sich durchaus denken, dass Boulez in G2a in den Akkord (as-es-f-b) Gruppenteile aus **a** oder **b/d** einflocht: "as", "b", "es", ohne "a"). Hierdurch wäre die Transpositionsstufe gis (=as) nicht 0x, sondern 1x vertreten (siehe oben). Gleichzeitig ist in dem vieldeutigen Akkord von G2a aber neben dem eben angeführten (b-f-es-as) auch (b-f-es, ohne as) teilvorhanden, was auf die durch ein "e" zu ergänzende Gruppe (es, e fehlt, f, b) hindeutet. Diese würde die oben angeführte Anzahlreihe der Transpositionsstufen c, dis, fis, a stören, da bei Gruppe **a** bzw. **b/d** dann die Stufe dis (=es) nicht 3x, sondern 4x aufträte.

Die mehrdeutigen Akkorde sind wohlweislich nicht in die Aufstellungen 1 und 2 mit einbezogen worden, da nicht auszumachen ist, welche Tonbeziehungen Boulez absichtlich in sie hineingelegt hat und welche gewissermaßen parasitär entstehen. Allein der erste vieldeutige Akkord in A enthält folgende Gruppen oder Gruppensplitter:

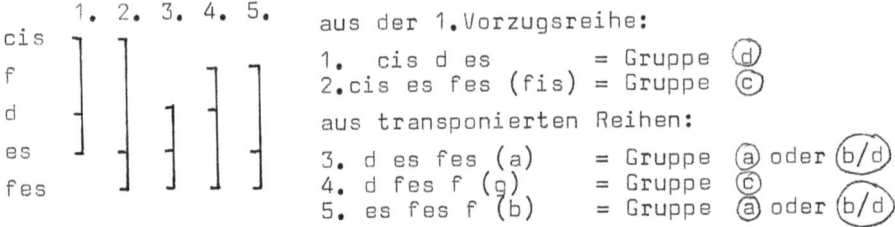

Jeder komplexe Mechanismus hat im Prinzip mehr Bedeutungsebenen, als sein Erfinder vorhersehen konnte.

2) Formen der Verschleierung der dritten Strukturschicht

Analog zur zweiten Schicht gibt es eine stufenweise Verschleierung der transponierten Grundreihen der dritten Schicht.

I.

Es gibt in allen vier Gruppen ausgebildete transponierte Grundreihen. Dieser Typ tritt auf in E/F1/F2, G2b, H, K3/L, O5/6, O6/7, T2d.

E/F1/F2: Transposition -4; Vorschlagsnoten nicht mit einbezogen.

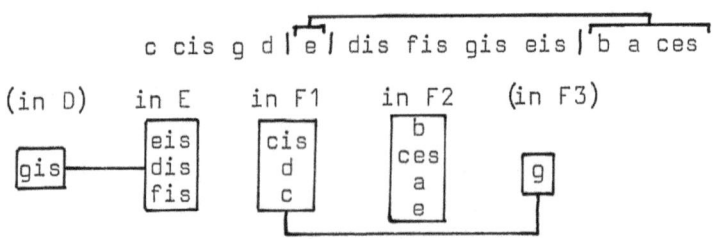

G2b wurde vorher schon beschrieben.

H: Transposition +7

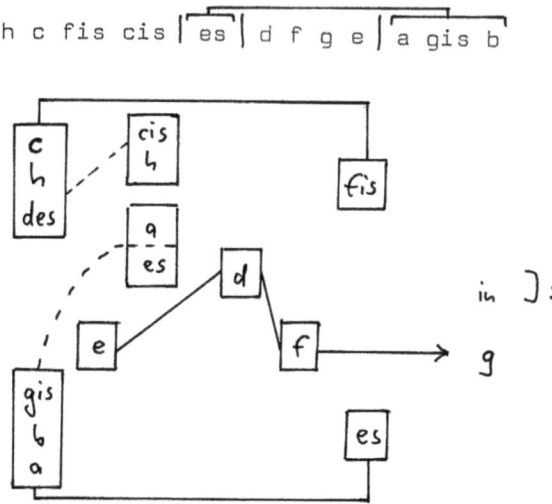

Die Noten (e, d, f) sind die einzigen vollausgefüllten in H, (d e f g) erscheinen deutlich auch am Anfang von I.

Boulez hat in H eine dreifach deutbare Struktur konstruiert. Neben der Transposition +7 sind folgende zwei Transpositionsstufen enthalten, die sich symmetrisch zueinander verhalten:

Transposition +4

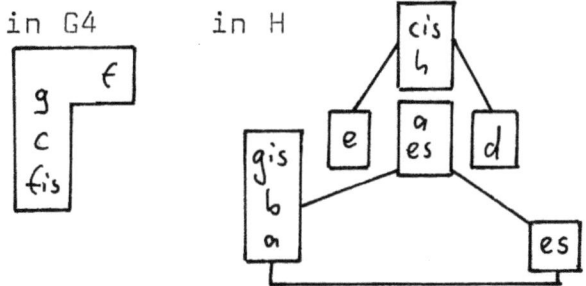

Transposition -2

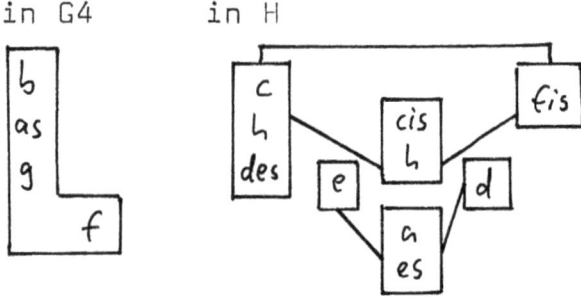

K3/L: Transposition +4

gis a dis ais | his | h d e cis | fis eis fisis

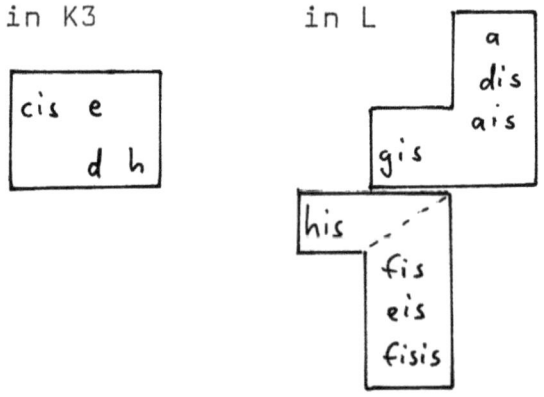

O5/6: Transposition +2

fis g cis as | b | a c d h | e es f

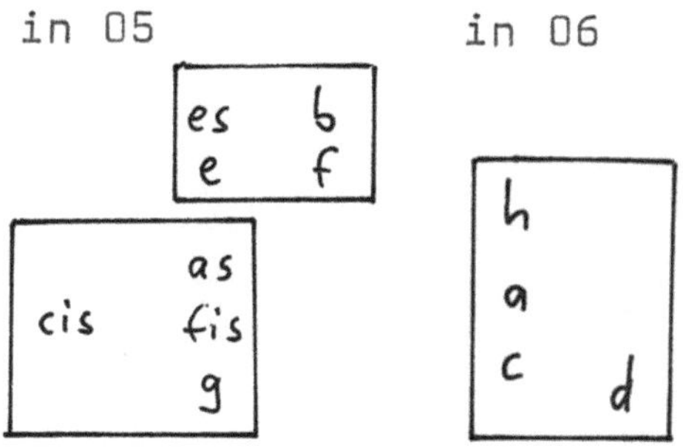

O6/7: Transposition +1

f fis c g | a | gis h cis ais | dis d e

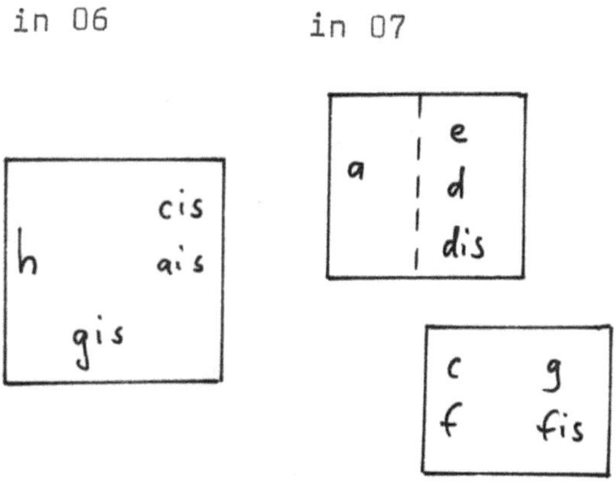

T2d: Transposition +1

f ges c g | a | as ces des b | dis d e

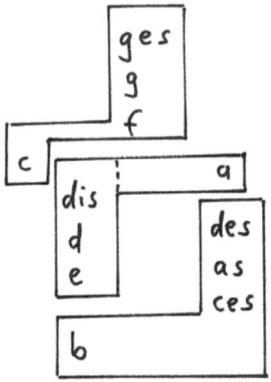

II.

Der Bezug auf transponierte Grundreihen wird weniger deutlich in N7 und S1. Hier sind zwar alle Gruppen der Reihe auffindbar. Die Verschachtelung ist jedoch komplexer und unregelmäßiger als in den eben erwähnten Segmenten.

N7: Transposition -1

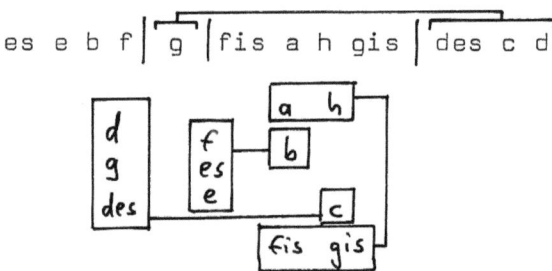

S1: Transposition -2

d es a e | ges | f as b g | c h cis

(in R)　　　　in S1

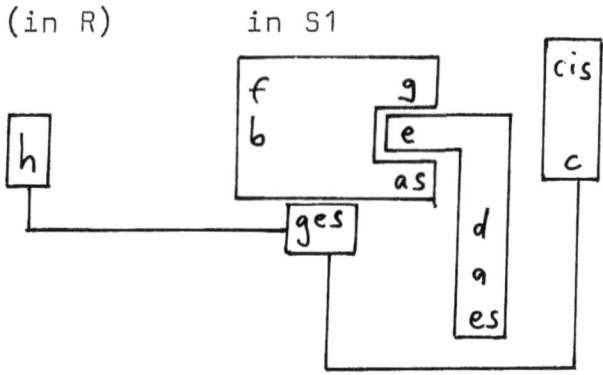

III.

Die nächste Verschleierungsstufe ist das Fehlen einzelner Gruppen. Dies ist der Fall in A, I/2, O1, T2a. Nicht aufgezählt sind hier jene Segmente, in denen nur **eine** Gruppe vorhanden ist. Als Beispiele seien A (wo zwei Transpositionen ineinander verschachtelt sind) und I/2 herausgegriffen:

A: Transposition -1

dis e b f | (g) | fis a h gis | (cis c d)

Die Gruppen **b** und **d** sind ausgelassen: Klammern.

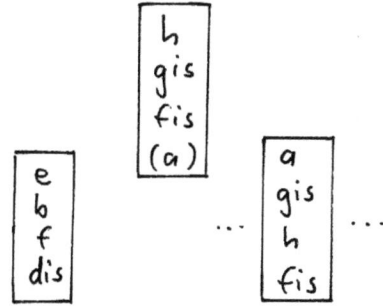

A: Transposition +1

(f) fis c g | (a) | (gis) h cis ais | (dis d e)

Die Gruppen **b** und **d** sind ausgelassen: Klammern. "f" und "gis" stehen im näheren Kontext.

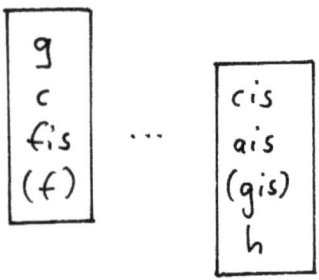

I/2: Transposition +4

gis a dis (ais) | c | h d e cis | fis eis g

Hier ist pro Gruppe die originale Tonreihenfolge gewahrt.

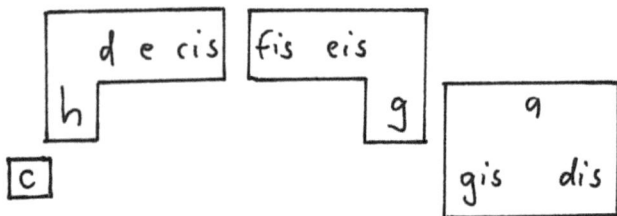

IV.

Vervielfachungen einzelner Gruppen gibt es in der dritten Strukturschicht ebenso wie in der zweiten. Sie sind anzutreffen in A: (fis gis a h) tritt 2x auf, und F3: (fis g gis cis) und (d dis e a) treten je 5x. Hier sind wohlgemerkt nur die deutlich ausgeprägten Gruppen angeführt. Die Vervielfachung von Tönen als Tonqualitäten gehorcht der ersten bzw. zweiten Schicht.

V.

Die Stufe größtmöglicher Verschleierung (keine Gruppe irgendeiner transponierten Grundreihe wird deutlich) besteht in B, C, D, Ma/b/c, P, Q1, Q4, T1, T2b.

Zusammenfassung:

Wir haben in "Commentaire" als erste Strukturschicht die 3. Vorzugsreihe festgestellt. Dieser Struktur, die zweifellos die ursprüngliche und eigentlich tragende von "Commentaire" darstellt, ist eine Schicht überlagert, die der 1. Vorzugsreihe gehorchen könnte. In dieser zweiten Schicht entstehen sehr unregelmäßige Tonkonstellationen, die teilweise zur Vermutung Anlass geben, es handle sich hier um ein strukturelles **Phantom**: Der Komponist mag diese Struktur vielleicht gar nicht bewusst gebaut haben. Schließlich fanden wir eine dritte Schicht, die sämtliche (nicht in den Vorzugsreihen vorkommenden) Grundreihen-Transpositionen benutzt. Insgesamt gesehen, erscheint keine einzige Note unabhängig von diesen in sich logischen Strukturen gesetzt. Die Logik erlaubt zwar extrem viele lokale Varianten, behält aber dennoch jedes Detail im Griff.

O'Hagan hat auf das extrem durchradierte Skizzenmaterial Boulez' hingewiesen.(12)

4. "Glose"

Spätestens in der "Commentaire"-Analyse zeigen sich die Eigenheiten des entwickelten Serialismus bei Boulez. Durch vielfache Überlagerung von Strukturschichten wird jeder dieser Schichten ihre angeborene Starrheit genommen. Das Gesamtsystem wird flexibel und bekommt an der Oberfläche sogar improvisatorische Züge. Deutlich wird dies auch in "Glose". Das Gleichgewicht ist hier noch stärker als in "Commentaire" zugunsten einer spielerisch freien Oberfläche verschoben, da die schematische Grundlage tatsächlich nurmehr die Glosse einer Vorzugsreihe ist:

Die 4. Vorzugsreihe erscheint als Negativbild, d.h. jene Töne, die pro Segment A bis X **nicht** vorhanden sind, schließen sich zur Reihe zusammen. Die 4. Vorzugsreihe lautet samt Unterreihen:

Diese Reihe ist abgeleitet von der Grundreihe

e f h fis | gis | g b c a | d cis es.

Deren letzte Gruppe ist an den Anfang gestellt. Die derart umgeformte Grundreihe wird mit einer Krebsumkehrung verknüpft, jene wieder mit einer kleinterz-transponierten umgeformten Grundreihe etc., bis der Zyklus aus acht möglichen Unterreihen vollständig ist.

Geben wir ein Beispiel für die Verwendung der 4. Vorzugsreihe: Segment A besteht aus den Tönen (b g f e a fis gis c h fis f e b gis a h). Am chromatischen Total fehlen (cis d dis). Just diese drei Töne bilden die erste Gruppe der 4. Vorzugsreihe. Wir brauchen jetzt nur von Segment zu Segment weiterzugehen, und die jeweils fehlenden Töne ergänzen sich zu dieser Reihe.

Bei Clusters zählen nur deren Grenztöne. Dies ist allerdings eine Paradoxie und beweist, dass es Boulez nicht darauf ankommt, sein System ins Hörbare zu transportieren. In Segment C z.B. ist von den wirklich notierten Tonhöhen her "gis" als einziger Ton ausgelassen. In fünf Clusters kommt das "gis" aber stillschweigend - nicht notiert - doch vor.

Die 4. Vorzugsreihe realisiert sich in "Glose" folgendermaßen:

Segmente: Gruppen der Unterreihen, die in den jeweiligen Segmenten **nicht** vorkommen:

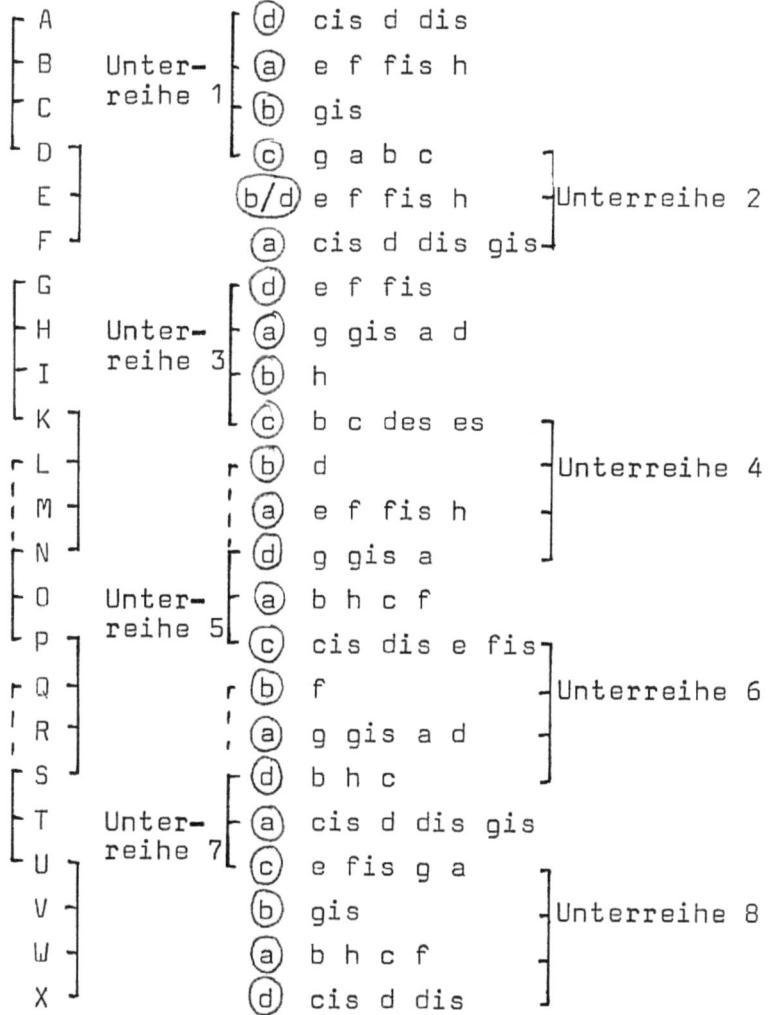

Aus diesem Schematismus im Untergrund erwächst eine komplementäre Struktur mit offensichtlich freien Mehrfachbenutzungen einzelner Töne. Oft, aber eben nicht durchgehend, beziehen sich diese Mehrfachbenutzungen auf die Gruppen a b c d oder deren Teile. Dies ist in Segment B deutlich: (cis d dis) als einzige doppelt verwendeten Töne bilden die Gruppe **d**.

Einige Schwierigkeiten bereitet es, die Segmente im Notentext aufzufinden. Deshalb geben wir folgende Lesehilfe an:

A	B	C	D	E	F
...ɣ˙˙ɣ	d his ...ɣ	b a ...ɣ			ɣ...
b ...ɣ˙˙ɣ es	...ɣ	g fis ...ɣ	d gis	c b es des	ɣ...
g f e ...ɣ˙˙h cis	...		dis cis h...	as d a g	e f ...

G	H	J	K	L	M	N	O	P	Q
...	c es cis	...	h d a	...ɣ	..	h e	...d...	d c	gis a a e
b dis ...	b...	...	gis g fis e f	...ɣ	...	..	dis e d	...	e es
c cis h	...	f e ges		es des fes ges ɣ	es b d	c	d...a	...	...

eingeschobener komplex   eingeschobener kompl.

R	S	T	T'	U	V	U'	W	X
e...	g d...		...dis c b cis	...ɣ	f d des ces ges ɣ		gis d a... ɣ	h ...
...	...	c b ges... h		...ɣ	es c b fes heses g	cis as	...ɣ	b ...
...	as a	fes f	...f dis	d gis... ɣ		d c b ces	...ɣ	e...

Zwischenergebnis der Tonhöhenanalyse

Boulez geht von einer sehr einfachen Zwölftonkonstellation aus. Zum Teil, besonders in den "Tempo"-Zellen von "Parenthèse", wird diese Konstellation ohne Brechungen benutzt. In den komplexesten Teilen des Formanten aber, dort, wo die Tonhöhenstruktur wirklich lebendig und farbig wird, löst sich das Reihendenken auf.

Zunächst werden die Töne innerhalb der Tongruppen frei beweglich. Dann lassen sich zusätzlich die Tongruppen innerhalb der Reihe austauschen. In "Texte" sehen wir, dass die Gruppen-Reihenfolge nach einem der Vorzugsreihe fremden Muster geregelt wird, ebenso in den "Libre"-Zellen von "Parenthèse".

In "Commentaire" und "Glose" wird die Gruppen-Reihenfolge völlig frei gehandhabt. Die Reihe steuert in "Commentaire" nur noch die Anzahl der Töne. Sie selber ist allein dadurch zu erkennen, dass ihren Tongruppen gemäß mitunter einige Töne öfter (oder seltener) vorkommen als andere. In "Glose" gibt die Reihe nur noch den Befehl: Benutze alle Töne, wie du willst, nur den Ton nicht, der jetzt gerade in mir, der Reihe, steht.

In "Glose" nähert sich Boulez damit der freien Atonalität (wenn dieser Begriff nicht besetzt wäre durch eine bestimmte Epoche der musikalischen Sprachentwicklung). Die freie Mehrfachbenutzung einzelner Töne weist ebenfalls in diese Richtung. Dort, wo die Tonhöhensprache flexibel wird (dieses Ziel hat Boulez seit dem "Marteau" stetig vor Augen gehabt), benötigt diese Sprache nicht mehr die Reihe. Vor dieser letzten Konsequenz, der totalen Aufgabe des Reihendenkens, hat sich Boulez in der III. Sonate, zumindest im Formanten "Trope", gescheut. Der Notentext enthält aber, ob gewollt oder nicht, die These, dass die Reihe innerhalb einer offenen Logik sich selber ad absurdum führt. Wenn sie eine wirklich offene Konstellation wird, liefert sie nur noch zwölf frei zusammenstellbare Töne. Damit hebt sie sich als Prinzip selber auf. In "Glose" ist Boulez hart an dieser Grenze. Ein Zustand des Zwölftonchaos wird prognostiziert.

In Segment A von "Glose" kombiniert Boulez die zur Verfügung stehenden neun Töne offensichtlich ganz frei. (g f e) wird zu Anfang in die gleiche Intervallrelation gestellt, wie sie am Anfang von "Texte" herrscht: große None / kleine Terz: ein spielerisch eingeflochtener Querbezug zu einem anderen Formteil des Formanten "Trope". "e" und "f" kommen später in Segment A nochmals vor, nicht aber "g". "c" wird insgesamt nur 1x verwendet, (fis gis a b h) aber wie "e" und "f" zweimal.

Wenn Boulez Tonkombinationen wie (b gis a) am Ende von Segment A wählt, ist die Verwandtschaft zu der Gruppenformation einer transponierten Grundreihe klar: (b gis a) kann aus den Gruppen **a** oder **b** stammen. Auch (h fis f+e, wieder h) scheint zusammenzugehören: (e f fis h) könnte Gruppe **a** der untransponierten Grundreihe sein. Als mehr oder weniger virtueller Hintergrund erscheint die Reihe also durchaus in "Glose". Sie ist aber mehr ein Traum als eine steuernde Kraft. In den Clustern von "Glose" hebt sie sich ohnehin auf. Über "Texte", "Parenthèse", "Commentaire" entwickelt Boulez seine Reihe immer weiter zu einer offenen Ansammlung von Tönen. Der Gipfelpunkt ist in "Glose" erreicht.

In diesem neugeschaffenen Freiraum frönt Boulez nicht mehr der Reihe, greift aber (fast!) immer auf die Intervallik zurück, die er, zunächst in die Grundreihe gegossen, zum Ausgangspunkt von "Trope" gemacht hat. In der Komplexität der intervallischen Beziehungen Quarte / Halbton, Tritonus / Ganzton, Kleinterz, samt Querbezügen liegt allerdings die große Gefahr, ein undifferenziertes Intervallgemisch zu erzielen. Dieser Gefahr ist Boulez begegnet durch (zunächst) konsequentes Vermeiden von großer Terz bzw. kleiner Sexte bei gleichzeitiger Hervorhebung von kleiner Sekunde, großer Septime, kleiner None. Hierdurch erzielt Boulez, sofern er die Regel der Großterzvermeidung befolgt, eine selektive Klanglichkeit, die an Webern angelehnt ist.

Konsequent vermeidet Boulez die große Terz (als Intervallschritt oder als zweitönigen Zusammenklang) in "Texte". In "Parenthèse", 2. "Libre", taucht im unteren System einmal der Intervallschritt "e c" auf; im 4. "Libre" kommt "c+e" als Zusammenklang vor. In der "Parenthèse"-Analyse bemerkten wir, dass im 2. "Libre" genau an der betreffenden Stelle das "c" zuviel ist, im 4. "Libre" das "e". Boulez hat hier also gegen sein Tonhöhenschema Großterzen komponiert.

In "Commentaire" wird in Segment L der Intervallschritt "his gis" geschrieben, wobei jedoch in einem anderen System zu "gis" noch andere, sehr viel tiefer liegende Töne dazukommen. Ähnlich ist es in N7: Zu "c gis" tritt im oberen System ein "h".

Unverschleiert aber tritt die Großterz in Q2 auf: "c e", ebenso in G3: "f a", S2: "ais fis". Das sind die einzigen Großterzstellen in "Commentaire".

In "Glose" findet sich die Großterz (samt enharmonischen Formen) an einigen Stellen geradezu gehäuft. Das weist auf die große Entfernung der "Glose"-Struktur von der Reihe hin. Zuerst tritt die Großterz in Segment C auf: Sie bildet die Grenztöne eines Clusters "b-d". In O stehen vier Großterzen (bzw. die Umkehrungen): "a (dazwischen eine Vorschlagsnote) cis, e+gis, fis+d, g (dazwischen eine Vorschlagsnote) es". In T finden wir ebenso vier: "f+a , b (dazwischen eine Vorschlagsnote) ges, g+ces, e (dazwischen eine Vorschlagsnote) c", schließlich in X: "e as".

Hier ist in der Mikrostruktur die Grundreihe gänzlich ausgewischt, 1. was ihre Tonreihenfolge, 2. ihre Tonanordnung in Gruppen, 3. die Gruppenreihenfolge, 4. ihre Intervallsprache, also ihren allgemeinsten Zug betrifft. Jedes Intervall wird an jeder Stelle möglich.

Boulez wollte die "integrierten Eigentümlichkeiten" tonalen Denkens vermeiden. In seiner III. Sonate zeigt er auf, dass das serielle Denken ebenso "integrierte Eigentümlichkeiten" besitzt, die zwangsläufig eine immer gleiche Problemstellung von Stück zu Stück bewirken müssen und von denen die Oberfläche eines jeden seriellen Stücks beeinflusst wird:

1. Je flexibler die Reihe gehandhabt wird, desto mehr verliert sie ihre Fähigkeit selektiver Strukturerzeugung. Diese wird zunehmend dem spontan handelnden Komponisten überlassen. Es fragt sich dann, ob die Reihe mehr ist als ein Ballast.

2. Je strenger die Reihe verwendet wird, desto mehr nähert sich das Werk einem allgemeinen "seriellen", unspezifischen Klangtypus, egal wie die Reihe im einzelnen aufgebaut ist.

Die flexible Reihe, die als Reihe dem Komponisten zunächst die Möglichkeit zu geben scheint, ohne durch Geschichte vorgeformte Bausteine auszukommen, verlangt wegen ihrer Flexibilität nach dem persönlichen Eingreifen des Komponisten, und der ist vorgeformt durch sein Wissen um Musikgeschichte, um alte Denkweisen. Er kann ihnen nicht entfliehen. Boulez hat Letzteres deutlich gesehen, wie später noch zu zeigen sein wird.

Wir haben diese Analyse allein aufgrund des Notentextes vorgenommen, wobei wir Boulez' Begrifflichkeit aus den in deutsch veröffentlichten Schriften zur III. Sonate verwendeten. Den unglücklichen Begriff "Figur" haben wir allerdings durch "Gruppe" ersetzt. Peter O'Hagan hat in seiner Arbeit über die Beziehung des Skizzenmaterials zum endgültigen Text von "Trope" aus den Skizzen einige weitere bzw. alternative Begriffe herausgezogen, die Boulez offenbar während des Kompositionsprozesses verwendete.(12) Boulez schreibt:

> "squelette ou champs [O'Hagan übersetzt "commentaries"] séparé, ou en creux [=indirekt] en même"

Dazu gehört also das Wort "squelette" (Skelett), welches sich auf Boulez' Ausgangsmaterial der "séries privilégiées" (Vorzugsreihen) bezieht, ausgedehnt auf die zwölftönige Basisstruktur der Entwicklungen "Texte" etc. Das Skelett interagiert mit den "champs" (Kommentaren) jeweils unterschiedlich, wie wir gesehen haben, in "Texte", "Parenthèse", "Glose" und "Commentaire". "Squelette" kann sich unterschiedlich ausprägen, wobei Boulez die Wörter "frappé" (deutlich ausgeprägt) nimmt, ferner "absent" (abwesend), "demi-présent" (halb anwesend) und "demi-absent" (halb abwesend).

Die Durchleuchtung der in der Basler Paul-Sacher-Stiftung aufbewahrten umfänglichen Skizzen zur Sonate durch O'Hagan zeigt Boulez' Vorgehensweise: Die Entwicklungen nennt Boulez "Alpha, Beta, Gamma, Delta" $\alpha\ \beta\ \gamma\ \sigma$ und vergrößert die dafür vorgesehenen "séries privilégiées" zu seinen Großreihen, "squelettes". Diese gelten dann für "Texte", "Parenthèse", "Commentaire", "Glose" (in dieser Reihenfolge!) und interagieren mit den "champs".

champs [=Kommentare]
en creux [=indirekt]

α = squelette et champs en même temps
β = squelette et champs séparé note par note
γ = squelette et champs ou séparé ou [sic] creux
σ = squelette en creux (sans les notes)

O'Hagan schreibt erklärend in seiner Basler Veröffentlichung:(12)

"Thus α will involve simultaneous statements of the *squelette* and related *champs* – Boulez's term for the labyrinth of serial commentaries he intends to exploit – whilst the second section, β, will separate the commentaries from the basic skeleton. These descriptions correspond precisely to the formal plans of "Texte" and "Parenthèse". The two remaining sections, γ ("Commentaire") and σ ("Glose"), propose a more complex relationship between the *squelette* and possible developments, separated or "hollow" at the same time (γ), and finally the *squelette* disappearing altogether in its original form (σ)."

B Der rhythmische Bereich

Die rhythmische Struktur der III. Sonate basiert auf der Idee der rhythmischen Zelle. Die gesamte Rhythmik ist aufgebaut aus komplexen Ableitungsformen der Urzelle "Viertel / Achtel", verallgemeinert "2:1".

Eine Reihe aus zwölf rhythmischen Werten, in den "Structures I" (1951) explizit angewendet und noch im "Marteau" als Erzeugungsprinzip vorhanden, wird in der III. Sonate, Formant "Trope", nicht mehr benutzt. Reihenbildungen im rhythmischen Bereich tauchen jedoch nach der III. Sonate wieder auf. Die Zelle hat die Reihe also nicht gänzlich verdrängt. In den "Structures II, Chapitre I" organisiert Boulez die Rhythmik nach rein numerischen Gesichtspunkten: Auf Seite 39/40 der Partitur (47) wählt er Dauern von 1, 2, 3-5, 6, 7, 8-10, 11, 12 Sechzehnteln. Die daraus folgenden Abzählzwänge färben auf den Tonhöhenbereich ab: Jeder Ton (außer "b") tritt 7x auf. Die Flexibilität der III. Sonate erscheint in solchen Abschnitten der "Structures II" nicht erreicht.

In "Rituel" besteht die Tendenz, die Rhythmik auf einem Antagonismus von sehr langen und sehr kurzen Werten aufzubauen. Die rhythmischen Formen sind gewissermaßen an die Ränder ihrer Existenzmöglichkeit gedrängt. Eine andere Schicht in "Rituel" besteht aus einfachen Viertelrhythmen. In einer weiteren Schicht werden Achtelfolgen notiert, die durch eingeschobene Zweiunddreißigstel etc. unterbrochen sind. Rhythmische Komplexität entsteht erst durch die Überlagerung aller dieser Schichten, wobei die Zufallskomponente mit einbezogen ist: Die Instrumentengruppen setzen zu verschiedenen Zeiten ein und spielen ihren Text, vom Dirigenten nicht gesteuert. (In die III. Sonate schleicht sich, was die Rhythmik betrifft, der Zufall eher als Beigeschmack ein, hervorgerufen durch die rhythmische Übernotation, durch die faktische Unspielbarkeit).

Die III. Sonate enthält die von der Notation und vom gedanklichen Ansatz her wohl komplexeste rhythmische Strukturierung innerhalb des gesamten Boulez'schen Werks der 50er Jahre. Boulez versucht hier eine neue, nicht auf einer Reihe beruhende Übereinstimmung von rhythmischer und Tonhöhenordnung zu erreichen. Die alte Idee des Serialismus, die Parameter strukturell in Einklang zu bringen, durchzieht auch die III. Sonate.

Der Aufspaltung der Tonhöhenreihe in vier Gruppen entspricht eine aus vier Zellen gebildete rhythmische Ausgangsformation:

Tonhöhenbereich	Gruppen	
	a	(e f h fis)
	b	(gis)
	c	(g b c a)
	d	(d cis es)

Dauernbereich	Elemente
	a) ♩ ♪
	b) ♫ 𝄾
	c) 𝄾 ♪ 𝄾
	d) ♪ ♩

Das Verhältnis von Höhe und Dauer wird jetzt anders als in der seriellen Frühzeit gesehen. 1954 schreibt Boulez:

> "Doch wäre es total danebengegriffen, wollte man die Dauern nach den nämlichen Gesetzen wie die Höhen organisieren. Halten wir also fest: diese Organisationen müssen zwar isomorph sein, dürfen aber auf keinen Fall einander gleichgesetzt werden."(48)

Dies spricht z.B. gegen die "Structure I a". Dort gehorchen Höhe und Dauer demselben Zahlenschema. Ligeti hat auf einige Paradoxien dieser Kompositionsmethode hingewiesen. Am bemerkenswertesten ist die Tatsache, dass Boulez die Ordnungszahlen des Tonhöhenbereichs im Dauernbereich wertbezeichnend benutzt.(49)

Die eben angedeutete Zelle mit ihren vier Elementen ist der Ausgangspunkt für "Texte" in der III. Sonate. Die Dauern-Analyse wird, ausgehend von "Texte" und "Parenthèse", zeigen, dass die Logik der rhythmischen Mikrostrukturierung in diesen beiden Teilen unerbittlich ist. Es gibt kein Detail, das nicht dem Kompositionssystem genügt.

Dieses System unterscheidet sich jedoch wesentlich von Systemen aus Boulez' früherer serieller Zeit. Im "Marteau" gewinnt Boulez auch im rhythmischen Bereich eine Arbeitsweise, die er "lokale Indisziplin" nennt. (50) Gleichwohl scheut Boulez hier streckenweise nicht davor zurück, in reine Automatismen zurückzufallen, z.B. im "bourreaux de solitude", dazu später.

In der III. Sonate ist der Punkt erreicht, wo ein strenges rhythmisches System an jeder Stelle alternative Lösungen anbieten kann. Zum Boulez'schen System hier in der Sonate gehört ferner, dass jede ausgewählte Lösung in bestimmten Grenzen nochmals umgeformt wird.

Wie stehen Zelle und Serie zueinander? Zunächst einmal scheint die Zelltechnik, die in sich das Moment freier Variabilität enthält, mit der Zeit einzelne strenge Züge des Serialismus in sich aufgenommen zu haben, ohne dadurch ihrem Wesen nach seriell zu werden. In Boulez' Frühwerk überwiegt noch die Form der sehr freien Variation rhythmischer Zellen. In der III. Sonate lassen sich alle Zellen, sofern sie als solche abgrenzbar sind, bis zu ihrem Urelement zurückverfolgen, das nach strengen Regeln ausgewuchert ist. Die zunehmende Kanonisierung der Arbeit mit Zellen lässt sich ermessen am Unterschied zwischen den Aufsätzen "Vorschläge"(51) von 1948 und "Möglichkeiten"(52) von 1952. Dazwischen liegen Messiaens quasi-serielle Etüde "Mode de valeurs et d'intensités", daran anschließend vor allem "Structures I" von Boulez. Außerdem nahm Boulez inzwischen seine umfängliche Strawinsky-Analyse von 1951 vor.(53)

Messiaen's und Strawinsky's Einflüsse spiegeln sich im Aufsatz "Möglichkeiten" wider: Zuerst beschreibt Boulez seine serielle Organisation von der "Structure I a", wo er im rhythmischen Bereich mit den Werten von 1 bis 12 Zweiunddreißigsteln operiert. Danach behandelt er, und zwar wesentlich ausführlicher, die Variationstechnik mit rhythmischen Zellen. Eine derartige Rhythmik besitze ebenfalls eine serielle Struktur, sie beruhe aber ausschließlich auf Prinzipien der rhythmischen Variation.(54)

Nach dem Scheitern der (vermeintlich) "gleichartigen Organisation von Höhen und Dauern" (55) blieb nur die Möglichkeit, eine Organisationsform zu finden, die jedem Parameter wirklich adäquat ist. Boulez greift auf seine schon im Frühwerk angewendete Zelltechnik zurück, will seine Musik aber weiter als seriell verstanden wissen. Abgesehen von einigen Tatsachen wie Umkehrungsformen, die aus der Reihentechnik ableitbar sind, abgesehen auch von allgemeinen Aspekten wie der Möglichkeit, beim Ableiten mathematisch streng vorzugehen, ist nichts ursprünglich Serielles in der Zelltechnik zu entdecken.

Serielle Strukturen sind für Boulez nun vielmehr jene, die ganz allgemein die klassischen Denkweisen vermeiden:

"Nach der Verallgemeinerung des Reihenprinzips ging man dazu über, ihm für jede Klangkonstituente eine spezifische Form zu geben, bei der die Zahl zwölf keine vordringliche Rolle mehr spielt: die Reihe war nicht mehr lediglich eine Technik des Vokabulars, sie wurde zu einer polyvalenten Denkform ... man hat es ... mit einer umfassenden Gegenreaktion auf das klassische Denken zu tun ..."(56)

Die **Verallgemeinerung** des Reihenprinzips (nichts anderes ist die Hinzunahme der Zelltechnik) führt - was Boulez nie deutlich gesagt hat -

doch wieder zu Annäherungen an traditionelle Denkweisen: Den seriellen **Permutationstabellen** zu Beginn des Aufsatzes "Möglichkeiten" stellt Boulez **Variationstabellen** rhythmischer Zellen gegenüber, wo (Boulez S.38) eine Zelle ausdrücklich "Variationen" erzeugt, und eben keine mathematischen Permutationen.

Das Abfärben der Zelltechnik, die eine Variationstechnik ist, auf den Tonhöhenbereich, d.h. das Überwinden automatischer Abläufe, zeigt sich in der III. Sonate in der Aufspaltung der Reihe in frei variierbare Tonhöhengruppen.

1. Zur Herkunft der rhythmischen Sprache Boulez' in der III. Sonate

Boulez greift im rhythmischen Bereich der III. Sonate zurück auf einige Errungenschaften aus seinen frühen Werken. Um die Rhythmik der Sonate zu verstehen, müssen wir uns zumindest in den Grundzügen mit der Herkunft von Boulez' rhythmischem Denken vertraut machen.

Der Ausgangspunkt liegt, wie schon erwähnt, bei Strawinsky und Messiaen. Auffälligerweise hat Boulez sehr früh strenge Vorbehalte gegenüber der **Harmonik** beider Komponisten geäußert. Messiaen verdicke seine rhythmischen Konturen durch Akkordbrocken. Er behalte eine rein harmonische Schreibweise bei.

"Ich hätte in diesem Zusammenhang beinahe von begleiteter Melodie gesprochen."(57)

Ähnlich hart denkt der junge Boulez 1949 über Strawinsky. Er sieht in seiner Akkordik eine plumpe Sprache, ein letztes eigenwilliges Aufbäumen der tonalen Ordnung, die damit nicht überleben werde.(58)

Aus Strawinsky's Partituren entnimmt Boulez das Denken in rhythmischen Zellen. Ferner fällt ihm seine Methode auf, rhythmische Ostinati polyphon übereinander zu schichten.(59) Dem Aufsatz "Strawinsky bleibt" (1951) ist zu entnehmen, dass Boulez sein Augenmerk auch auf Strawinsky's (im Messiaenkreis so genannte) **irrationale** Rhythmen lenkte.(60) In diesem Aufsatz steckt eine Revision seiner Meinung von 1949, dass die rhythmische Basis bei Strawinsky trotz aller unleugbaren Konsequenzen noch ziemlich "grob" sei.(61)

Was die irrationalen Werte betrifft, so erwähnt Boulez 1948 Jolivet, der in besonders geglückter Weise rationale Werte in Beziehung zu irrationalen Werten (Triolen, Quintolen etc.) setze.(62) Jolivet ist in den Augen Boulez' jedoch nicht sehr weit gekommen. Er richte seine Bemühungen vor allem auf die Monodie.(63)

Messiaen beschrieb die rhythmische Sprache Boulez' dahingehend, dass sie beeinflusst sei von Varèse, Jolivet, von Messiaen selber und von der durch ihn vermittelten indischen Rhythmik.(64) Indische Rhythmen hat Boulez jedoch im Gegensatz zu Messiaen nie als solche benutzt. Es sei schwer, so meint er 1976, Zivilisations-Stückgut in ein Werk einzubeziehen.

> "Wir müssen unser eigenes rhythmisches Vokabular erfinden, das auf unseren Normen beruht."(65)

Direkte Einflüsse von Messiaen sind am ehesten im Frühwerk zu finden, siehe z.B. die Technik des hinzugefügten Punkts. Rhythmische Kanons tauchen zunächst ebenfalls auf.(66) Schon bald findet Boulez aber, dass lange, strenge rhythmische Kanons nichts weiter als Wiederholungen seien.(67) Als Ziel sieht er ein rhythmisches Element, das vollkommene Atonalität aufweise.

Die Kritik am Auseinanderklaffen von Rhythmik und Tonsatz richtet sich neben Strawinsky, Messiaen und Jolivet in etwas anderer Weise auch an Varèse: Er überspringe das Problem, Rhythmik und Tonsatz in Übereinstimmung zu bringen, indem er den eigentlichen Tonsatz beseitige und sich allein auf den Rhythmus werfe.(68) Boulez fordert also schon in der Zeit um 1948 eine dem Tonsatz äquivalente rhythmische Atonalität. Den entscheidenden Anstoß zur seriellen rhythmischen Konzeption gibt Messiaen 1949 mit seiner experimentellen Klavieretüde "Mode de valeurs et d'intensités".

Die Wiener Schule hat, so behauptet Boulez zunächst, nichts entscheidend Neues im rhythmischen Bereich gebracht. Schönberg und Berg seien der klassischen Metrik verhaftet geblieben.(69) Einzig Webern habe es verstanden, durch Gegenakzente, Synkopen etc. den regelmäßigen Takt auszurenken. Später hat Boulez zumindest Bergs Rhythmik gegenüber ebenfalls eine positivere Haltung eingenommen. Im Wozzeck fand er die "Invention über einen Rhythmus", in der Lulu die "Monoritmica".(70) Er äußert sich darüber 1976:

> "Hier wird eine ganze musikalische Idee auf eine einzige rhythmische Abfolge ausgerichtet. Wir haben hier ein Objekt, das wuchert ..."(71)

Das Prinzip der **Wucherung** ist der zentrale Gedanke Boulez' und bezieht sich sowohl auf seine Rhythmik als auch auf die Tonhöhenbehandlung.

Boulez' Position in seinem Frühwerk soll anhand einer Kurzanalyse von Teilen der I. und II. Sonate aufgezeigt werden. Zunächst gibt es kaum Neuerungen in der Tonhöhenorganisation. In der I. Sonate lehnt sich Boulez an das Schönberg'sche Prinzip der thematischen Reihe an. Es sei nur ein Beispiel herausgegriffen: Im 2. Satz Takt 11 erscheint die Ausgangsreihe in der Oberstimme als reine Wiederholung wieder. Die Unterstimme bringt ab Takt 11 den Krebs des Abschnitts Takt 7-10 in leichter Variation. Aus der Reihe werden dann neun Zellen herausgespalten, von denen aber nicht alle an der nun folgenden Wucherung teilnehmen. Eindeutig liegt das Hauptgewicht auf der ersten Zelle (g a as), dem Kopf der Reihe, samt den Ableitungen dieser Zelle.

Parallel zu der hier auftretenden Idee der motivischen Zelle entwickelt Boulez seine rhythmische Zelltechnik. Am Anfang des 2. Satzes der I. Sonate steht folgende Zelle:

♩. ♪ ♩.

Sie erfährt im weiteren Verlauf Variationen wie:

♩ ♪ ♩ , ♪. ♪ ♪. , ♪ ♪. ♪

Derart einfache Variationsvorgänge, eng an Messiaens Technik angelehnt, sind aber in der I. Sonate nicht allzu häufig. Zumeist lässt Boulez einzelne Elemente der Zellen sofort im Sinne reiner Expressivität auswuchern: z.B. wird im 2. Satz, Takt 2 aus

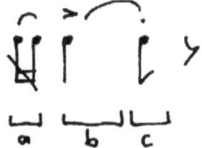

im Takt 4:

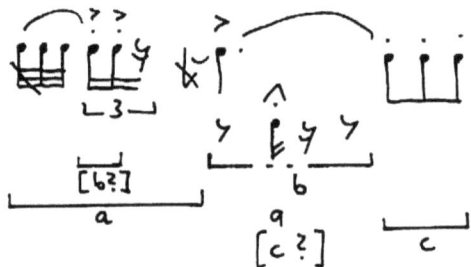

Auch im 1. Satz finden sich weniger strukturell als vielmehr spontan erdachte Wucherungen: Aus

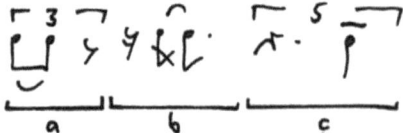

im Takt 1 wird im Takt 5/6:

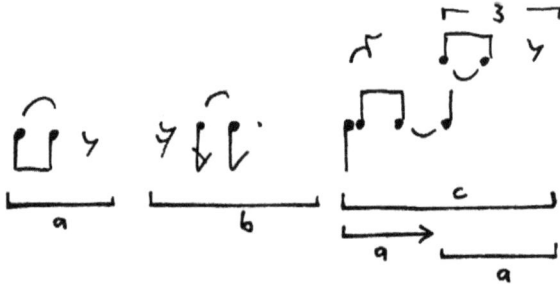

Sogar fast wörtliche Wiederholungen wagt Boulez noch. Im Takt 11 gleicht die rhythmische Zelle fast Takt 1:

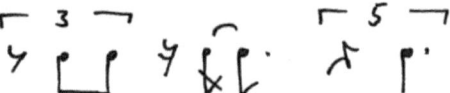

In der II. Sonate bekommt die Rhythmik als Hauptfaktor der Expressivität ein dominierendes Gewicht. Messiaen meint:

> "Die Durchführung des 4. Satzes der 2. Sonate gibt uns einen ziemlich genauen Begriff des rhythmischen Systems von Boulez. Sie wird von kleinen rhythmischen Zellen von nur 2 oder 3 Takteinheiten gebildet."(72)

Im 4. Satz beginnt im Takt 33 ein langsamer, flächenhaft angelegter Abschnitt, den Messiaen als Durchführung bezeichnet. Boulez spricht von einer "Art Fuge, die sich allmählich auflöst".(73) Seltsamerweise ist der 4. Satz in den selbstanalytischen Augen von Boulez zweiteilig. Boulez sieht die zwei Teile langsam - sehr schnell, wobei die ersten 32 Takte (!) nicht eingerechnet werden. Messiaens Sonatensatz-Deutung lässt sich durch eine Untersuchung der rhythmischen Faktur untermauern: In einer Art Exposition werden die Zeitformationen aufgestellt, zunächst durch Pausen deutlich abgegrenzt. Sie bestehen aus Kombinationen von Zweitonzellen, schnellen Sechstongruppen, Trillern. Dieses Material expandiert im weiteren Verlauf. Es entstehen aus den 2-Tonzellen 3- und 4-Tonzellen. Parallel zu diesen expansiven Vorgängen tritt eine Materialzerstäubung ein: Pausen schieben sich in die Zellen hinein, einzelne Töne spalten sich ab.

Die Exposition enthält also die zwei Themen-Bereiche: Expansion und Zerstäubung. Der Expansionsvorgang bildet die Grundlage für die 1. Durchführung Takt 33-66, die Zerstäubung die Grundlage für die 2. Durchführung mit dem Höhepunkt in jenem Takt, wo der Ton "pulverisiert" werden soll (Partitur S.47).

Die 1. Durchführung beginnt fugenartig. Ihre rhythmischen Motive schließen sich zu größeren Formationen zusammen. Hier ist die Nähe zu Messiaen besonders deutlich: Boulez fügt Punkte hinzu, augmentiert, diminuiert, er formt rationale Werte in irrationale um etc. Das alles wird aber, im Gegensatz zu Messiaens Werken aus diesen und den nächsten Jahren, rhapsodisch gehandhabt. Es gibt keine durch ein vorher gesetztes strenges Schema bestimmten Abläufe. Das Ziel ist die emphatische Geste, die Hervorhebung des Augenblicks.

Im Takt 67 setzt eine variierte Kurz-Reprise des Anfangs ein, zunächst, wie der Anfang, bestehend aus 2-Tonzellen und schnellen 6-Tonzellen, bei denen der Zielton abgespalten ist. Diese reprisenhaften Vorgänge werden jedoch sofort zu einer 2. Durchführung umgeschmolzen. Sie stellt zuerst lediglich eine stark beschleunigte Fassung der 1. Durchführung dar, bezeichnet aber durch die zunehmende rhythmische Pulverisierung letztlich eine Antiposition zur 1. Durchführung. Die äußerst gespannte Rhythmik dieser **pulverisierten** Passagen wird erreicht nicht durch mathematisch strenges Permutieren der vorgegebenen rhythmischen Zellen, sondern durch deren sich gänzlich frei vollziehende Auflösung.

Das Hauptcharakteristikum der II. Sonate ist ihr expressiver Habitus, hervorgerufen einerseits (und vor allem) durch die allein der Expressivität dienende Zusammenstellung der rhythmischen Zellen, andererseits durch die zur offenen Konstellation gewordene Reihe. Dies beides gibt dem Komponisten einen immensen Spielraum in der Anordnung seiner Töne.

Frappierend ist der Bruch mit den frühen Werken, der sich in "Polyphonie X" (1951) und in den "Structures I" (1952) manifestiert. Einzelne Nachwirkungen rhythmischer Automatismen zeigen sich noch im "Marteau"(1952-54). Die automatisch ablaufenden Strukturen stehen dort in seltsamem Gegensatz zu der durch die Multiplikationstechnik bedingten offeneren Tonhöhensprache. Um für die Dauernbehandlung im "Marteau" nur zwei Beispiele zu nennen:

In "bourreaux de solitude" ("Marteau"-Partitur S.47) verwendet Boulez an die Tonhöhe gekoppelte Dauern: (74)

gis a b h c cis d dis e f fis g

Dauern in 16teln:

7 8 9 10 11 12 1 2 3 4 5 6
1 2 3 4 5 6 <u>8</u> 8 9 <u>9</u> 11 12   (<u>8</u>, <u>9</u> : Irrtümer?)
11 12 1 2 3 4 5 6 7 8 9 10 etc.

In "commentaire III de 'bourreaux de solitude' " wendet er dasselbe Verfahren auf eine Solostimme an:

d dis e f fis g gis a b h c cis

1 2 3 4 5 6 7 8 9 10 11 12

Überlappende Dauern werden meist durch Vorschlagsnoten am Ende markiert, ein Verfahren, das in "Musikdenken heute 1" erwähnt wird. Boulez bezieht sich dort auf die nun folgende Stelle im "Marteau":(75)

Derartige Verfahren hat Boulez in der III. Sonate ganz hinter sich gelassen und nach Methoden gesucht, die dem Komponisten in jedem Augenblick eine Einflussnahme ermöglichen.

Nicht auszuschließen ist ein Einfluss der Kritik Stockhausens an Boulez' seriellem Dauernsystem. In dem Aufsatz "...wie die Zeit vergeht..."(76) ging Stockhausen auf die Probleme einer Dauernreihe aus zwölf Werten von 1-12 16teln ein: Eine derartige Reihe sei eine subharmonische Skala, ein Modus, der originär der chromatischen Tonhöhenskala nicht entspräche. Boulez hat jedoch nie versucht, den von Stockhausen angeschnittenen Widerspruch mithilfe einer **Dauern-Temperierung** zu lösen, wie Stockhausen sie vorschlug. Auf jeden Fall kam Boulez zeitweise vom Denken in rhythmischen Reihen ab. Allerdings treten in den "Structures II" wieder Dauernreihen von 1-12 16teln auf. Hier ist die Bezugnahme auf die zehn Jahre älteren "Structures I" evident. Zu rhythmischen Reihenformen in der III. Sonate kommen wir später.

2. Die rhythmische Zelle in der III. Sonate

a "Texte"

1) Die Entwicklung von der Urzelle zur ersten "Texte"-Zelle

In "Nahsicht und Fernsicht" (1954) taucht das erste Mal von fern wieder die Möglichkeit einer nicht-reihenmäßigen Dauernorganisation auf, wie Boulez sie in den früheren Aufsätzen beschrieben hatte:

> "Die Dauernorganisation lässt sich auch unabhängig von der Tonhöhenorganisation denken; was einzig zählt, ist die Bedingung, dass jede Organisation in jedem Augenblick geschmeidig, d.h. reaktionsfähig genug sein muss, Absurditäten oder auch einfach Unvereinbarkeiten zu vermeiden."(77)

Wie sieht die rhythmische Organisation in der III. Sonate aus? Boulez hat hier alle Versuche hinter sich gelassen, eine Gleichschaltung von rhythmischen und Tonsatzstrukturen zu erreichen. Während noch im "Marteau" Reste des frühseriellen Dogmas zu finden sind, greift Boulez in der III. Sonate, Formant "Trope", auf die rhythmischen Entdeckungen der Frühwerke zurück.

In dem Aufsatz "Möglichkeiten" (1952) geht Boulez detailliert ein auf seine Technik, aus sehr einfachen Urzellen komplexe rhythmische Gebilde zu erzeugen.(78) In "Musikdenken heute 1" (1962) ist diese Technik erweitert dargestellt.(79) Die Manipulationsmöglichkeiten sind letztlich so unbegrenzt, dass eine Rückführung der Struktur auf ihre Elemente unmöglich wird (siehe Beispiel 17e in "Musikdenken heute 1"). Boulez nähert sich in solchen Fällen jenem Punkt, wo eine komplexe Struktur das Aussehen einer gänzlich improvisierten bekommt.

Boulez sagt, sein persönliches rhythmisches Vokabular bestehe einerseits aus "momentweise sehr freien, praktisch improvisierten oder ganz der Eingebung folgenden Rhythmen", andererseits aus "sehr streng gearbeiteten Abschnitten". Dieser Kontrast gelte für seine Frühwerke, und er arbeite weiter damit.(80)

In den komplexesten Teilen der III. Sonate, z.B. in "Commentaire", geht die mathematisch-strenge Denkweise über in eine bizarre rhythmische Quasi-Improvisation. Deren Strukturen sind zwar ableitbar aus den vorgegebenen, namentlich in "Texte" entwickelten Urformen. Aber die Rhythmik hat sich inzwischen so weit von ihren Grundmustern fortentwickelt, dass kein eindeutiger Weg mehr zu ihnen zurückführt. Die Struktur wird, wenn nicht chaotisch, so doch äußerst mehrdeutig.

Wir werden bei der rhythmischen Analyse des Formanten "Trope" sehen, dass auch dort, wo sozusagen **ganz der Eingebung** folgende Rhythmen vorzuliegen scheinen, die Urzelle im Hintergrund steht. Die reine Improvisation hat Boulez umgangen. Insofern gilt das eben angeführte Zitat Boulez' nicht für "Trope".

Die Entwicklung einer Struktur zum Chaos ist, wie Boulez sagt, ein für ihn sehr bezeichnender Vorgang.(81)

"Ich weiß, dass die Tendenz zur Wucherung gefährlich ist, weil sie zur immer gleichen Dichte führen kann ... Ich habe also in vielen Fällen ... die Möglichkeiten beschneiden ... müssen."(82)

Das Struktur-Chaos hat Boulez jedoch nicht grundsätzlich umgangen. Im Gegenteil, er treibt seine Strukturen gern zu dem Punkt, wo Überlagerungen so dicht werden, dass sie sich gegenseitig aufheben und letzten Endes ein "Globaleindruck" entstehe.(83)

Es sei versucht, im rhythmischen Bereich zu den Keimzellen der Wucherungen zu gelangen. "Texte" eröffnet dazu den besten Weg. Wir müssen uns darüber klar sein, dass die nun folgende Analyse wohl nicht immer exakt den Weg nachgehen kann, den Boulez bei der Ableitung der rhythmischen Formationen einschlug. Boulez wird zu den jetzt zu beschreibenden Strukturen mitunter auf anderen Wegen gelangt sein. Uns begegnet hier (wie schon im Tonhöhenbereich) die Tatsache einer vielfach deutbaren, offenen mikrostrukturellen Anlage. Das Entscheidende ist allein die **Ableitbarkeit** der Rhythmik aus einfachsten Formen. Um der Analyse den Anschein einer bloßen Interpretation zu nehmen, soll Boulez bei den aufgeführten Permutationsvorgängen selber zu Wort kommen.

Die Urzelle ist, wie bereits angesprochen, Viertel / Achtel bzw. das rhythmische Verhältnis 2:1. Einfache Ableitungen dieser Zelle führen zu der schon erwähnten Struktur, die der virtuelle, nie im Notentext auftretende Ausgangspunkt für eine Kette von Variationen in "Texte" wird:

Elemente

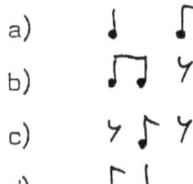

Element a) ist die Urzelle selber; b) unterteilt deren ersten Wert, ersetzt den zweiten durch eine Pause. Dazu Boulez:

> "Der Ausgangsrhythmus ist in bestimmten Werteinheiten formuliert; die verschiedenen Komponenten der Zelle können in unterschiedlichen Werteinheiten ausgedrückt werden."(84)

Aus der ersten "Komponente" der Urzelle, also der Viertel, werden dadurch in Element b) zwei Achtel.

> "Das Ersetzen eines oder mehrerer Werte durch eine Pause ... Bei einer umkehrbaren Zelle werden die Werte der Funktion B [Boulez würde darunter bei der Zelle "Viertel / Achtel" die Achtelnote verstehen] durch Pausen ersetzt."(85)

Aus der Achtel wird folglich eine Achtelpause. Wenn beide Permutationsschritte zusammengefasst werden, erhalten wir Element b).

Bei Element c) nutzt Boulez in den weiteren Ableitungen die symmetrische Platzierung der einzigen Note aus. Der Permutationsvorgang geht über Element a) zu Element b), schließlich zum symmetrischen Element c):

> "Der Hauptschlag der Mutterzelle (wird) ... durch eine Pause ersetzt."(86)

Element d) ist die Umkehrung der Urzelle: Achtel / Viertel.

Einige Variationen führen zu den rhythmischen Elementen, die tatsächlich in "Texte" verwendet werden:

Element a)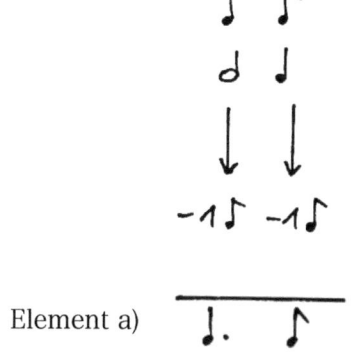

Vergrößerte Urzelle: "Einfache Umwandlung: die reguläre Vergrößerung (regulär, wenn die Hierarchie der Grundzelle respektiert wird)".(87)

"Die Beschneidung jeder Zeltkomponente um einen gleichen Wert (was auch die ursprüngliche Hierarchie der Zelle beseitigt)". (88)

Triolierte Urzelle: "Die irrationale Umformung (eine Werteinheit ist gegeben, die neue Werteinheit steht in irrationalem Verhältnis zur alten...)"(89)

"Die verschiedenen Komponenten der Zelle können in unterschiedlichen Werteinheiten ausgedrückt werden."(90)

"Das Ersetzen eines oder mehrerer Werte durch eine Pause."(91)

Vergrößerte Urzelle

Pausenersetzung, siehe vorher

Element c) "Der durchbrochene Rhythmus ... der neue Wert wird zwischen zwei Pausen von gleicher Länge gestellt."(92)

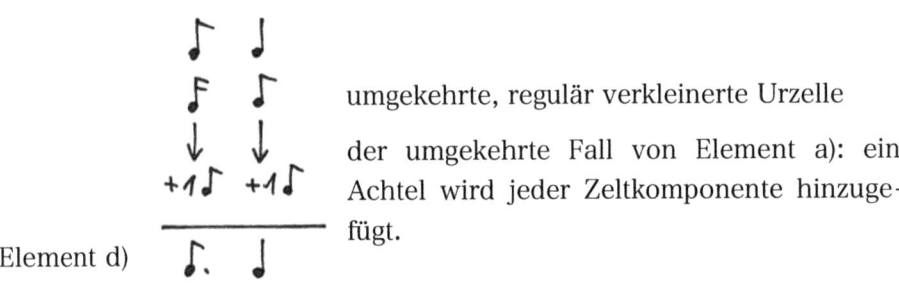

Element d) — umgekehrte, regulär verkleinerte Urzelle

der umgekehrte Fall von Element a): ein Achtel wird jeder Zeltkomponente hinzugefügt.

Zusammen ergibt sich folgende Zelle, wobei Element d) ans Ende gestellt ist:

Boulez teilt diese Zelle gemäß dem Verhältnis 2:1 und nimmt am Resultat eine "irreguläre" Vergrößerung vor. Das letzte Viertel wird zur Halben augmentiert:

"Einfache Umwandlungen: irregulär, wenn die Komponenten der Zelle auf unterschiedliche Weise modifiziert sind."(93)

Das ist die rhythmische Struktur des Anfangs von "Textes", die Zelle A. Im Folgenden bezieht sich jede zweite Zelle auf diese Ausgangsstruktur. Dazwischengeschoben sind sehr einfach gebaute Zellen, improvisatorisch angelegt, wo aber von fern noch die Urzelle Viertel / Achtel durchschimmert.

Hauptschicht-Zellen: A C E G J L N

Nebenschicht- Zellen: B D F H K M

2) Die Hauptschicht-Zellen in "Texte"

In Zelle C geht Boulez von Zelle A aus. Deren erster Teil wird mit 2 multipliziert, der zweite durch 2 dividiert. Durch einen übergestülpten Variationsvorgang entstehen interne Verschiebungen:

[Notenbeispiel: Ausgangspunkt Zelle A (a–d) und Umformung Zelle C (a–d), mit Markierungen x2 und :2 (in Zelle C)]

Es lässt sich eine doppelt geschichtete Variationstechnik erkennen: Bei der Primärvariation wird die Gesamtzelle nach strengen mathematischen Gesichtspunkten umgeformt, bei der Sekundärvariation wird das Ergebnis nach freier Wahl zum Endzustand umgebogen. Element b) ist hier um ein Achtel verschoben, die Triolierung ist aufgehoben. Bei Element c) ist die Triolierung ebenfalls aufgehoben, die Position hart an der gestrichelten Zell-Trennungslinie aber beibehalten. Der zweite Wert von Element d) ist nach dem uns bekannten Muster in Triolenachtel unterteilt.

Die Zelle E beruht weniger auf Zelle A als auf der virtuellen Ausgangszelle vom Anfang unserer Rhythmus-Betrachtung:

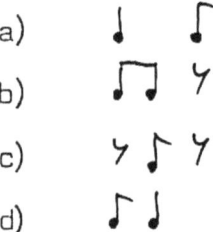

Daraus gewinnt Boulez die Umformung zu Zelle E:

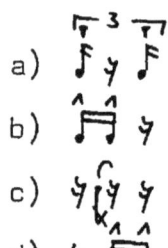

Regulär verkleinerte Urzelle, die Pause ist durch das marcato bedingt.

Das Verhältnis 1:2 ist beibehalten und als triolierter Krebs zu b) aufgebaut.

Zelle G entwickelt sich folgendermaßen aus Zelle A:

Der erste Teil der Zelle A wird mit dem Faktor 2 multipliziert. Über das 3. bis 5. Viertel der Resultatzelle G wird eine Triolierung gesetzt. Die Elemente b), c), d) sind gemäß den Möglichkeiten der Sekundärvariation umgeformt. Betrachten wir Zelle G in ihren Ableitungen von A über C:

Spezielle Vorgänge in Zelle G sind:

Element b) hat sich noch weiter vom Zellanfang entfernt. Oben ist zum Vergleich Element a) notiert:

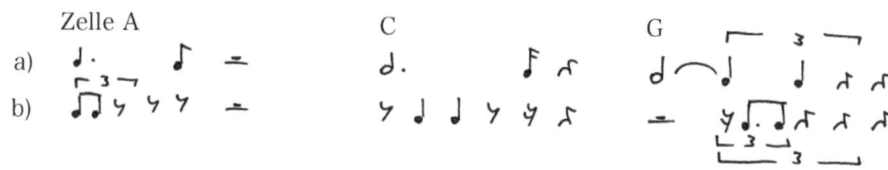

c) 𝄾 𝄾. 𝅘𝅥𝅮 ist, wie b) 𝄾𝅘𝅥𝅯𝅘𝅥𝅮 rhythmisch verschoben.

d) müsste strenggenommen so heißen: — 𝄾 𝅘𝅥𝅯 𝅘𝅥 ¦ 𝅗𝅥

Für Zelle I gilt folgende Ableitung:

Ausgangspunkt Zelle A: Erscheint so in Zelle I:

	:2	:4
a)	𝅘𝅥. 𝅘𝅥𝅮	—
b)	𝅘𝅥𝅯𝅘𝅥𝅯𝅘𝅥𝅯 𝄾𝄾𝄾	—
c)	𝅘𝅥𝅯 𝄾𝄾𝅘𝅥𝅮𝄾𝄾	—
d)	𝅘𝅥𝅯 𝄾𝅘𝅥𝅮.	𝅗𝅥

In Zelle I sind alle vier Elemente auf eine Weise verschoben, die Beziehungen zu E bzw. zur **virtuellen** Ausgangszelle erkennen lässt:

Virtuelle   Zelle E   Zelle I
Ausgangszelle

a) 𝅘𝅥 𝅘𝅥𝅮   𝅘𝅥𝅮 𝄾 𝅘𝅥𝅮   𝅘𝅥𝅮𝅘𝅥𝅮 𝄾

b) 𝅘𝅥𝅯𝅘𝅥𝅯 𝄾   𝅘𝅥𝅯𝅘𝅥𝅯 𝄾   𝄾𝅘𝅥𝅯𝅘𝅥𝅯 𝄾

c) 𝄾𝅘𝅥𝅮𝄾   𝄾𝅘𝅥𝅮𝄾   𝄾 𝄾𝅘𝅥𝅮𝄾

d) 𝅘𝅥𝅮𝅘𝅥   𝄾 𝅘𝅥𝅯𝅘𝅥𝅯   𝄾 𝅘𝅥𝅯𝅘𝅥𝅯𝄾

Ausgehend von Zelle I formt Boulez die Zellen L, später auch N:

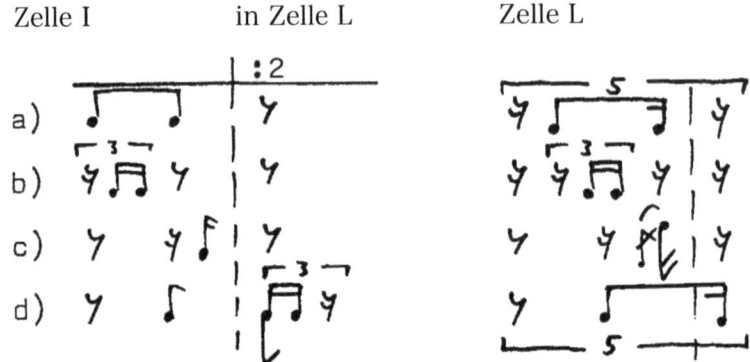

In L ist also über die Gesamtzelle eine Quintolierung gestülpt, anders als in G, wo die Triolierung nur einige Viertel erfasste. Der Hauptschlag in L ist durch eine Pause ersetzt. Hierdurch entstehen in a) und b) Verschiebungen; c) bleibt gleich (statt des Arpeggios in I steht in L ein Vorschlag); d) verliert die aufgepfropfte Triolierung aus I.

Zelle N:

Ausgangspunkt
Zelle I: (punktiert in N)   Zelle N

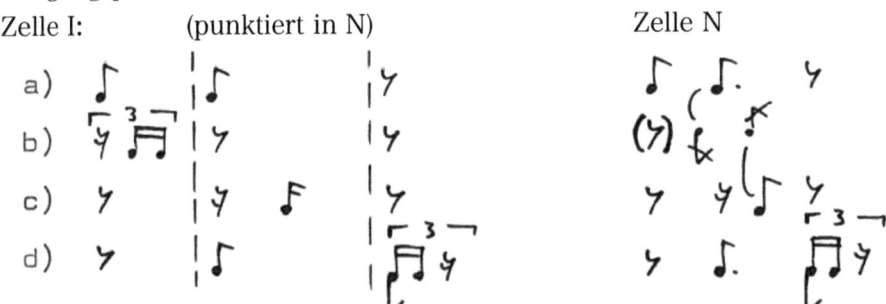

a) und d) sind durch die Punktierung verändert; c) ist asymmetrisch vergrößert; b) kommt als ein Paar von Vorschlagsnoten vor.

3) Die Nebenschicht-Zellen B, D, F, H, K, M

Diese Zellen hat Boulez meist als "Zeitblasen" geformt. Das sind nach seiner Definition Felder, "in denen die Ereignisse eintreten, ohne an präzise Werte gebunden zu sein".(94) Nur in D und M besteht die herkömmliche Notation.

In B notiert Boulez die Gesamtdauer "doppeltpunktierte Halbe", innerhalb derer drei Akkorde frei einsetzen. Die Keimzelle 2:1 ist nicht aufzufinden.

Zelle D bezieht sich deutlich auf die Keimzelle 2:1, hier als

𝅗𝅥. ⌣ 𝅘𝅥.

wobei die punktierte Halbe mit Staccato-Tönen ausgefüllt ist. Balkierungen weisen auf Einer- und Zweier-Gruppierungen.

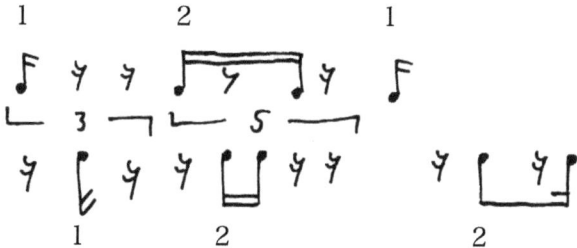

Im oberen System von Zelle D lässt sich eine asymmetrische Veränderung aus der Urzelle Halbe / Viertel oder 2:1 ableiten: Der Halben wird ein 16tel abgezogen, welches dann die so verkürzte Halbe umrahmt. Das Spiel der Rhythmen ist endlos.

Zelle F ist wie B eine "Zeitblase". Einer Ganznote stehen zwei frei einsetzende Arpeggio-Akkorde gegenüber. Die Proportionierung 1:2 schimmert hier von fern hinein.

Zelle H ist ähnlich wie B gebaut. Die Gesamtdauer beträgt eine doppeltpunktierte Halbe, es treten drei Akkorde auf.

Zelle K bezieht sich auf D. Die notierte Gesamtdauer ist

𝅘𝅥. ⌣ 𝅘𝅥.

Innerhalb des punktierten Achtels steht ein rhythmisch fixiertes Sforzato, innerhalb des punktierten Viertels kommen zwei frei einsetzende Arpeggien vor.

Zelle M mit der Gesamtdauer einer punktierten Halben besteht aus drei Schichten:

1)

2)
3)

Schicht 1) deutet das im Zellmittelpunkt gelegene Element c) aus den Hauptschichtzellen an. Schicht 2) weist hin auf Element b), zumindest was die Tatsache zweier gleicher Werte betrifft. Hierzu siehe die Entwicklung von Element b) in "Parenthèse".

4) Das Netz rhythmischer Ableitungen in "Texte"

Zusammengefasst ergibt die Rhythmik von "Texte" das im Folgenden notierte Netz von Beziehungen. Es zeigt sich keinerlei Schematismus. Boulez' übergeordnetes, allgemeines Prinzip ist die Abwechslung von einfachen und komplexeren Ableitungen der Urzelle (Nebenschicht- und Hauptschicht-Zellen).

Die Zellen B und H beziehen sich dabei so vage auf die Urzelle, dass sie fast aus dem Verband herausfallen. Sie enthalten beide drei Akkorde, die höchstens durch die Dreizahl an die ternäre Rhythmik der Urzelle erinnern. Die jeweilige Gesamtdauer von B und H: doppeltpunktierte Halbe, lässt auf ähnlich indirekte Weise die dreizeitige Urzelle anklingen.

In der Hauptschicht verwendet Boulez zunächst die Struktur der Zelle A, schiebt aber in E und I die Urform von A, die **virtuelle** Ausgangszelle, als Bezugspunkt ein. Hierdurch wird die Entwicklung von A zurückgeschraubt auf eine einfachere Form. Die Auswucherung ist gebremst. L und N, die sich auf I beziehen, sind wegen der in I eingebauten Entwicklungsbremse recht einfach auf die Urzelle beziehbar.

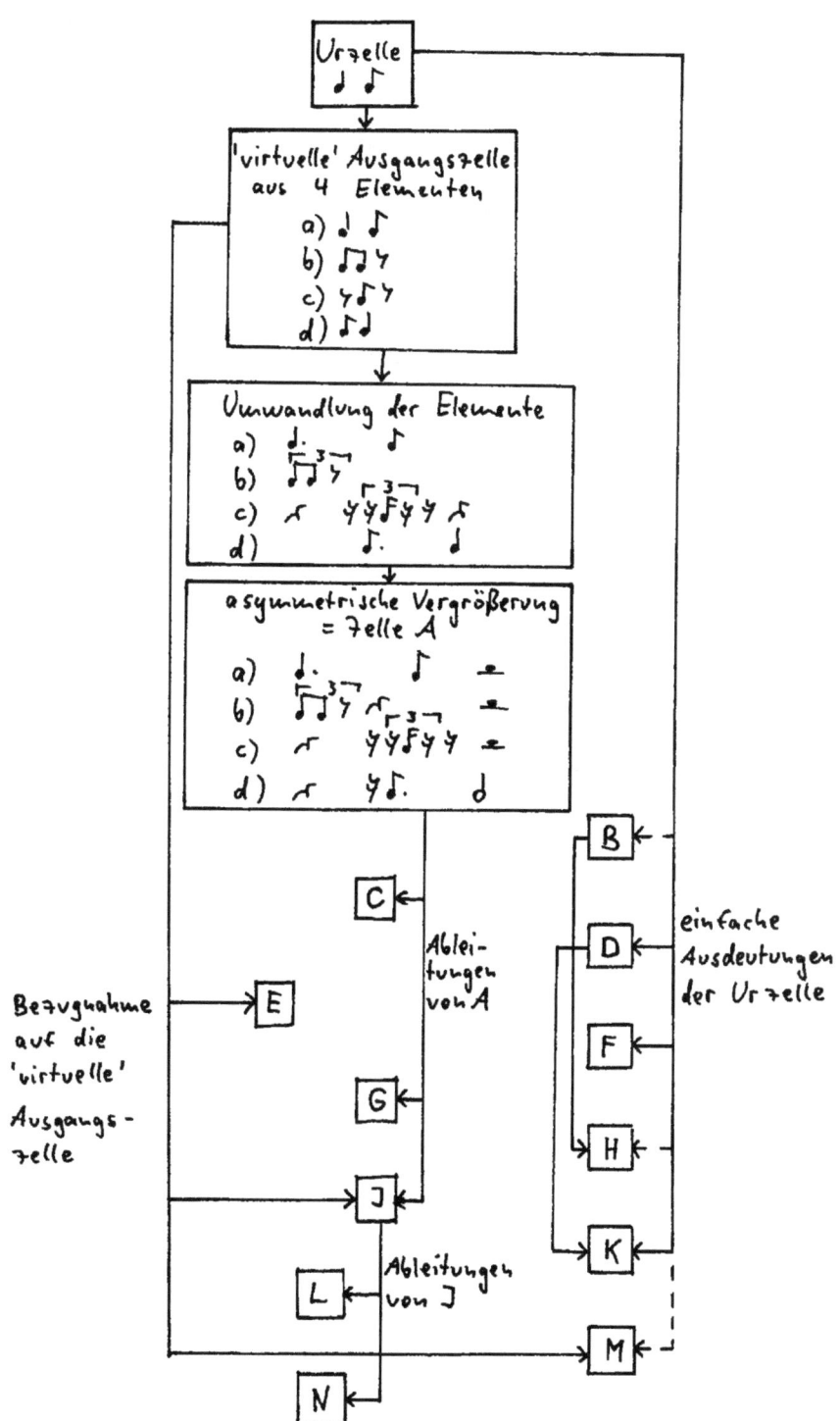

b "Parenthèse"

1) Die erste rhythmische Reihe: "Tempo"-Zellen

Von den Zellstrukturen in "Texte" sind alle weiteren rhythmischen Konfigurationen in der III. Sonate, Formant "Trope", abgeleitet.

In "Parenthèse" bildet Boulez dabei, ausgehend von der Urzelle 2:1, zwei ineinander geschachtelte rhythmische Reihen, die in ihrem zweiten Teil ihre eigene (variierte) Umkehrung bilden. Die Anlage ist also spiegel- bildlich.

Die erste rhythmische Reihe betrifft die "Tempo"-Zellen 1-6. Die Aus- gangsproportion ist 12:12:12 Viertel, wobei streng symmetrisch den äu- ßeren Teilen ein Achtel entzogen, dem mittleren Teil ein Achtel hinzuge- fügt ist:

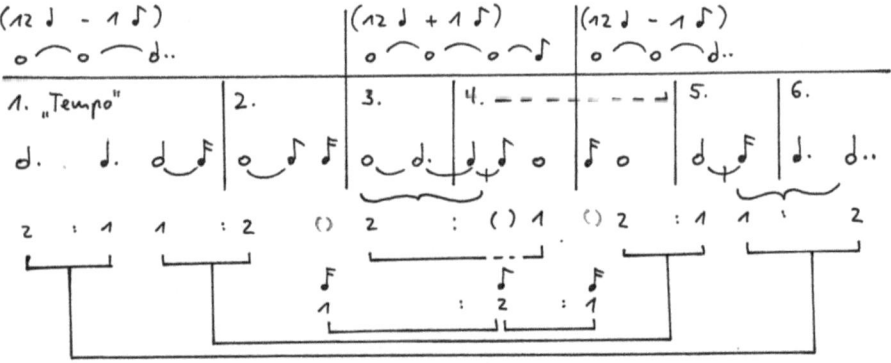

Das zugrunde gelegte rhythmische Verhältnis ist 2:1 bzw. 1:2. Es er- füllt sich durch Zusammenfassungen rhythmischer Werte auch dort, wo eine reine Variation der ursprünglichen Proportion vorzuliegen scheint, wie z.B. beim letzten Wert doppeltpunktierte Halbe, der sich auf die ein- fachpunktierte Halbe am Anfang bezieht. Das punktierte Viertel ist dagegen in der 6. "Tempo"-Zelle gleichgeblieben; aber der maßgebliche Wert ist hier gar nicht ein einfach punktiertes Viertel, sondern ist ein doppeltpunktiertes Viertel, welches durch die Hinzunahme eines Sechzehntels aus der 5. "Tempo"-Zelle entsteht.

Die maßgebliche Proportion am Ende der ersten rhythmischen Reihe ist also mit je doppelten Punktierungen Viertel / Halbe:

$$\text{♩}.. \; : \; \text{𝅗𝅥}..$$

Die übrig gebliebene Halbe in der 5. "Tempo"-Zelle bezieht sich einwandfrei auf die vorhergehende Ganznote in der 4. Zelle.

Die Boulez'sche Technik, einfache Strukturen zu verschleiern, wird offenkundig. Es begegnet uns hier das Phänomen, dass ein auftretender rhythmischer Wert gar nicht der eigentlich gemeinte ist (gemäß der zugrunde gelegten übergreifenden Struktur einer Passage), sondern dass entweder Teile von ihm abgezwackt oder Teile anderer Werte ihm hinzugefügt werden müssen, um die übergreifende Struktur zu verstehen.

Im Tonhöhenbereich lässt sich die kleinste Einheit, der Ton, nicht als solcher verschleiern, wohl aber im rhythmischen Bereich dessen kleinste Einheit, die einzelne Tondauer. Dadurch steigert sich die Vieldeutigkeit erheblich. In "Parenthèse" lassen sich die rhythmischen Vorgänge dennoch weitestgehend bestimmen, in "Commentaire" und "Glose" nicht mehr. Dort führt sich die Strukturanalyse ad absurdum, weil eine Unterscheidung zwischen dem, was der Komponist wirklich dachte und dem, was der Analysierende in die Strukturen hineinsieht, unmöglich wird.

2) Die zweite rhythmische Reihe: "Libre"-Zellen

Die zweite rhythmische Reihe betrifft die "Libre"-Zellen 1-5. Sie ist wie jene der "Tempo"-Zellen symmetrisch aufgebaut. Diese Symmetrie ist aber noch stärker verschleiert als in den "Tempo"-Zellen.

Beginnen wir mit den äußeren "Libre"-Strukturen: Das 1. "Libre" (oben die Gesamtdauer) entspricht **krebsförmig** dem 4. "Libre" ab "subitement large" mit 5. "Libre" (beides unten):

1. "Libre"

4. "Libre" ab "subitement large" mit 5. "Libre"

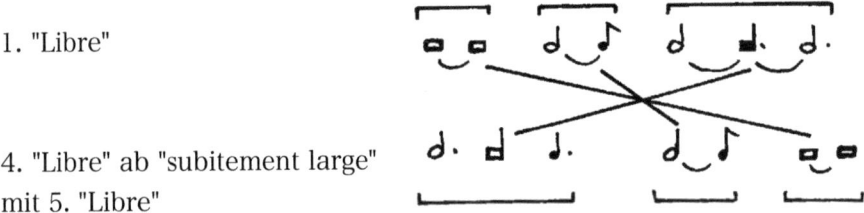

Die Beziehung zwischen 2. "Libre" und 4. "Libre" wird deutlich, wenn wir das 4. "Libre" **mit seinen Zellen krebsförmig** notieren, siehe nächste Seite. Hier benutzt Boulez eine komplexe Variationstechnik, die wir später ausführlich darstellen werden.

Schließlich bleibt die Symmetrieachse des gesamten "Libre"-Systems zu betrachten. Die Achse selber heißt:

Sie steht in der Mitte des 3. "Libre". Um die Achse herum herrschen quasi-symmetrische Konfigurationen, die weiter nach außen im Verhältnis 2:1 variiert sind:

Zellen:

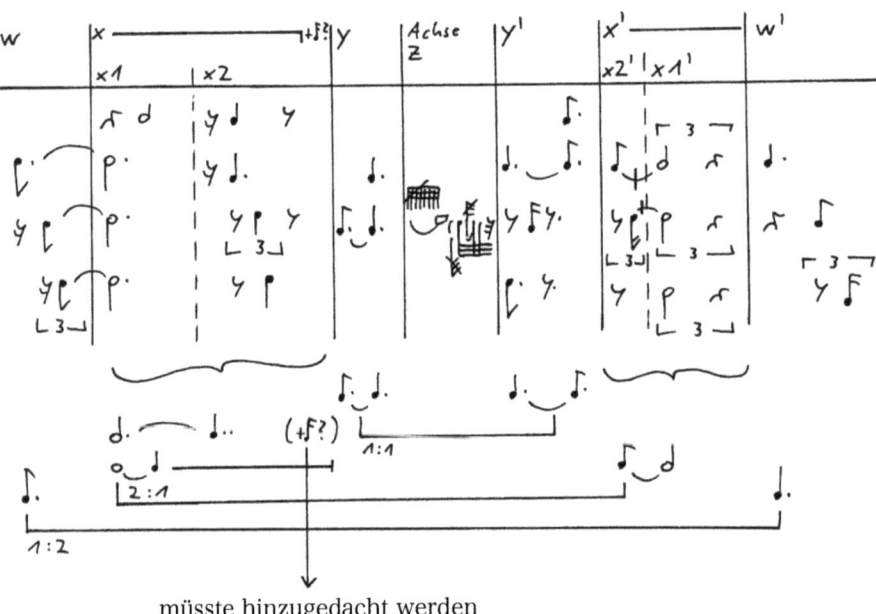

müsste hinzugedacht werden

w und w' sind deutlich aufeinander bezogen, ebenso y und y' . x und x' lassen sich nur aufeinander beziehen (was die Gesamtdauer der Zellen betrifft), wenn bei x2 am Ende ein 16tel hinzugefügt wird. Dann ergibt sich die Proportion 2:1

Boulez hat hier sehr frei variiert: Wenn wir x in x1 und x2 teilen, erhalten wir für x1 zunächst 1:2 als   Dem entspricht in x1'

Das Material aus x2 ist sowohl in y' als auch in x2' untergebracht:

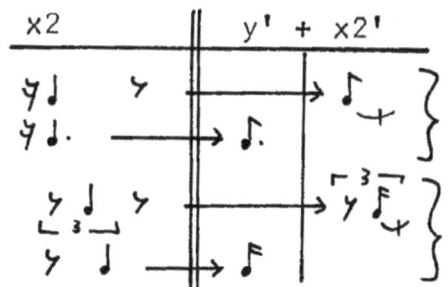

im Verhältnis 2:1 diminuiert

im Verhältnis 4:1 diminuiert

3) Die Mikrostrukturierung in "Parenthèse"

a) der "Tempo"-Zellen

Die Vorgänge innerhalb der Mikrostruktur lassen sich eindeutig auf die für "Texte" definierten rhythmischen Elemente a) - d) zurückführen. Dabei müssen einige für "Parenthèse" geltende Besonderheiten der Elemente b) und c) beachtet werden:

Auf b), ursprünglich ♫ 𝄾 , scheint eine Vielzahl rhythmischer Zellen zurückzugehen, die durch **zwei gleiche Werte** charakterisiert sind. Die Achtelpause ist oft aus b) herausgespalten. Schon in "Texte" war die sehr freie Pausensetzung zu bemerken. Die übrigbleibende Gruppe aus zwei Achteln widerspricht der Urzelle 2:1, geht aber gleichwohl auf sie zurück.

Element c), in "Texte" durchgehend ein Staccato, kann sich in "Parenthèse" zu einem Tenuto wandeln, z.B. Anfang 3. Zeile:

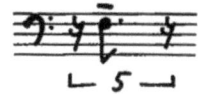

Dieser Ton "f" bezieht sich gemäß der gleich zu behandelnden "Libre"-Symmetrieanordnung auf das "f" Ende der 1. Zeile. In beiden Fällen ist die Stellung in der arithmetischen Mitte einer Zelle erhalten. Dies kann sich aber auch zu einer Quasi-Symmetrie wandeln, wie z.B. Ende der 2. Zeile:

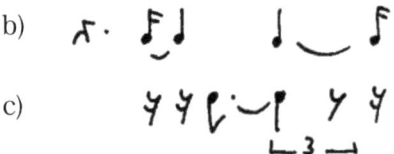

Bei den lokal asymmetrischen Stellungen des "gis" im 2. "Tempo" und "as" Ende 2. Zeile (= 4. "Tempo") ist die übergeordnete 12:12:12-Proportion zu beachten, wo beide Töne praktisch die mittlere "12"-Zahl einrahmen. Innerhalb des Gesamt-Kontextes sind "gis" und "as", beide als Element c), also doch symmetrisch platziert.

In der 1. "Tempo"-Zelle von "Parenthèse" sind die Elemente a) ♩ ♪ b) ♫ 𝄾 und d) ♪♩ ineinander verschachtelt:

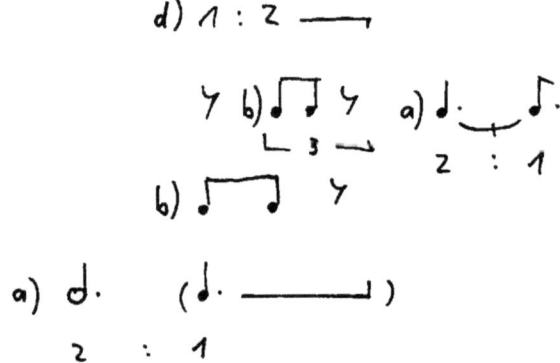

Die 2. "Tempo"-Zelle enthält die Elemente b) und c):

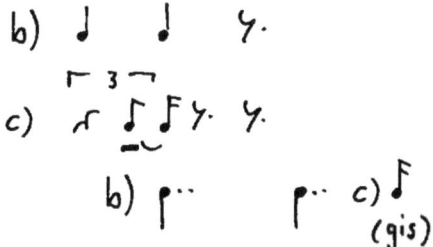

Element c) ist hier also einmal zu einem quasi-symmetrisch platzierten Tenuto verbreitert. Im zweiten Fall steht c) gänzlich asymmetrisch als "gis" am Ende der Zelle. Die symmetrische Platzierung dieses "gis" innerhalb der Gesamtstruktur von 12:12:12 Vierteln wurde vorher erwähnt. Boulez behält also die mit dem Element c) verbundene Eigenheit der **symmetrischen** Stellung bei.

Wir finden auch das Phänomen der Übertragung von Element-Eigenschaften auf ein anderes Element. Hier folgt ein Beispiel in Bezug auf die korrespondierende Aufwärts- und Abwärtsrichtung, welche eine **Klammer** um Großzellen bilden kann, siehe den Anfang von "Texte".

Es gibt in "Parenthèse" einen Querbezug zu solchen "Texte"-Zellen außerhalb der rhythmischen Struktur. Das betrifft in "Parenthèse" die korrespondierende Aufwärts- und Abwärtsrichtung der **b)-Elemente**:

Auf gleiche Weise korrespondieren in "Texte", z.B. in der Zelle A, die Elemente a) und d):

Dieses Bild liegt vor in den Zellen C, E, G, N in "Texte". In "Parenthèse" treffen wir diese **kontrapunktische** Figuration an in den "Tempo"-Zellen 2 und 4, in den "Libre"-Zellen 1 und 5. In "Parenthèse" verwischt Boulez dadurch in gewisser Weise die in "Texte" vorhandene deutliche Abgrenzung und Aufgabenverteilung der Elemente. Die **Klammer** um die Gesamtzelle, die in "Texte" das Element a) und dessen Umkehrung d) bildete, wird in einigen Teilen in "Parenthèse" nun von Element b) übernommen. a) und d) haben ihre **Klammer**-Eigenschaft an b) abgetreten.

Der Vollständigkeit halber sei die Mikrostruktur der restlichen "Tempo"-Zellen notiert:

3. "Tempo"-Zelle

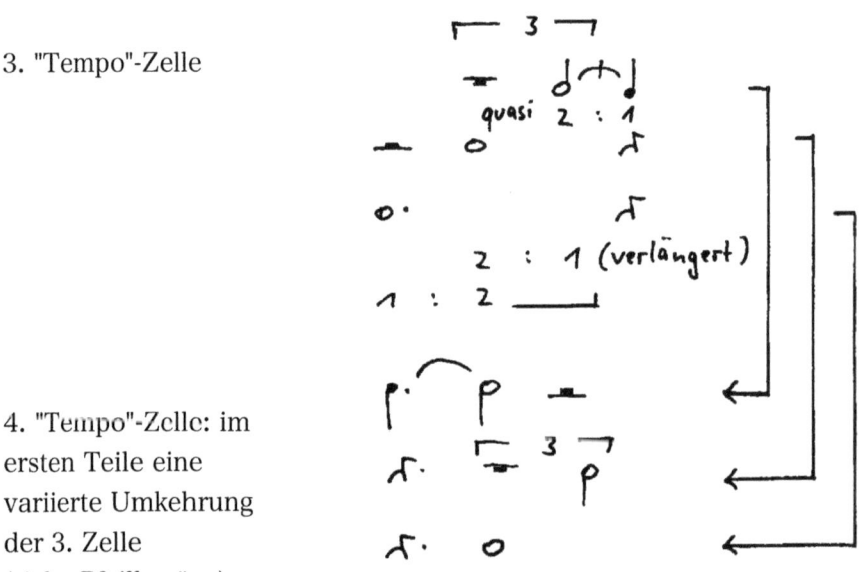

4. "Tempo"-Zelle: im ersten Teile eine variierte Umkehrung der 3. Zelle (siehe Pfeilbezüge)

In ihrem zweiten Teil bildet die 4. "Tempo"-Zelle eine variierte Umkehrung der 2. Zelle:

2. "Tempo"-Zelle

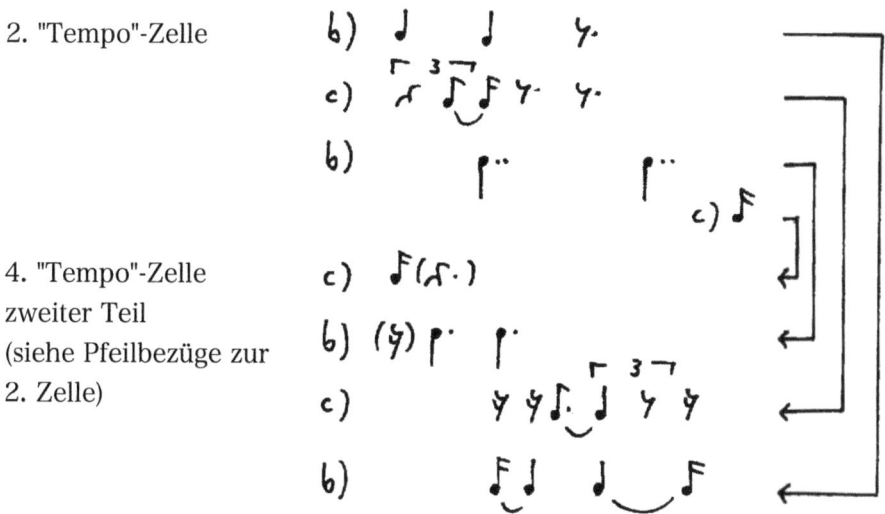

4. "Tempo"-Zelle
zweiter Teil
(siehe Pfeilbezüge zur
2. Zelle)

Die 5. und 6. "Tempo"-Zellen sind ein variierter Krebs der 1. Zelle. Dabei gibt es asymmetrische Variationen:

1. "Tempo"-Zelle

5./6. "Tempo"-Zelle

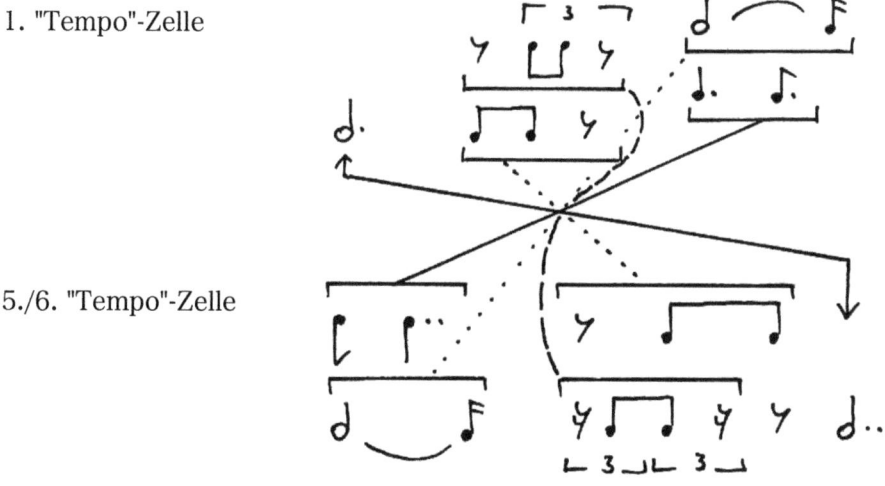

b) Die Mikrostrukturierung der "Libre"-Zellen in "Parenthèse"

Anhand der 1. "Libre"-Zelle wird deutlich, dass sie sich von der rhythmischen Binnenstruktur her auf die "Tempo"-Zellen bezieht. Alle "Libre"-Zellen sind eine freie Variation der ihnen zugeordneten "Tempo"-Zellen:

Die Bezüge sind:

(T = "Tempo"-Zelle; L = "Libre"-Zelle)

1.T→1.L   2.T→2.L   3.T→3.L←4.T   4.L←5.T   5.L←6.T

1. "Tempo"-Zelle

1. "Libre"-Zelle

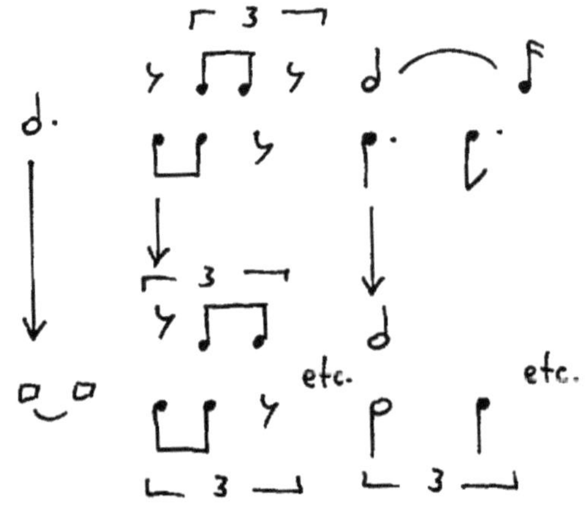

Schon beim 2. "Libre" beginnt die Ausgangsstruktur, gegeben im 2. "Tempo", stark zu wuchern:

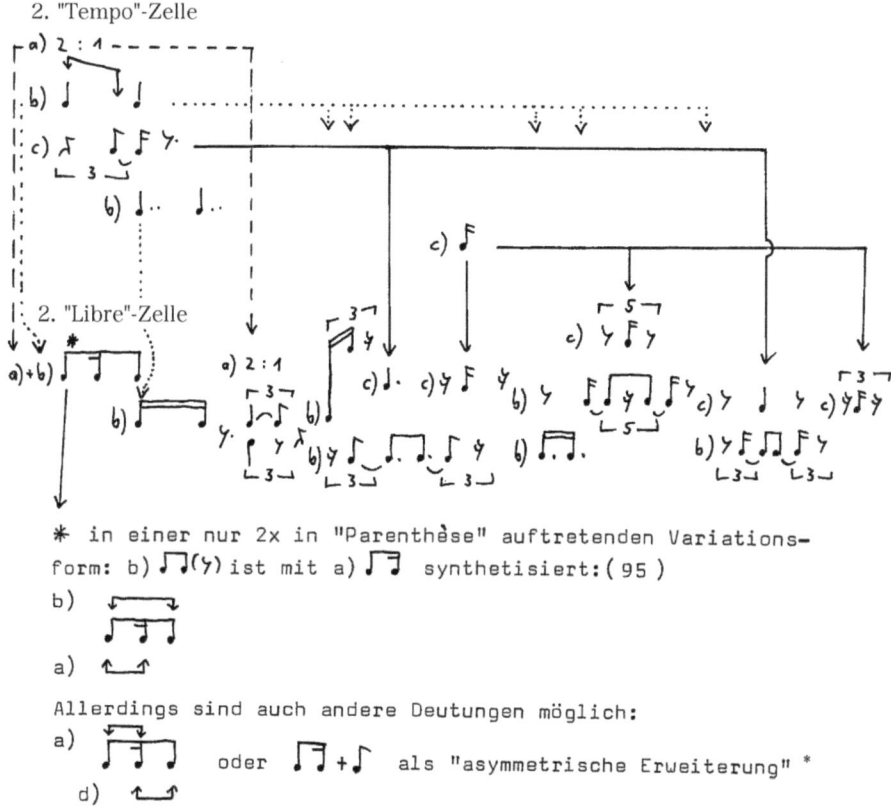

* in einer nur 2x in "Parenthèse" auftretenden Variationsform: b) ♪♪(𝄾) ist mit a) ♪♪ synthetisiert: (95)

b)

a)

Allerdings sind auch andere Deutungen möglich:

a)   oder ♪♪+♪ als "asymmetrische Erweiterung" *
d)

* Das hinzugefügte Achtel ist ein "rhythmischer Propfreiser".(96) Der erste "gestaltgebende Wert", das Achtel, wird zur Erweiterung der Zelle herangezogen. Die verschiedenen Techniken, die Boulez im rhythmischen Bereich anwendet, überschneiden sich. Diese Zelle aus 8tel+16tel+8tel ist ein kleines, unscheinbares Symbol für die übereinander und ineinander gekoppelten **Bedeutungs**-Ebenen der musikalischen Struktur in der III. Sonate. Diese kleine Zelle zeigt das **Spiel** Boulez' oder seinen **Tanz** auf seinem Regelgerüst, oder seinem **Knochengerüst**, seinem "squelette". Allein die Benutzung dieses Wortes weist hin auf die Möglichkeit der **Haut**, und in dieser äußeren Schale gibt es tendenziell unendlich viele Erscheinungsformungen.

Die einfache Strukturierung der 3. "Tempo"-Zelle, auf Element a) =2:1 bzw. d) =1:2 basierend, ist die Grundlage für die Wucherungsform in der 3. "Tempo"-Zelle:

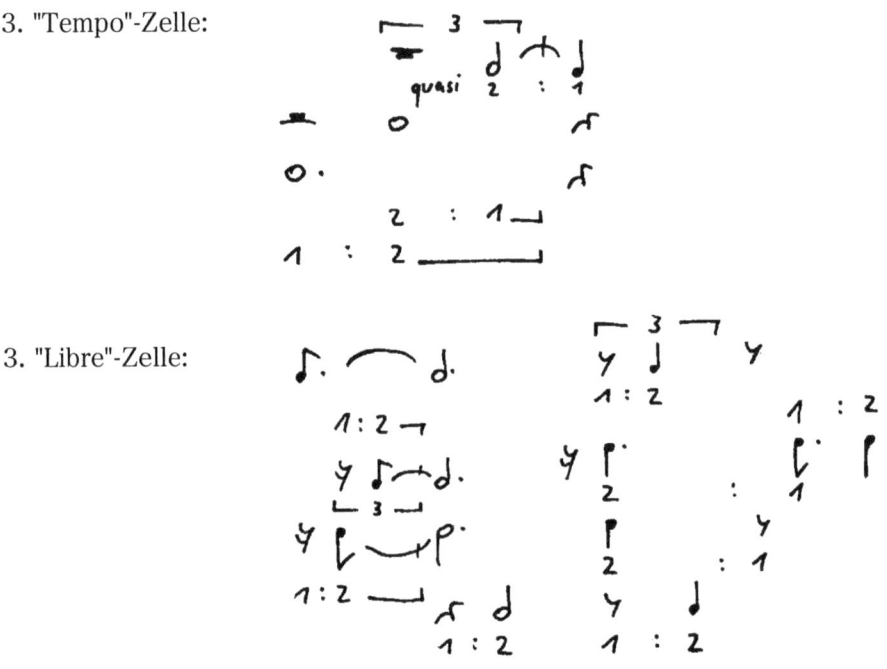

Es folgt ein nicht metrischer Teil, danach die variierte Umkehrung der gesamten "Tempo"- / "Libre"-Struktur.

Die Variationsvorgänge im 1., 3. und 5. "Libre" (einschließlich dem Ende des 4. "Libre") sind einfacherer Natur und in den Einzelheiten schon beschrieben. Das 2. und 4. "Libre" verdienen wegen der komplexen Variationsformen eine besondere Betrachtung. Vergleiche das Folgende mit der Rhythmus-Skizze zum 2. und 4. "Libre" auf Seite 119. Dabei ist bei unserer Rhythmus-Skizze des 4. "Libre" die **Krebs-Reihenfolge** der **Zellen** gegenüber Boulez' Notentext zu beachten. Sie wurde vorgenommen, um die Übereinstimmungen und Variationen zwischen 2. und 4. "Libre" aufzeigen zu können.

Das 4. "Libre" ist eine Variationsform des zweiten. Die erste Zelle im 2. "Libre" besteht aus zwei Elementen:

1. ♪♩♪ , 2. 𝄾. ♫

Das erste Element wurde bereits als Synthese aus a) und b) interpretiert:

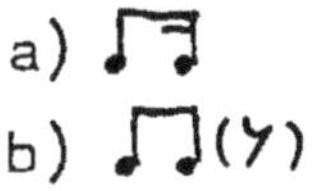

a) ♪♩
b) ♫(𝄾)

Das zweite Element bezieht sich auf letzteres b). Es erscheint im Krebs und ist asymmetrisch variiert zu

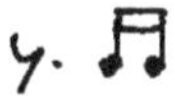

𝄾. ♫

In der Variationsform im 4. "Libre" wird das erste Element zur Quintole umgeformt; eine 16tel-Pause wird notwendig, um die Gesamtdauer "Viertel+16tel" aufrecht zu erhalten. Das zweite Element steht im Krebs. Zusammen ergibt sich:

2. "Libre" 1. Zelle

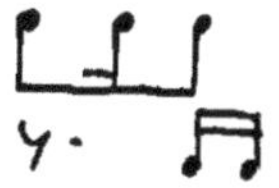

4. "Libre" 1. Zelle,
im Krebs gezählt!

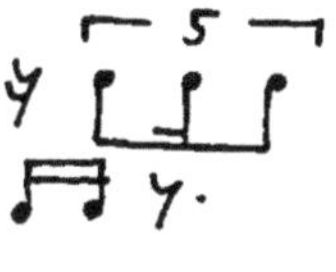

Die in unserer Krebsnotation 2. Zelle im 4. "Libre" ist auf dieselbe Weise wie die erste gegenüber der 2. Zelle im 2. "Libre" variiert. Sie wird intern verkrebst, die sogenannten irrationalen Werte werden in rationale umgewandelt. Um die Gesamtdauer von doppeltpunktierter Viertel zu erhalten, wird die punktierte 8tel-Pause verkürzt:

2. "Libre" 2. Zelle

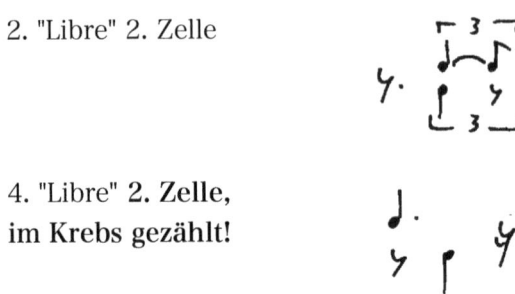

4. "Libre" 2. Zelle,
im Krebs gezählt!

Die 3. Zelle besteht nur aus einer Viertelpause und wird in der Variationsform im 4. "Libre" zu einer Achtelpause diminuiert.

Die 4. Zelle im 2. "Libre" besitzt vier Elemente:

1.
2.
3.
4.

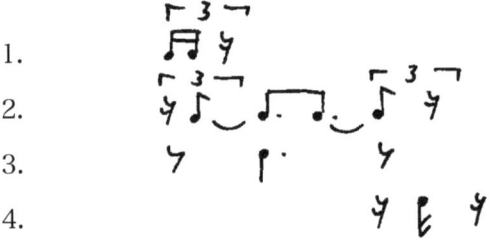

Das erste Element leitet sich eindeutig von b) ab:

Das 3. Element, zum zweiten fast symmetrisch platziert, ist die augmentierte Version von c), also dem mittig platzierten Element. c) als das **Symmetriehafte** können wir auch erkennen im 2. Element. Das 4. Element hingegen ist die originale Staccato-Version von c), nur in der gesamten Zelle nicht mehr mittig stehend.

In der Variationsform im 4. "Libre" (Krebszählung: 4. Zelle) sind das 3. und 4. Element in Bezug auf die Dauer ausgewechselt: Das 3. Element, wieder zum zweiten symmetrisch gestellt, ist **kurz**, das 4. Element **lang**. Das 1. Element hat außer der Umformung in rationale Werte eine Verlängerung um den Punkt erfahren. Das 2. Element ist zu zwei Staccato-Tönen umgeformt:

4. "Libre" 4. Zelle (**Krebszählung**)

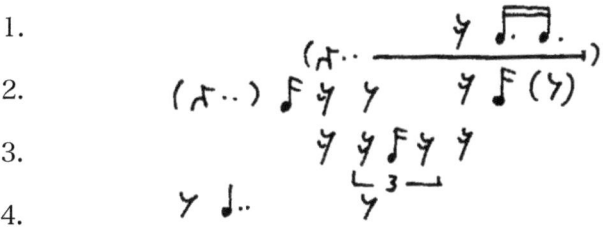

Sehr kunstvoll ist die Stellung der Elemente zueinander gearbeitet. Der erste Ton des 2. Elements ist in der Gesamtzelle symmetrisch platziert:

Ganz versteckt ist in diesem 2. Element also auch das immer symmetrisch gestellte Element c) enthalten, obwohl sich das gesamte 2. Element **von b)** herleitet. Der zweite Ton des 2. Elements ist ein Achtel vom **Zellende** entfernt, genauso weit wie der Ton des 4. Elements vom **Zellanfang**:

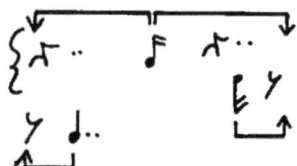

Das 3. Element ergibt sich aus der Position der zwei Töne des 2. Elements, es steht in deren arithmetischer Mitte.

Beim 3. und 4. Element ist der Austausch nicht nur der Dauern (mit Triolen- bzw. Punktveränderung), sondern auch der durch die Umkehrungsform bedingte Austausch der Position deutlich:

	2. "Libre" 4. Zelle	4. "Libre" 4. Zelle
3. Element		
4. Element		

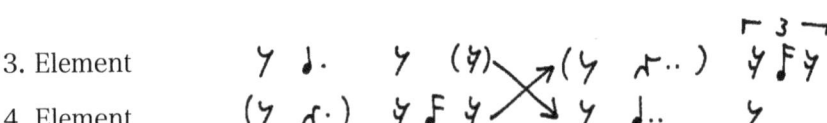

Die 5. Zelle im 2. "Libre" besteht aus den Elementen

1.

2.

3.

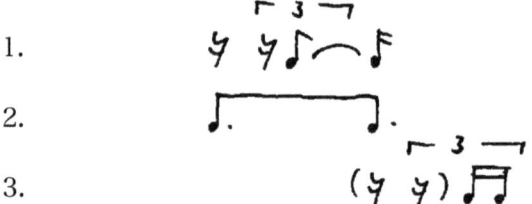

Wir vergleichen mit dem 4. "Libre" 5. Zelle (Krebszählung): In der Variationsform im 4. "Libre" wird das 1. Element = c) quasi-symmetrisch verbreitert. Das 2. Element = b) behält die Gesamtdauer einer punktierten Viertel, verliert aber die Quintolierung und die Pause in der Mitte. Das 3. Element = b) verliert den Punkt und wird durch die Triolierung weiter verkürzt:

4. "Libre" 5. Zelle (Krebszählung gegen Boulez' Notentext!):

1.

2.

3.

Die 6. Zelle des 2. "Libre" besitzt die Elemente

1. = c)

2. = b)

Hier geschieht bei der Variation im 4. "Libre" eine Verkürzung der Gesamtdauer um die Hälfte:

2. "Libre" 6. Zelle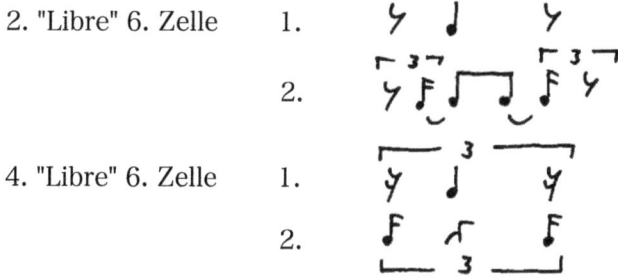

4. "Libre" 6. Zelle

Das 2. Element besteht in der Variationsform im 4. "Libre" nur noch aus zwei Staccato-Tönen analog zu dem Vorgang in der 4. Zelle. Dort wurde aus ♪ die Form: ♪

Die 7. Zelle besteht im 2. "Libre" nur aus dem Element c):

Dieses wird in der Variationsform augmentiert. Dabei wird das Staccato zum Tenuto umgewandelt:

Die Gesamtdauern der "Libre"-Zellen fügen sich nicht zu einem übergeordneten System zusammen wie jene der "Tempo"- Zellen. Boulez geht aus von der strengen Struktur der "Tempo"-Zellen, formt hieraus Variationen und variiert diese Variation nochmals während des Krebsverlaufs der "Libre"-Zellen (ab 3. "Libre" Mitte). Das Verhältnis von 114:104 16teln (ohne die Brevis) zeigt die nicht-symmetrische Anlage. Dennoch erscheinen die Zell-Gesamtdauern streng gesteuert. Entweder bleiben die Dauern von Original und Umkehrung gleich, oder sie stehen im Verhältnis 2:1 bzw. 1:2 zueinander:

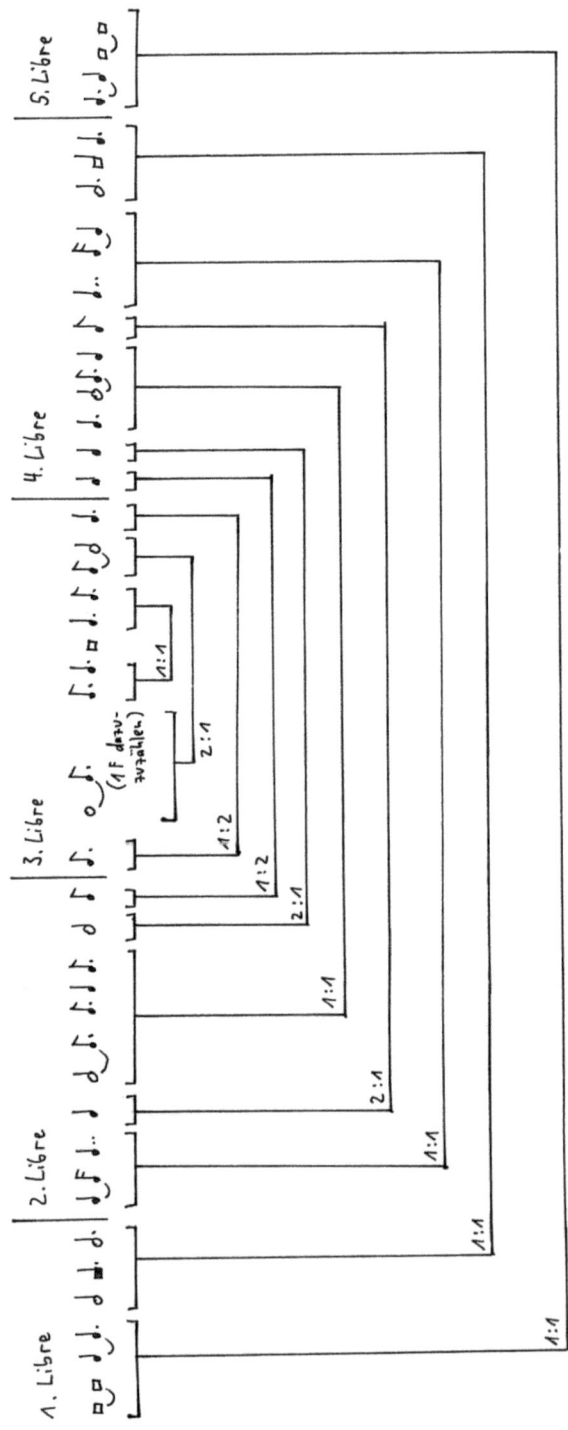

c "Commentaire", "Glose"

Diese beiden Entwicklungen des Formanten "Trope" benutzen dasselbe Material wie "Texte" und "Parenthèse". Namentlich in "Commentaire" ist die Übereinanderlagerung, gegenseitige Beeinflussung, Variierung der Elemente a) bis d) so weit getrieben, dass eindeutige Deduktionen kaum mehr möglich scheinen. Die Verschleierungstechnik im Dauernbereich entspricht hier direkt der Arbeitsweise im Tonhöhenbereich. Allerdings sind die Grade der Verschleierung verschieden. Aus dem strukturellen **Chaos** scheinen immer wieder **einfache Proportionen** heraus, die sich auf die Urvorgänge in "Texte" beziehen lassen. Es gibt sehr einfach gebaute Zellen in "Commentaire", z.B. jene in der 2. Zeile Ende (= Segment I Anfang):

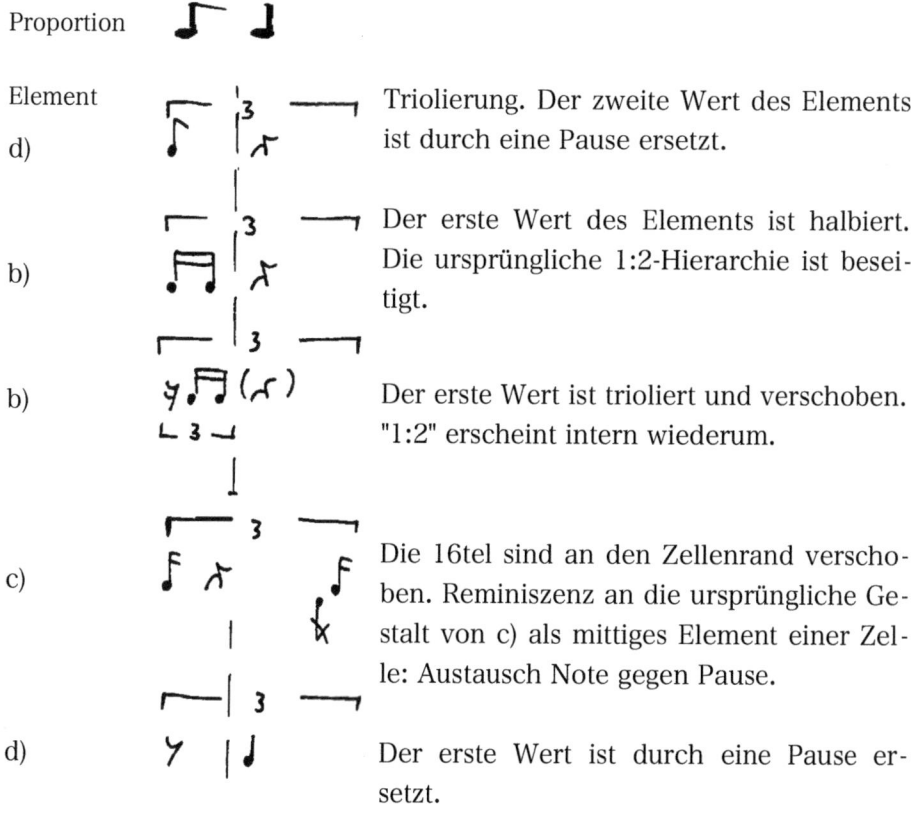

Hier erscheint die Proportion 1:2 = Element d) in vielfacher Ausformung. Das symmetrische Element c) ist hier als Negativbild verwendet, wobei die Note zur Pause wird und umgekehrt.

Im zweiten Teil des Segments I kehrt Boulez die Proportion 1:2 um. Element b) wird dadurch ans Ende gerückt. Aus dem Negativ-Bild von c) formt Boulez ein Positiv, wobei die quasi-symmetrische Stellung des einzigen Tones auffällt. Ähnliches begegnete uns bereits in "Parenthèse", z.B. in der vierten "Tempo"-Zelle:

"Commentaire" Segment I 2. Teil:

Proportion 2 : 1

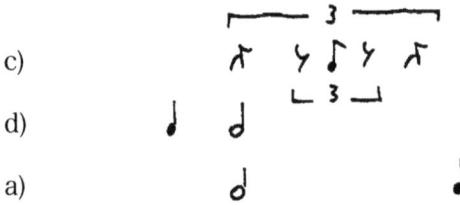

Deutlich wird eine einfache Zell-Grundstruktur auch in der 1. Zeile am Ende (= Segment F 2. Hälfte). Die Grundstruktur ist

Dem ersten Wert von d), einem Viertel, wird, ausgehend von dieser Grundstruktur, ein Sechzehntel abgezogen, ebenso dem zweiten Wert von a), siehe das folgende Bild. In die Zelle werden dann an quasi-symmetrischer Position freie Sechzehntel eingeschoben, die am Zell-Ende die symmetrische Grundstruktur verbiegen. Das dabei auftretende Achtel bildet mit dem ursprünglichen Wert der letzten Note, einem Viertel, die Proportion 1:2, "Achtel / Viertel", was aber durch den eben besprochenen Sechzehntel-Abzug zu "Achtel / punktierte Achtel" umgeformt ist, siehe Pfeil.

Segment F 2. Hälfte:

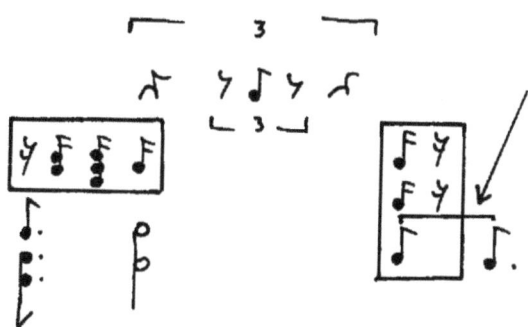

Derartigen noch relativ einfach verschlüsselten Zellstrukturen stehen sehr vieldeutige Konfigurationen gegenüber wie jene anfangs der 2. Zeile (= Segment G1):

Die übergreifende Proportion 13:3 Sechzehntel könnte durch Subtraktion entstanden sein:

```
20  :  10    = Element a) als 2:1
-7     -7
13  :   3
```

Der Ausgangspunkt wäre dann das Element a) "Viertel / Achtel" bzw. 2:1. Es lässt sich aber auch folgender Rechenvorgang denken (vorausgesetzt, Boulez hat überhaupt auf derartige Prinzipien zurückgegriffen):

```
  8  :   8
 +5     -5
 13  :   3
```

Ferner bietet sich eine dritte Möglichkeit an: Der zweite "poco sforzato"-Ton weist hin auf das Element c) in der Staccato-Urform. In "Texte" trat dieses Element fast durchgehend mit der *sfz*-Bezeichnung auf und immer in symmetrischer Position. In Segment G1 von "Commentaire" ist die Symmetrie verschoben:

Einer möglichen ursprünglichen Proportionierung

ist dann beim ersten Wert dessen Hälfte hinzugefügt.

Dieses mehrfach deutbare Segment G1 möge zeigen, dass mit zunehmender Komplexität gerade im rhythmischen Bereich als eindeutiges Analyseergebnis nurmehr die Vieldeutigkeit bekanntzugeben ist. Während die Vieldeutigkeit der Tonhöhenstruktur in "Commentaire" noch Rückschlüsse auf eine strenge Gesamtanlage zulässt, erscheint dies im rhythmischen Bereich unmöglich. Bei der Tonhöhenstruktur handelt es sich ja um ein Netz von lediglich 12 möglichen, als solchen nicht verschleierbaren Werten. Die rhythmische Struktur jedoch ist in mehrfacher Hinsicht in der Analyse sperriger: Einmal besteht sie nicht nur aus 12 Werten (dies tat sie noch in den "Structures I", z.T. auch im "Marteau"), zum andern können die maßgeblichen Werte durch interne Unterteilungen oder übergreifende Zusammenfassungen zweier oder mehrerer Werte im Notentext sozusagen aufgehoben sein. In "Parenthèse" z.B. taucht in der 2. "Tempo"-Zelle der erste maßgebliche Wert "Ganznote + Achtel" in vollkommen veränderter Form auf (vergleiche mit der rhythmischen Analyse der "Tempo"-Zellen in "Parenthèse").

In der 3. "Tempo"-Zelle entsteht der maßgebliche Wert "Ganznote + Ganznote" erst unter Einbeziehung eines Viertels aus der 4. "Tempo"-Zelle, wobei jenes Viertel schon wieder mit dem nächsten Achtel zu einer punktierten Viertel zusammengefasst ist.

Eben wurde die rhythmische Zelle G1 aus "Commentaire" beschrieben, deren **übergeordnete** Struktur mehrfach deutbar ist. Die **Binnenstrukturierung** hingegen gehorcht eindeutig den Elementen a), b), c). Hier liegt keine Mehrdeutigkeit vor. Anders sieht es z.B. in der rhythmischen Zelle S2 aus, wo sich gerade in der **Mikro**-Struktur die Polyvalenz der Boulez'-schen Sprache ausdrückt. Zunächst werden die evidenten Beziehungen angegeben:

Segment S2:

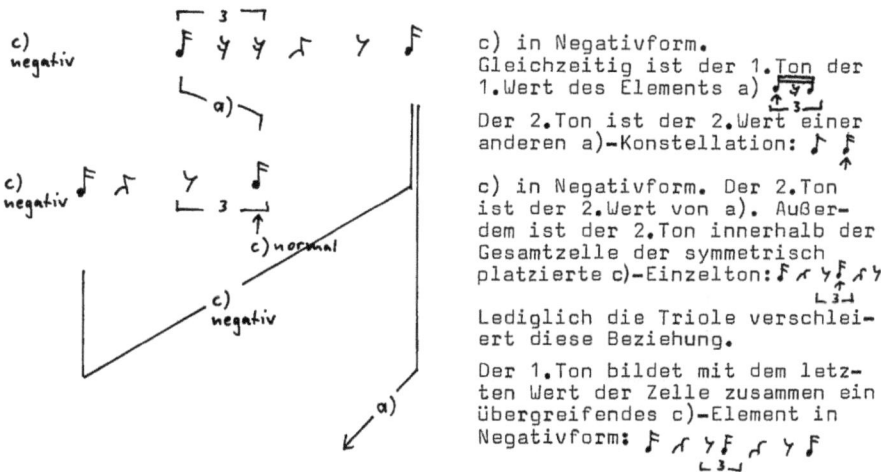

Zum ersten Element c): Dieses erscheint in Negativform (Austausch Note / Pause). Der 1. Ton könnte aus a) in Staccato-Version stammen, der 2. Ton ebenfalls, oder aus einem das gesamte Segment umspannenden c) in Negativform: Zwei 16tel bilden den Rahmen. Der 2. Ton ist auch der 2. Wert von a), siehe Segment S2-Fortsetzung. Außerdem ist der 2. Ton innerhalb der Gesamtzelle der fast-symmetrisch platzierte c)-Einzelton, siehe oben. Neben diesen Beziehungen lassen sich weitere versteckte Proportionen auffinden. Eine genaue Grenze zwischen Analyse-Phantasie und wahrer Komponisten-Planung ist nicht zu ziehen.

S2 Fortsetzung:

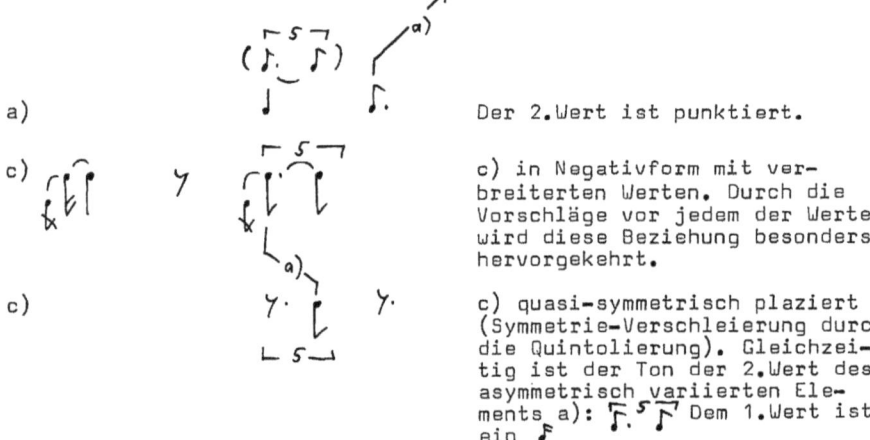

a)

c)

c)

Der 2.Wert ist punktiert.

c) in Negativform mit verbreiterten Werten. Durch die Vorschläge vor jedem der Werte wird diese Beziehung besonders hervorgekehrt.

c) quasi-symmetrisch plaziert (Symmetrie-Verschleierung durch die Quintolierung). Gleichzeitig ist der Ton der 2.Wert des asymmetrisch variierten Elements a): ♩.⁵♩ Dem 1.Wert ist ein ♪ abgezogen.

S2, versteckte Proportionen:
Zahlen geben die Sechzehntel an

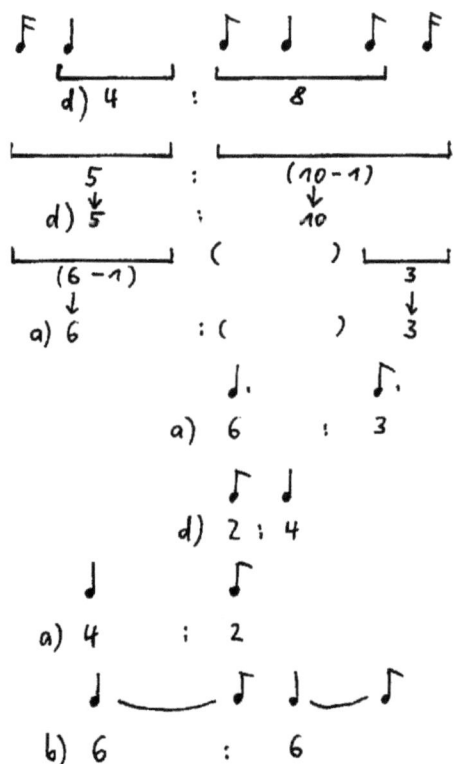

In "Glose" baut Boulez eine sehr viel einfachere Rhythmik, oft basierend auf seiner Idee der "Zeitblase". Dort, wo der Rhythmus konventionell notiert wird, gibt es deutliche Querbezüge zu "Texte", dem Ausgangspunkt der Rhythmik unseres Formanten "Trope". Nehmen wir als Beispiel den Anfang von "Glose":

"Glose", Segment A: zum Vergleich
                                        "Texte", Zelle A

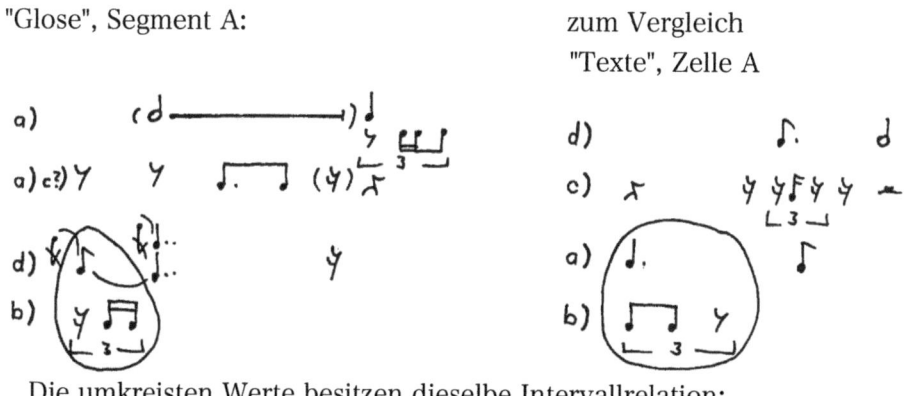

Die umkreisten Werte besitzen dieselbe Intervallrelation:

"Glose":   "Texte":

Boulez unterstreicht hierdurch die nahe Verwandtschaft zwischen "Glose" und "Texte".

Element a) in "Glose" bezieht sich auf das Element d) in "Texte" in dessen Ursprungsform 1:2, also **Viertel / Halbe**. Dazu tritt eine Art Triolen-**Auszierung,** zurückgehend auf 1:2 (Achtel / Viertel) mit Füllung des Viertels in 1:1:2 Sechzehntel; darüber ist die Triolierung gelegt.

Das zweite Erscheinen von a), vielleicht selbst eine Auszierung der Halben von a), ist beschleunigt, asymmetrisiert durch die Punktierung, es könnte sich auch aus dem mittigen Element c) herleiten, siehe dessen asymmetrisches Auftreten in "Texte". In "Texte" hat Boulez speziell den letzten Wert einiger Zellen mit Auszierungen bedacht (in den Segmenten C, G, I, N).

d) in "Glose" ist, ebenfalls durch Punktierung verändert, deutlich das Element a) in "Texte".

b) in "Glose" und "Texte" sind eindeutig aufeinander bezogen, stehen im Krebs zueinander, mit Halbierung der Werte in "Glose".

Zwischenergebnis der rhythmischen Analyse

Die Analyse der Rhythmik hat uns zu einem Punkt geführt, wo eine komplexe Logik in ihr Gegenteil, das Chaos, umzuschlagen scheint. Es gibt in den strukturell am weitesten vorangetriebenen Teilen von "Commentaire" eine Ebene, die vielleicht als **Über-Logik** bezeichnet werden könnte. Es lassen sich aus einer Struktur Beziehungen herauslesen, die der Komponist wahrscheinlich nicht in sie hineingelegt hat. Die rhythmische Logik ist so offen geworden, dass praktisch ohne Begrenzung immer neue Bedeutungsebenen aus dem Notentext herauswuchern. In der Tendenz erhält die III. Sonate die Eigenschaft, **jede** mögliche Konstellation darzustellen. Genau das enthält der Begriff **Chaos**.

Die Gesetze, die sich Boulez selbst gegeben hat, führen im rhythmischen Bereich dazu, dass die zugrunde gelegte Logik als Erklärungsfaktor komplexester Konstellationen unnötig wird. Im Tonhöhenbereich bewegt sich Boulez noch hart **vor** der Grenze der Auflösung strukturellen Denkens. "Glose" lässt die Reihe als Negativform noch erahnen, auch wenn sie nicht mehr die vorhandenen Töne steuert. In der Rhythmik aber erscheint die Grenze teilweise überschritten. Am Gipfelpunkt rhythmischer Flexibilität tut sich der Abgrund einer rhythmischen Ursuppe auf.

Boulez' Ausgangspunkt ist ein strenges rhythmisches System, das anhand von "Texte", auch noch von "Parenthèse", einwandfrei darstellbar ist. Hier erscheint die rhythmische Sprache weitgehend kodifiziert. In enger Anlehnung an Messiaen's Techniken enthält sie auf der einfachsten Ebene reguläre oder irreguläre Vergrößerungen und Verkleinerungen, sog. "irrationale" Umformungen, Punkthinzufügungen, Beschneidungen der Zellkomponenten um einen gleichen Wert. Eine weitere Ebene stellt das Ersetzen der Zellkomponenten durch Pausen und (oder) kleinere

Werte dar. Die höchste Stufe der Ableitungen bilden die **Kombinationen der Variationsebenen**. Hier lässt sich der einfache Ausgangspunkt kaum mehr zweifelsfrei ausmachen, was aber die interne Logik solcher Strukturen nicht aufhebt.

Boulez hat sich in "Trope" nicht mit dem Kodex rhythmischer Ableitungsformen begnügt, den er im Aufsatz "Möglichkeiten" eingehend beschrieb und den wir eben nur kurz zusammengefasst darstellten. In der III. Sonate wird nahezu jedes Ergebnis, das aus einer strengen Ableitungstechnik hervorgegangen ist, noch einmal frei umgeformt, bis es in den endgültigen Notentext eingehen darf. Wir nannten Letzteres die **Sekundärvariation** einer Zelle. Durch diese übergestülpte Technik wird die strenge Logik der Primärvariation gestört. Schon "Texte" enthält in den Zellen A, C, E, G, I, N rhythmische Konstellationen, die gegenüber der Primärvariation **im Erscheinungsbild frei**, außerhalb des rhythmischen Kodex verschoben sind. Sicher ist diese Freiheit argumentativ abfederbar von einem Komponisten, der die persönliche Setzung als Gefahr sieht: Die Variation der Variation der Variation ergibt schließlich das Versickern der ersten Zelle. Als Ziel der Komposition erscheint damit letztlich nicht ein in sich geschlossener interner Mechanismus, sondern eine flexible, der persönlichen Einflussnahme des Komponisten sich öffnende Oberfläche. Die Haut verdeckt die Knochen.

Das Verbiegen der strukturellen Grundlage ist integraler Bestandteil der III. Sonate, auch wenn dem **Hörer** dieser Vorgang als solcher nicht vom Komponisten dargeboten wird. Boulez gewinnt dadurch die Chance, aus dem Augenblick heraus rhythmische Lösungen zu finden, persönlich an jeder Stelle in das Werk einzugreifen. Die Ebene der letztlich **freien** rhythmischen Variation weist hin auf die Technik der frühen Werke Boulez'. Die direkte **Emotionalität** dieser Werke (es ist hier zu denken an die ersten beiden Klaviersonaten und die "Sonatine" für Flöte und Klavier) scheint vor allem aufzukeimen in der frei gesetzten Rhythmik der "Zeitblasen", aber nicht nur dort. Denn deren Welt wächst aus den ursprünglich vielleicht einmal streng gebauten Zellen. Die Zeitblasen stehen keineswegs isoliert in einer völlig anders gedachten Umgebung. Auffällig ist, dass sie sich vollständig in die streng notierte Umgebung eingliedern. Lassen sich die Zeitblasen beim Hören der III. Sonate von den fix notierten Teilen unterscheiden?

"Parenthèse" z.B. ist nahezu stetigen Tempowechseln unterworfen. Es ließe sich vermuten, dass eine Stelle wie in "Parenthèse", 2. "Libre"

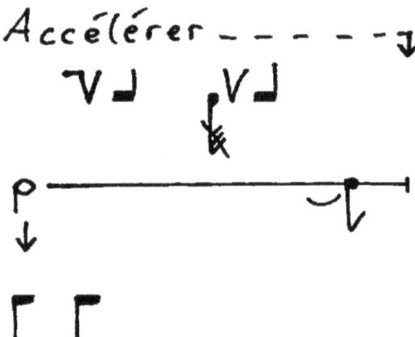

vom Hörer nicht zu unterscheiden wäre von der folgenden rhythmisch frei notierten Zeitblase, die offenbar Boulez' Reflexion über die obige rhythmische Zelle in Richtung "Zeitblase" darstellt, siehe "Glose", Segment U:

Von der Übernotation der Dauern bis zu deren Unternotation (in den Zeitblasen) ist nur ein kleiner Schritt oder gar keiner. Beide Fälle enthalten gleichermaßen eine Zufallskomponente. Das Werk öffnet sich dem Jetztmoment der Interpretation. Der objektive Zug des Werks versteckt sich im Notentext, ist dort vom Komponisten schon zerbrochen und liefert sich endgültig dem Verderben aus, sobald der Interpret den ersten Ton anschlägt. Im Spannungsverhältnis zwischen der **vor** dem Notentext liegenden Objektivität der Strukturgesetze und der **vom Notentext verursachten** möglichen Emotionalität siedelt sich der Kern der III. Sonate an. Auf den Entwurfszetteln des Komponisten könnten sich - **vor** dem eigentlichen Komponieren - emotionsfreie Strukturierungen finden. Derartige Ursprungsformen ließen sich, wie wir bei "Texte" und "Parenthèse" gesehen haben, auch aus dem Notentext schließen. In "Commentaire" und

"Glose" fanden wir komplexe Wucherungsformen der einfachen Zellen, die nur aufgrund der Kenntnis vor allem von "Texte" interpretierbar sind.

Das Sich-Entfernen des Komponisten von der Objektivität (im rhythmischen Bereich durch die Sekundärvariationen, durch die übergelagerten Tempo-Anweisungen, durch komplexe Wucherungsformen, durch die Zeitblasen-Einschübe) müssen wir für das folgende Kapitel im Auge behalten.

II. Inhaltsästhetische Aspekte

Wir sind Boulez im ersten Teil dieser Arbeit durch die labyrinthischen Gänge seiner Mikrostrukturen gefolgt. Wir haben dabei festgestellt, dass aus einfachen Elementen durch vielfach überlagerte Permutationen ein Notentext entsteht, der äußerlich einer aufgeschriebenen Improvisation nicht unähnlich ist. Gleichwohl schimmert hinter jeder Aktion des Komponisten der Anspruch durch, ein einmal gegebenes multiples Gesetz strikt erfüllt zu haben.

Allerdings trägt jedes Gesetz in sich umso mehr Keime seines Zerfalls, je flexibler es ausgelegt werden kann. Bei Boulez hat es sich ferner der übergeordneten Regel zu unterwerfen, mindestens **eine** Ausnahme, einen Knick enthalten zu müssen. Vielleicht verlacht der Komponist sein Gesetz, oder er **spielt** mit ihm auf einer hohen Ebene. Er drängt es so in den Hintergrund, dass es immer diffuser wird. Er macht darauf aufmerksam, dass es auf das Gesetz gar nicht ankommt. Es ist nur Vehikel für den eigentlichen **Inhalt** des Werks, für den Boulez das Wort "Anonymat" anbietet.(97)

Unsere ganze bisherige Analyse hat die **Grammatik** der Boulez'schen Sprache zu beschreiben versucht. Aber die grammatische Struktur ist nicht mehr, wie vielleicht in den frühen seriellen Werken, der einzige Inhalt, sie stellt überhaupt nicht mehr den Inhalt des Werks dar. Wenn die III. Sonate eine Aussage enthielte, die nicht die Grammatik selber ist: Wie ließe sich diese Aussage fassen?

A Boulez' Position zu Joyce und Mallarmé
1. Das anonyme Werk

Boulez schrieb über die III. Sonate, ihm schwebe ein "Anonymat" vor, ein Werk, das ohne die Stimme des Autors auskomme.(97) Hierin spiegeln sich Mallarmé's und Joyce' Gedanken gleichermaßen. Mallarmé schrieb:

> "L'œuvre pure implique la disparition élocutoire du poète, qui cède l'initiative aux mots, par le heurt de leur inégalité mobilisés..."(98)

Diese Passage aus "Crise de Vers" hat Joyce sicher gekannt, so meint Umberto Eco im Anschluss an David Hayman.(99) Im "Stephen Hero" von Joyce ist zu lesen:

> "Die Persönlichkeit des Künstlers, zuerst ein Schrei, eine Kadenz, eine Stimmung, dann eine flüssige oberflächliche Erzählung, verfeinert sich so, dass sie ihr eigenes Leben verliert, sich sozusagen entpersönlicht ... Der Künstler steht wie der Gott der Schöpfung in oder hinter oder jenseits oder über seinem Werk, ist unsichtbar, verfeinert, gleichgültig und macht sich die Fingernägel sauber."(100)

Gewiss ist die Vorstellung von der Unpersönlichkeit keine Erfindung Mallarmés, und Joyce hat diesen Gedanken auch nicht einzig von Mallarmé abgezogen. Hugo Friedrich meint, die Entpersönlichung der modernen Lyrik beginne mit Baudelaire "mindestens in dem Sinne, dass das lyrische Wort nicht mehr aus der Einheit von Dichtung und empirischer Person hervorgeht...".(101) Baudelaire spricht in einem Brief von der "willentlichen Unpersönlichkeit meiner Dichtungen".(102) Der Einfluss von Baudelaire auf Joyce dürfe, so Eco, nicht überbewertet werden. Tiefer gehe jener Flaubert's. Im folgenden Zitat Flaubert's finden sich von der bloßen Formulierung her erstaunliche Parallelen zu dem vorher angeführten Joyce-Zitat:

"Madame Bovary enthält nichts Wahres. Es ist eine vollkommen erfundene Geschichte. Ich habe weder von meinen Gefühlen noch von meinem Leben etwas hineingebracht. Die Illusion (wenn es eine gibt) kommt im Gegenteil aus der Unpersönlichkeit des Werks ... Der Künstler muss in seinem Werk wie Gott in der Schöpfung sein, unsichtbar und allmächtig ..."(103)

Bei der Beschreibung der exakten Position von Boulez zu Mallarmé und Joyce stoßen wir auf Schwierigkeiten. Boulez nennt des öfteren in einem Atemzug Mallarmé und Joyce als seine Bezugspunkte.(104) Nun gibt es fundamentale Unterschiede in den Poetiken dieser beiden Dichter. Das Verschwinden des Dichters bei Mallarmé erzeugt eine Poetik der "Abwesenheit", wie M. Raymond herausarbeitet.(105) Mallarmé gelangt letztlich zu einer Welt metaphysischer Archetypen.

Joyce' Poetik der Reifezeit vergegenwärtigt hingegen die Vielschichtigkeit konkreten Lebens. Joyce' Ziel ist nicht die platonische Konzeption der Schönheit wie bei Mallarmé. Sein Werk umschreibt kein vollkommenes Leben oder Denken, sondern es steht für das Leben in seiner chaotischen Unvollkommenheit. Eco arbeitet diesen Unterschied zwischen Mallarmé's und Joyce' Werk deutlich heraus.(106)

Die Situation wird außerdem noch dadurch verkompliziert, dass Joyce' Begriff der Unpersönlichkeit keineswegs klar zu fassen ist. Es bleibt nämlich für Joyce möglich, dem Werk ein dem eigenen Bild Verwandtes aufzuprägen. Er geht sogar noch weiter und gestattet dem Werk, zum Spiegelbild von Lebenssituationen des Autors zu werden. Unpersönlichkeit bei Joyce bedeutet nicht, von Emotionen nicht zu sprechen. Das Joyce'sche Werk kann gesehen werden als große autobiografische Skizze und **gleichzeitig** als ein in sich geschlossenes Universum, regiert von nur sich selbst gehorchenden Gesetzen.(107)

Dieser Hintergrund fließt ein in die Boulez'sche Konzeption eines anonymen Kunstwerks. Tatsächlich lässt sich die III. Sonate sowohl vom Mallarmé'schen als auch vom Joyce'schen Standpunkt aus betrachten. Sie ist zunächst einmal ein um sich selbst kreisender Mechanismus, perfekt durch die strikte Erfüllung der einmal gegebenen Gesetze. Ganz ähnlich dachte sich Mallarmé den unpersönlichen, suggestiven Mechanismus seiner Werke. Wenn wir aber allein auf die zunächst offenkundige Hermetik der III. Sonate aufmerksam machen, bezeichnen wir damit nur ihren vordergründigsten Aspekt. In diese Sonate fließt, hauptsächlich über ihre rhythmische Komponente, die expressive Frühzeit von Boulez mit ein. Wir sahen in unserer Analyse die sehr deutliche Bezugnahme auf die rhythmische Technik der frühen Klaviersonaten. Diese Emotionalität, aus der eigenen Geschichte des Komponisten herübergeholt in die III. Sonate, widerspricht Mallarmé's Poetik außerordentlich. Es wäre allerdings ein Fehlschluss, wollten wir jede Häufung schneller Werte oder jeden fortissimo-Ausbruch in der Sonate (oder das jeweilige Gegenteil) als direkt emotional interpretieren. Emotionalität ist hier etwas Unterworfenes, eher eine verdrängte Möglichkeit des Notentextes als dessen Wirklichkeit.

Überall stellen sich handfeste Eingriffe des Komponisten in den Werkablauf heraus. Gesetze werden durch übergeordnete Gesetze nicht nur verändert, sondern häufig zerbrochen. Auch das Zerbrechen der musikalischen Schemata weist von Mallarmé fort. Derartige Aktionen des Komponisten bleiben im Verborgenen, sie dringen kaum ins Hörbare vor. Das Emotionale des Umgangs von Boulez mit seinen Schemata lässt das anonyme Prinzip sehr farbig werden. Es gewinnt eine Vielschichtigkeit, die Boulez eher bei Joyce als bei Mallarmé finden konnte.

Wenn wir spätere Werke von Boulez in die Betrachtung mit einbeziehen, so lässt sich das Aufeinanderprallen von Emotionalität und Anonymität deutlich weiterverfolgen. Die "Structures II" (1961), die sich in einigen Teilen, z.B. im Kapitel I, stark an die doch gewiss dem Anonymitätsideal zugehörenden "Structures I" anlehnen, brechen vielerorts aus diesem Prinzip heraus. Es ist, als fühle sich das anonyme Werk alleingelassen und flüchte in die Arme des Autors zurück. "Éclat" (1965) hebt fast ausschließlich die emotionale Komponente der Boulez'schen Sprache hervor. In "Rituel", in memoriam Maderna, 1975, dringt Emotionalität ebenfalls direkt nach außen.(108) Sehr bezeichnend ist hier die Verwendung von Buckelgongs und Tamtams als Todessymbol. Boulez stellt sich hierdurch in eine Reihe mit Mahler, Wagner, Liszt, Strauss, Tschaikowskij, Schönberg, Berg. Sie alle verwenden, so stellt Constantin Floros fest, speziell das Tamtam als "funebrales und makabres Klangsymbol".(109) Im Tonhöhenbereich herrscht in "Rituel" strenge serielle Strukturierung.

Der Klangfarbenbereich aber ist alles andere als seriell konzipiert. Die Anonymität des seriellen Werks wird durch Gong und Tamtam und durch die Transposition des idiophonischen Klangs ins Orchester (die Bläserakkorde!) aufgehoben. Auf die serielle Struktur dieses Werks werden wir später ausführlicher eingehen.

Es scheint nach dem eben Gesagten, als könnten wir einem jenseits der musikalischen Grammatik liegenden Inhalt - einer begrifflich fassbaren Aussage des Komponisten - auf dem Weg über Mallarmé und Joyce näherkommen. Zunächst haben wir versucht, den Boulez'schen Begriff "Anonymat" einzugrenzen. Wir kommen zu dem Schluss, dass die III. Sonate keineswegs nur die Durchführung eines um sich selbst kreisenden anonymen Materials sein kann. Wenn Boulez diese Sonate als "Anonymat" bezeichnet, so meint er eher eine Tendenz - letztlich sogar eine zu bekämpfende Tendenz - denn einen wirklich erreichten Zustand. Die III. Sonate als echter anonymer Vorgang wäre innerhalb des Serialismus überholt gewesen. Von Anfang an war das Ziel der Serialisten bekanntlich, etwas wie Objektivität in die Genesis eines Werks zu bringen, einen auf den Autor bezogenen Ausdruck zu vermeiden. Schon der "Marteau"(1954) hatte mit dem objektiven Werk aufgeräumt.

2. Die offene Form

Um Genaueres über Boulez' Verhältnis zu Joyce und Mallarmé zu erfahren, müssen wir in deren Konzeption vom offenen Werk eindringen. Es ist offenkundig, dass die Idee vom unpersönlichen Kunstwerk einmündet in jene von der offenen Form. Wo durch kein persönliches Wollen mehr ein bestimmter Weg ausgesiebt wird, verselbständigt sich das Material gewissermaßen und breitet sich labyrinthisch aus. Mallarmé und Joyce sind diesem Zwang auf verschiedene Weise gefolgt:

Mallarmé gelangt zu dem "Livre". Dieses Buch, als Summe des in der Welt überhaupt Denkbaren gedacht, besitzt formal weder Anfang noch Ende. Die Reihenfolge der Seiten ist nicht fest vorgegeben. Mallarmé stellte sich vor, durch die astronomisch hohe Permutationszahl der Wörterreihenfolge den Gesamtsinn der Welt zu umfassen und zu umschreiben:

"Le monde existe pour aboutir à un livre."(110)

Sein Buch sollte den Zufall (das ist Mallarmé's Codewort für bloße Realität) Wort für Wort besiegen.(111) Nebenbei sei bemerkt, dass Novalis schon die Idee hatte, **das** Buch zu schreiben:

"Mein Buch soll eine szientifische Bibel werden, ein reales und ideales Muster und Keim aller Bücher."(112)

Boulez schreibt über Berlioz:

"Man wäre versucht zu sagen, das von Berlioz niedergeschriebene Werk bestehe aus nichts anderem als Bruchstücken eines einzigen großen Werkes, das sich ihm verweigert habe. Darin wäre es jenem endgültigen Livre (Buch) vergleichbar, das Mallarmé schreiben wollte..."(113)

Boulez hat zur Zeit der Fertigstellung der III. Sonate, von der später Teile zurückgezogen wurden, den "Livre" nicht gekannt. Erst Ende 1957 erschienen Mallarmé's Skizzen zu diesem Werk. In dem Aufsatz "Zu meiner Dritten Klaviersonate" schreibt Boulez:

"Ich ... hatte meine Arbeit [an der III. Sonate] zur Hauptsache abgeschlossen, als ein Buch mit den nachgelassenen Aufzeichnungen Mallarmé's zu seinem geplanten Werk 'Le Livre' erschien..."(114)

In einem Gespräch mit Célestin Deliège sagt Boulez noch deutlicher, dass die III. Sonate ohne direkte Kenntnis des "Livre" geschrieben wurde: (115)

"Als ich viel später [nach 1948/49, als Boulez sich mit Mallarmé's "Igitur" und "Un coup de dés" beschäftigt hatte], 1956/57, meine Dritte Klaviersonate schrieb, hatte ich den Livre von Mallarmé noch nicht gelesen, weil er erst Ende 1957 veröffentlicht wurde. Ich hatte einen der Formanten in dieser Klaviersonate 'Constellation' genannt, und man fragte mich, ob ich diesen unveröffentlichten Mallarmé gekannt hätte. Selbstverständlich sagte ich nein und fragte, wie man ihn sich beschaffen könne. Ich habe den Livre dann gelesen und dabei gesehen, dass das, was ich für diese Dritte Klaviersonate entworfen hatte, zwar nicht das gleiche war, aber doch der Konzeption des offenen Buches bei Mallarmé sehr nahe kam; insbesondere der Konzeption des dicken Buches, das heißt einem Zustand, bei dem die Entwicklungen immer komplexer werden, je mehr das Buch anschwillt. Ein Formant meiner Sonate ist nach diesem Prinzip entworfen."

Die letztgenannte Konzeption des "dicken Buches" ist die Grundidee des zurückgezogenen Formanten "Strophe". Aus dem eben angeführten Zitat (1972 oder 74) geht hervor, dass die Kongruenz zu Mallarmé zufällig ist. Auf einen Widerspruch muss allerdings aufmerksam gemacht werden: 1960 sagte Boulez ausdrücklich:

"Für die Grundidee der 'Strophe' habe ich Gedankengänge von Mallarmé übernommen, die in der Dicke des Buches einen formalen Bezugspunkt sehen."(116)

Die Gedanken von Mallarmé zum "dicken Buch" fasst Boulez so zusammen:

"Wenn man den Umfang eines Buches erweitert, erhält man eine mehr oder weniger komplexe Textur, weil sich entsprechend der Erweiterung auch die Kenntnisse häufen; mit andern Worten, man liest die Seite 1 nicht so wie die Seite 30. Die Seite 1 ist einfach, und die Seite 30 ist komplex; denn sie fasst alle Kenntnisse zusammen, die man von Seite 1-29 erworben hat."(117)

Ob diese Vorstellungen nun bei Mallarmé gefunden wurden und dann ihre Verwendung in der III. Sonate fanden - oder ob eine nachträglich sich herausstellende Übereinstimmung vorlag: Auf jeden Fall lässt sich in der Sonate, und dort nicht nur in "Strophe", sondern auch in "Trope" die Technik aufzeigen, aus einfachen Sachverhalten durch fortwährendes Tropieren immer komplexere Gebilde zu erzeugen. In "Trope" ließ sich dieser Weg über "Texte" zu "Parenthèse" und zu "Commentaire" aufzeigen.

Ganz explizit hat Boulez das Mallarmé'sche Prinzip anschwellender Komplexität z.B in "Rituel" verwendet. Wir erwähnen jetzt nur wenige signifikante Punkte: Harmonik und Melodik bauen auf einer streng-symmetrischen Tonsäule auf:

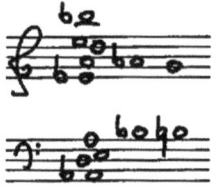

Diese Säule erfährt Transpositionen, die sich in den ungeradzahligen Abschnitten 3-13 nach den Intervallsprüngen der Oboe-1-Melodie richten. Die Melodie expandiert von einem einzelnen es^1 zur 41-tönigen Linie in Abschnitt 13:

Beginn der Abschnitte rechts

Teile dieser Melodie werden oft auch von anderen Instrumenten gespielt.

In den geradzahligen Abschnitten wird der Tonvorrat der Melodie transponiert. Die Spitzentöne der Tonsäulen heißen:

Säulen	1.	2.	3.	4.	5.	6.	7.
Spitzentöne	b^2	c^3	g^2	fis^2	cis^3	gis^2	d^3

Von Abschnitt zu Abschnitt werden immer mehr von diesen Säulen hinzugezogen:

Abschnitte	14	12	10	8	6	4	2
Tonsäulen							1
						2 plus	1
					3 plus	2 plus	1
				4 plus	3 plus	2 plus	1
			5 plus	4 plus	3 plus	2 plus	1
		6 plus	5 plus	4 plus	3 plus	2 plus	1
	7 plus	6 plus	5 plus	4 plus	3 plus	2 plus	1

Die begleitenden Stimmen verwenden weitere Transpositionen. In diesen Stimmen werden die Tonsäulen überlagert: Gleich auf S.2 benutzt die Klarinette 1 im 2. Takt die 2. Säule (daraus die Töne "e b"). Gleichzeitig bleibt die Klarinette 2 in der 1. Säule stehen und spielt "d as". Ähnlich verhält es sich bei den Flöten 1 - 3 . Am Ende der ersten Zeile vermischen sich in den Flöten schon drei Säulen (die dritte manifestiert sich zunächst nur im Ton "e" der 1. Flöte). Im weiteren Verlauf überlagern sich immer mehr Tonsäulen. Das System erscheint absolut starr und wird mechanisch durchgeführt.

"Rituel" erscheint vollständig durchgeplant, auch was Rhythmik und Dynamik betrifft; z.B. regelt Boulez die 32stel-Noten nach der Zahlenfolge 1-3-5-4-7-6-2:

Abschnitte	14	12	10	8	6	4	2
	13	11	9	7	5	3	1
32stel							1
						3 plus	1
					5 plus	3 plus	1
				4 plus	5 plus	3 plus	1
			7 plus	4 plus	5 plus	3 plus	1
		6 plus	7 plus	4 plus	5 plus	3 plus	1
	2 plus	6 plus	7 plus	4 plus	5 plus	3 plus	1

Das Schema für die Intensitäten sieht in den ungeradzahligen Abschnitten so aus:

Abschnitte	13	11	9	7	5	3	1
Dynamik							ppp - p
						f	f - p
					mf	f	mf - p
				ff	mf	f	ff - p
			mp	ff	mf	f	mp - p
		f	mp	ff	mf	f	f - p
	p	f	mp	ff	mf	f	p - ppp

Die geradzahligen Abschnitte basieren auf derselben Intensitätenreihe:

Abschnitte	2	4	6	8	10	12	14
Dynamik	p	f	mf	ff	mp	f	p

Den 15. Abschnitt werden wir hier nicht behandeln; er ist komplizierter aufgebaut.

Kehren wir zu Mallarmé zurück: Sein "Livre" ist Utopie geblieben. Vor allem hat Mallarmé die zukünftige **Struktur** des "Livre" ausgearbeitet und sich weniger mit dessen **Inhalt** beschäftigt. Dies zeigt Jacques Scherer, der Herausgeber des Blätterkonvoluts zum "Livre".(118) Hans Rudolf Zeller hat wohl recht, wenn er meint:

"Die Konstruktion des absoluten Buches ist ein Spiel.(119)

Mallarmé sprach von seinem Werk als vom "jeu suprême". Von ihm ist der Satz überliefert:

"Wozu dient das alles? Zu einem Spiel."(120)

Im "Livre" sollten, so Scherer, alle literarischen Formen aufgehen. Er erwähnt aus dem "Livre" die Begriffe "Théâtre, Drame, Mystère, Hymne". (121) 1869 erschien in der "Revue des Deux Mondes" die erste große Gesamtwürdigung Wagners. Hier wurde die Idee vom Gesamtkunstwerk das erste Mal erläutert. Diese Vorstellung ließ Mallarmé danach nicht mehr los.(122)

Die einzelnen Blätter des "Livre" sollten in geheimnisvollen Sitzungen vorgetragen werden, wobei deren Reihenfolge nach bestimmten Gesetzen permutierbar war. Auffällig ist die Ähnlichkeit mit Boulez' großformaler Planung der III. Sonate. Auch er akzeptiert die offene Form nur als auf dem "gelenkten Zufall" basierend. In den oft sehr dunklen Skizzen Mallarmé's finden sich z.B. folgende Permutationen gegebener und neu hinzutretender Begriffe:(123)

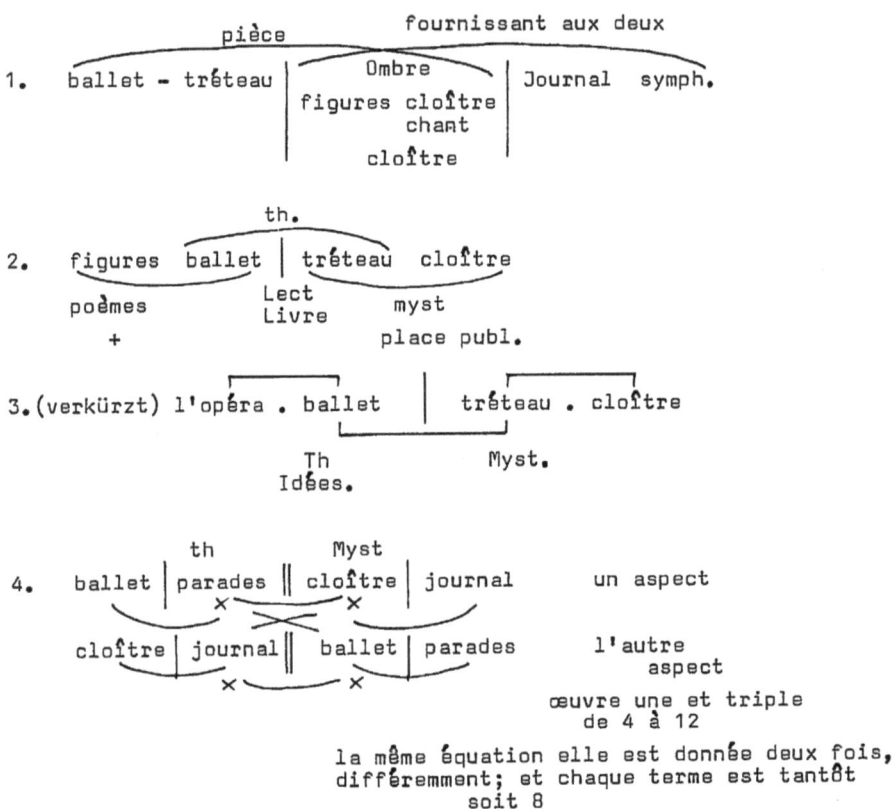

Des weiteren scheint Mallarmé mit diesen Wörtern (und immer wieder neu hinzukommenden) zu spielen. Sie werden neu angeordnet, Wörter werden auch abgespalten und isoliert, z.B. S.106/A:

⌈ et cloître ?

Es lässt sich nach Mallarmé's Skizzen schwer beurteilen, ob der "Livre" jemals hätte realisiert werden können. Gewissermaßen als seine Kurzformel schrieb Mallarmé den "Coup de dés..."

Zum "Livre" meinte er, es sei möglich, am Ende anzufangen und zum Anfang fortzuschreiten. Wenn dieses Verfahren auf den "Coup de dés..." angewendet wird, erhalten wir zwei Aussagen:

1. un coup de dés jamais n'abolira le hasard
2. le hasard n'abolira jamais un coup de dés.

Die erste Aussage lautet: Ein Würfelwurf (oder Wortwurf) hebt niemals den Zufall auf. Das bedeutet, der Dichter bleibt auch in seinem Werk dem Zufall des Alltags, der Wirklichkeit ausgesetzt, auch dem Zufall seiner persönlichen Entscheidungen. Werner Vordtriede hebt allein diese Interpretation des Gedichts hervor. Für ihn zeigt der "Coup de dés...",

"dass der Zufall immer wieder die Möglichkeit aufhebt, dass das Individuum namenlos und Schöpfer des Buch-Kosmos werden könnte".(124)

Mallarmé glaubt nicht an den "Livre", so meint Vordtriede.

Aber dies ist nur eine der möglichen Aussagen im "Coup de dés...". Die zweite, durch Wortinversion innerhalb der kreisförmigen Anlage des Gedichts entstandene, lautet: Der Zufall kann niemals einen Wortwurf auslöschen. "Coup de dés" kann, so Marie-Louise Erlenmeyer, auch "Wortwurf" bedeuten. Die französische Wendung "à vous le dé" heißt: "Sie haben das Wort". Die zweite Aussage des Gedichts wird verständlicher, wenn wir ein Wort Mallarmé's in Parallele zu ihr setzen:

"Der Zufall reißt nicht einen einzigen Vers mit sich fort, das ist das Große."(125)

Der Dichter hat also doch die Möglichkeit, durch sein Werk dem Zufall zu entkommen. Diese Aussage ist der ersten genau **entgegengesetzt**. Wir finden dasselbe Prinzip zuhauf bei Joyce. Eine Analyse des Titels von "Finnegans Wake" ergibt Folgendes:(126)

F i n n e g a n s W a k e	
f i n (e)	Ende
F i n n again	wiederum Finn (der auferstandene Finn aus der irischen Mythologie)
n e g a n s	das vorige "fin" wird verleugnet
w a k e	Totenwache
w a k e	Erwachen, Anfang
w a k e	Kielwasser: wir folgen den Fußstapfen Finnegans

Joyce hielt diesen Titel bis zur Veröffentlichung geheim. Es freute ihn aber ungemein, andere Leute diesen Titel raten zu lassen. Dafür gab er auch Hilfen wie diese:

"Ich verfertige eine Maschine mit nur einem Rad. Natürlich ohne Speichen. Das Rad ist ein vollkommenes Quadrat."(127)

Nur auf den Titel bezogen, sieht Joyce' quadratisches Rad so aus:

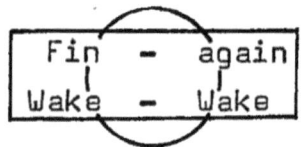

Ende - nochmal
Totenwache - Erwachen

Bleiben wir aber zunächst bei Mallarmé. Dreierlei lässt sich nach dem eben allein über den Kernsatz "un coup de dés jamais n'abolira le hasard" Gesagten auf den Formanten "Trope" der III. Sonate beziehen:

Zunächst ist in der Kreisform der Formteile **a b c d** oder **a b d c** ohne Einstiegsvorgabe die Mallarmé'sche Idee enthalten, dass ein Werk auch mit dem Ende beginnen könne, dass es dadurch im eigentlichen Sinn eines Anfangs und eines Endes entbehre. Es entrinnt sozusagen dem Zufall der geschichtlichen Zeit.

Zum zweiten arbeitet Boulez, ähnlich wie Mallarmé, mit verschiedenen Sinn-Ebenen; die sich auch gegenseitig in Frage stellen können (siehe z.B. die "Commentaire"-Tonhöhenstruktur).

Zum dritten haben wir gesehen, dass Boulez nicht an die Aufhebung des Zufalls (der persönlichen, spontan-emotionalen Einflussnahme des Komponisten) glaubt. Damit trifft er sich mit Mallarmé in der Aussage: Mit dem Würfelwurf könne man nicht dem Zufall entfliehen. Die konträre Aussage, dass man es doch könne, bildet in der III. Sonate (wie im "Coup de dés...") eine utopische Schicht, den Traum vom Verschwinden des Komponisten im anonymen Werk.

Im "Finnegans Wake" von Joyce ist die kreisförmige, unbegrenzte Anlage das auffälligste Merkmal der Großform. Durch die Verknüpfung des letzten Worts mit dem ersten werden, wie im "Livre", Anfang und Ende aufgehoben. Der Leser kann an jeder Stelle in den Kreis eintreten. Boulez bezeichnete seine Sonate als "eine Art 'work in progress'."(128) Das war der Arbeitstitel des "Finnegans Wake" vor der Gesamtveröffentlichung. Vorher gab Joyce Bruchstücke heraus. Die Teilveröffentlichung der III. Sonate zeigt ein ähnliches Vorgehen von Boulez. Joyce hat allerdings kontinuierlich am "Finnegans Wake" weitergearbeitet, während Boulez keine weiteren Teile der Sonate mehr publizierte. Joyce ließ noch unmittelbar vor dem Abschluss der Drucklegung acht Zeilen aus dem "work in progress" herauswuchern.(129) Der Drucker brauchte diese acht Zeilen, weil sonst die letzte Buchseite nur zwei Textzeilen enthalten hätte, eine letzte Seite aber nach dem ästhetischen Empfinden des Druckers mindestens zehn Zeilen hätte tragen müssen, um passabel auszusehen. Boulez hat in seine III. Sonate die Möglichkeit mit einbezogen, sehr ähnlich wie Joyce, neue Entwicklungen aus dem Text herauszutreiben. Aber: Ein derart spontanes Vorgehen wie jenes von Joyce schließt sich bei Boulez von vornherein aus. Seine Musik lässt den Grundgedanken durchscheinen, hier begründe sich jedes Detail aus der Großform; die Großform werde empfindlich gestört durch jede bloß hinzugefügte Note.

Bei dem Aspekt der inhaltlichen Offenheit des Werks stoßen wir auf Unterschiede zwischen Mallarmé und Joyce. Scherer schreibt über Mallarmé's "Livre":

> "Dans une telle structure, le sens ne peut pas être plus fixe que la forme ou le genre. Si un seul passage du Livre avait un sens défini, univoque et inaccessible aux influences voisines, ce passage suffirait à bloquer l'ensemble du mécanisme."(130)

In einer Struktur wie dem "Livre" könne also der Wortsinn nicht exakter fassbar sein als die Form. D.h. der Sinn ist nicht eindeutig zu bestimmen. Wenn er es wäre, würde er den Gesamtmechanismus blockieren. Scherer wendet auf den "Livre" sogar die "schreckliche Formel" von Valéry an:

> "Il n'y a pas de vraie sens d'un texte."(131)

Wenn Scherer recht hätte, ginge es Mallarmé vielleicht um ein metaphysisches Aufgehen des Dichters in das Universum. 1867 schreibt Mallarmé in einem Brief an den Freund Henri Cazalis:

> "Je suis maintenant impersonnel, et non plus Stéphane que tu as connu ..."(132)

Villiers de l'Isle-Adam versichert er 1866, er habe die intime Beziehung von Dichtung und Universum verstanden.

Eco vermutet, dass der "Livre" zu einer "esoterischen Verkörperung einer im eigentlichen Sinne des Wortes dekadenten Sensibilität geworden wäre", hätte Mallarmé ihn fertiggestellt.(133) Ähnliches klingt bei Scherer an:

> "... cette totalité, objet du Livre, peut aussi bien être conçue comme néant: ne rien vouloir de particulier, c'est vouloir tout, ou bien rien."(134)

Im "Coup de dés..." klingt die Aussage an, eigentlich nichts (damit alles) sagen zu wollen. Robert Greer Cohn macht darauf aufmerksam, dass "hasard" von arabisch "az-zahr" komme, was "Würfel" oder eine Art "Würfelspiel" bedeute. Der Satz "Un coup de dés jamais n'abolira le hasard" sei also tautologisch:

> "A throw of the dice will never abolish the dice-throw."(135)

Cohn versucht aber dann doch, einen Sinn herauszulesen:

> "We can neither conceive death (the all, purity) nor its absence."(136)

In "Igitur" sagt Mallarmé:

> "il y a et n'y a pas de hasard."(137)

Dies kommt dem "Coup de dés..." sehr nahe. Es ist übrigens kaum in Zweifel zu ziehen, dass Mallarmé die Etymologie des Worts "hasard" kannte und bewusst in sein Gedicht einbaute. Henri Mondor hat auf Mallarmé's Interesse für den Ursprung und Bedeutungshintergrund der von ihm verwendeten Wörter aufmerksam gemacht. (138)

Über den "Livre" können wir schwerlich ein Urteil abgeben, weil er nicht fertiggestellt wurde. Eco's Vermutung, er wäre eine esoterische Verkörperung einer tatsächlich dekadenten Sensibilität geworden, ist nichts weiter als seine persönliche Meinung. Der "Coup de dés..." jedenfalls enthält durchaus inhaltliche, fassbare Aussagen. Noch seine scheinbar sinnlosen Bedeutungsschichten fordern, wie die Cohn'sche Paraphrasierung zeigt, Interpretationen heraus.

Scherer bleibt in seinen Interpretationen sehr nah an Mallarmé. Gerade wenn Scherer schreibt, "ne rien vouloir de particulier, c'est vouloir tout, ou bien rien", verwendet er das Wort "rien" (in scheinbarer Gegenüberstellung zu "tout") doppelsinnig. Mallarmé schreibt:

"pas sans qu'un rien d'aigu et d'ingénu ... ait passé ... devant l'étonnement."(139)

"Rien" heißt hier "Etwas": nicht ohne dass ein Etwas an heftiger Helle und Unschuld ... soeben vorbeiging ... an unserm Erstaunen. "Rien" leitet sich von lateinisch "res" (Ding) ab. Erlenmeyer zitiert den altfranzösischen Satz: "Une très belle riens."(140) Das groß geschriebene "RIEN" auf der vorletzten Seite des "Coup de dés...", das auf einer sonst fast leeren Seite steht, sei durchaus - nach der Katastrophe auf der vorhergehenden Seite - positiv gemeint, es markiere eine Wende.(141) In einem Brief an Cazalis schreibt Mallarmé:

"Le Rien qui est la vérité".(142)

Mallarmé liebte doppelsinnige Wörter genau wie Joyce.

Letztlich treibt Mallarmé die Offenheit so weit, dass das Nichts und das Alles zusammenfallen. Auf einer seiner vielen Bedeutungsebenen ist der "Coup de dés..." nur noch reine, sich selbst genügende Struktur, basierend auf der symmetrischen Anordnung des Kernsatzes:

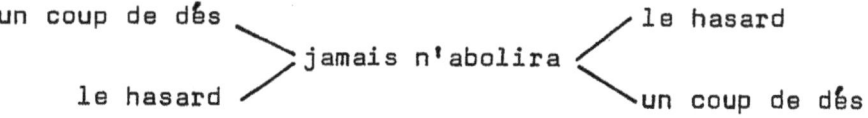

Die Skizzen zum "Livre" bezeugen ähnliche Formvorstellungen, wie z.B. die Seite 140(a) (ohne die Zahlenangaben):

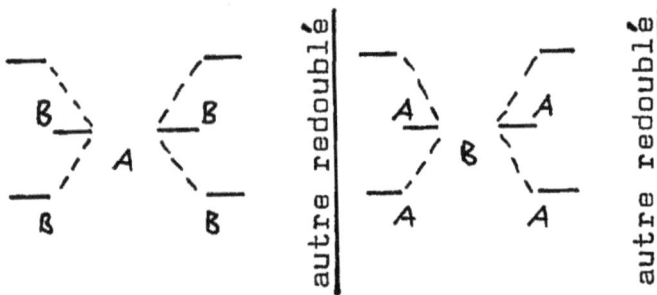

Diese Struktur ist auffällig ähnlich (natürlich nicht deckungsgleich) jener Boulez'schen im Formanten "Antiphonie" der III. Sonate:(143)

1. Form   3. Form

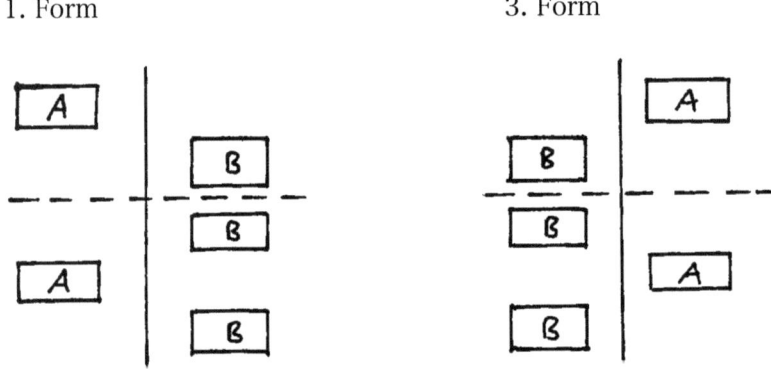

Sehr nah am "Coup de dés..." ist offensichtlich die folgende Graphik Mallarmé's, obwohl Mallarmé sich hier auf eine viel größere Form zu beziehen scheint:(144)

La chose se présente en tant que 24 feuilles ou 384 p. ainsi

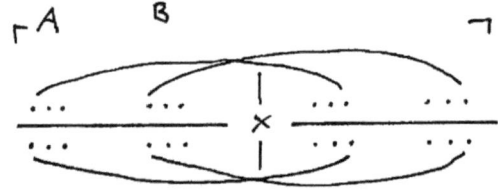

Wir brauchen kaum die sehr große Ähnlichkeit zur beweglichen Gesamtform der III. Sonate zu erwähnen, die ein Zentrum enthält, um das

vier Formanten kreisen.

Mallarmé suchte die reine Symmetrie als Zeichen für das Absolute, das Aufgehen in die Anonymität. Dass diese Symmetrien von Mallarmé jedoch aufgebrochen wurden, weist auf die Erkenntnis: Das absolute Prinzip ist nicht crrcichbar. Beim "Livre" können wir das Symmetrie-Aufbrechen nicht verfolgen, da dieses Werk nie wirklich geschrieben wurde, wohl aber beim "Coup de dés...". Mallarmé schiebt in die zugrunde gelegte Symmetrie des Hauptsatzes weitere Wörter ein, die sich auf verschiedenen Ebenen (verdeutlicht durch die verschiedenen Buchstabentypen) wiederum zusammenschließen. Die Struktur beginnt asymmetrisch auszuwuchern. Das Nichts der reinen Symmetrie wird dadurch zu einem Etwas an Inhaltlichem. Es bleibt bei Mallarmé aber der esoterische Gedanke, sich dem absoluten Prinzip (dem Alles und Nichts) zu öffnen, sich ihm anzunähern, zumindest seine Unerreichbarkeit ermessen zu können.

Joyce hat eine andere Vorstellung, die notwendige Offenheit der Aussage zu erreichen. Joyce führt selber, so Eco, Schlüssel in sein Werk ein, er bietet Straßen an.(145) Im "Finnegans Wake" komponiert er seine Wörter so, dass sie zwar (je nachdem, wie man das vorherige Wort deutet) unterschiedlichen, aber doch eben **Sinn** ergeben (allerdings mitunter vor allem auch - oder nur - **Klangsinn**). Sein Mittel dazu ist der "pun", das Wortspiel:

Bestandteile aus verschiedenen Wörtern werden so verknotet, dass die Bedeutungen der ursprünglichen Wörter alle zugleich durchscheinen. Der nächste pun enthält wieder viele Deutungsmöglichkeiten. Der Leser wird eine Sinnbrücke zwischen erstem und zweitem pun zu finden suchen. Viele der möglichen Brücken wird er nicht beschreiten. Ein **nur im Augenblick** für den Leser gültiger Deutungsweg kristallisiert sich heraus. Eco sieht starke Parallelen zur seriellen Musik: Der Hörer müsse sich sein eigenes Beziehungssystem bilden, da die Musik ihm kein absolutes Zentrum anbiete. Dieser Vorgang entspräche genau demjenigen beim Lesen von "Finnegans Wake".(146)

Eine derartige Parallele zwischen Joyce'schem Wortspiel und serieller Musik ist sehr in Frage zu stellen. Boulez hat den Unterschied in den Künsten deutlich gesehen.(147) Der Unterschied gründet sich vor allem darauf, dass Musik keinen festen Bedeutungsinhalt transportieren kann.

Sie kann deshalb auch nicht mit einem Doppelsinn ihrer (klingenden) Töne spielen. Allenfalls können, wie die musikalische Analyse der III. Sonate gezeigt hat, dieselben Töne verschiedenen Strukturebenen angehören. In "Commentaire" aus dem Formanten "Trope" sahen wir, dass je nach unserem analytischen Blickwinkel die Töne einer der zwei antagonistischen Tonhöhenstrukturen zuzuordnen sind. Dem Analysierenden allein kann sich eine Ambiguität der Töne auftun. Für das Hören serieller Musik fällt die Mikrostrukturebene, die bei Joyce beim Lesen eine Hauptrolle spielt, völlig aus. Als mögliche Beziehungssysteme, die der Hörer sich sicher zwangsläufig schafft, kommen nur globalere Ebenen in Frage, also allgemeine Verläufe, die sich auf Dichte, Lautstärken oder Tonhöhenverteilung etc. beziehen können. Um bei Boulez zu bleiben: Die Feinarbeit in der III. Sonate mit den 1-, 3- und 4-Tonzellen bleibt dem Hörer unerschlossen. Er kann dort nicht hineinhören vor allem wegen der hohen Strukturdichte. Eine derartige Mikro-Rezeption ist natürlich vom Komponisten auch gar nicht beabsichtigt.

Eine Nebenbemerkung sei gestattet: Die vorherigen Ausführungen dürfen nicht als Kritik am Boulez'schen Kompositionsverfahren missverstanden werden. Wir haben lediglich die ästhetische Absicht oder Nicht-Absicht von Boulez festzustellen. Geradezu zwangsläufig kam als Gegenreaktion auf den Serialismus die Verpönung überschüssiger Intentionen auf. Die Vorstellung, ein Werk müsse sich in allen seinen Bereichen dem Rezipienten erschließen, stammt, so Carl Dahlhaus, aus dem 18. Jahrhundert. Sie ist zu finden innerhalb der Polemik des Klassizismus gegen manieristische und barocke Kunst.(148) Dahlhaus meint dort:

> "Wer den Begriff der Musik oder der 'eigentlichen' Musik rigoros auf das Wahrnehmbare einschränkt, verkürzt die historische Wirklichkeit um eines Dogmas willen, das nicht früher als im 18. Jahrhundert entstanden ist."

Bei unserer Frage nach eventuellen inhaltsästhetischen Absichten von Boulez in der III. Sonate könnte uns der Joyce'sche pun zu Hilfe kommen. Die Wortverknotung ist Joyce' Mittel dafür, sehr viele Bedeutungsebenen ineinander zu kopieren. Nehmen wir ein Beispiel, das sich in Eco's Behandlung des "Finnegans Wake" findet:

> "Ein Wort wie etwa 'sansgloria' evoziert, wenn es im Kontext ei-

ner verworrenen und sehr frühen Schlacht steht (bei der Frösche, Ostgoten, Westgoten und keltische Clans einander in einem Hexensabbat von Waffengeklirr, Kriegsgeschrei, Kanonendonner gegenüberstehen) die Wortwurzeln *sang, sanglot, gloria, glory, glorians* und neutralisiert sie durch das *sans* : so dass man verstehen kann 'ihr, die ihr ruhmlos' (oder 'blutig und ruhmvoll' oder 'unter Seufzern und blutig und ruhmvoll' oder 'ohne Seufzer und ruhmlos und unblutig' usw.) 'kämpft'. Was bleibt? Es bleibt die Vorstellung der Schlacht, der Schlacht mit allen Aporien, die sie impliziert, der Schlacht als der Gegenwart von Getöse und als Widerspruch von Werten und Leidenschaften."(149)

Halten wir derartigen Wortkonstruktionen die Tongruppe von Boulez entgegen. Bei der Besprechung der Grundreihe von "Trope", dem 2. Formanten der III. Sonate, sahen wir, dass Boulez zunächst **zwei Bedeutungsebenen** in seine Gruppen einkopiert hat: eine "horizontale" und eine "vertikale". Wir wunderten uns über die Verwendung dieser Boulez'schen Bezeichnungen, da hiermit keineswegs das Gegeneinander von Melodischem und Akkordischem gemeint ist. Boulez klassifiziert in zweidimensionaler Projektion die Beziehungen, die ein Ton zu einem andern der Gruppe hat:

Beispiel Grundreihe, Tongruppe **a**

horizontal: e — f   vertikal: e   f
                                    | |
            h — fis   h   fis

Ferner gibt es eine dritte Ebene der Verwandtschaft, die diagonalen Verbindungen:

e   f
 ✕
h   fis

Wenn wir den Gesamtzusammenhang der Reihe sehen, wird die außerordentlich weit getriebene Mehrdeutigkeit der möglichen Konstellationen deutlich. Boulez hat sich (nicht nur innerhalb der Tongruppe, auch in der Stellung der Tongruppen zueinander) eine totale Kombinationsfreiheit gegönnt. Nur so ist es möglich, dass z.B. die Anfangstöne von "Commentaire" mindestens eine vierfache strukturelle Bedeutung haben:

dis - f - b - e - fis - c - g

dis - f - b - e	= transponierte Gruppe **a**
f - - - - - fis - c - g	= transponierte Gruppe **a**
b - - - - - - c - g	= unvollständige Gruppe **c**
f - - - e - fis	= unvollständige Gruppe **a**

Außerdem haben sich alle diese Töne dem Gesamt-Tonvorkommen des betreffenden Segments in "Commentaire" einzugliedern. Sie definieren damit in ihrer fünften Bedeutungsschicht den übergeordneten Reihenablauf: die 3. Vorzugsreihe bzw. die 1. oder 2.

Die Mehrdeutigkeit der Tonkonstellationen haben wir im ersten Teil dieser Arbeit ausführlich dargestellt. Es fragt sich im Zusammenhang mit den hier zu behandelnden inhaltsästhetischen Aspekten, ob Boulez tatsächlich so nah an Joyce anliegt, dass die bei Joyce exakt zu fassende inhaltliche Aussage sozusagen auf die III. Sonate überspringen kann.

Die Kreisform des "Finnegans Wake", die die Möglichkeit immer neuer Textwucherungen offenlässt, ist bei Joyce gemeint als Bild für die grenzenlose Vielfalt des Denkens und Sprechens in einem grenzenlosen, in sich gekrümmten Universum von Raum und Zeit. Einsteins Name erscheint selber in "Finnegans Wake" als "onestone".(150) Der pun, mit dem die Tonzelle, auch die rhythmische Zelle verwandt zu sein scheint, enthält in sich eine Vielzahl von semantischen Aussagen, er ermöglicht die Offenheit der Aussage, steht für die Unabgeschlossenheit des Denkens.

Wenn wir die Eco'sche Analyse des Joyce-Worts "sansgloria" grafisch wiedergeben, wird uns die fast totale Kongruenz zu Boulez bezüglich der Idee des "vertikalen" Texts auffallen. Wir müssen allerdings bedenken, dass wir bei Joyce nicht nur von der Orthographie des Worts ausgehen dürfen, sondern auch die rein lautliche Komponente beachten müssen. Es entsteht das Phänomen der Wortassoziation, dem wir hier durch Buchstaben-Hinzufügen gerecht zu werden versuchen:

```
s-a-n-s-g-l-o-r-i-a
s-a-n---g                    sang (Blut)
s-a-n---g-l-o (t)            sanglot (Seufzer)
        g-l-o-r-i-a          gloria glory (Ruhm)
        g-l-o-r-i-a (ns)     glorians (die Ruhmvollen)
s-a-n-s                      sans (ohne)
```

Es gibt ohne Frage Ähnlichkeiten zwischen Joyce/Mallarmé und Boulez in der Planung der Großform ebenso wie in der Mikrostrukturierung. Handelt es sich von unserer Seite hier nur um ein einigermaßen akzeptables Juxtaponieren? Oder zeichnet sich ein inhaltlicher Kern der III. Sonate ab, d.h.: Wollte Boulez mit seiner Anlehnung an Techniken aus der modernen Literatur über die rein konstruktive Ebene hinausgelangen und seine eigene Philosophie in die Sonate einpflanzen?

3. "hasard", "réalité" bei Mallarmé -
Der Zufallsbegriff bei Boulez

Im Vortrag "Alea" (1957), der gewissermaßen einen Begleittext zur III. Sonate darstellt, sagt Boulez deutlich, warum er den Zufall in sein Werk integrieren möchte. Er zitiert zunächst aus "Igitur" von Mallarmé:

> "Kurz, bei einer Tat, darin der Zufall im Spiel ist, vollzieht der Zufall stets seine eigene Idee, indem er sich bejaht oder verneint. An seiner Existenz scheitern Bejahung und Verneinung. In ihm ist das Absurde - er bezieht es ein, wenn auch nur als Möglichkeit, und macht es zuschanden: das erst erlaubt dem Unendlichen zu sein."(151)

Boulez schreibt dazu:

> "Vielleicht braucht es Unbewusstheit - und Vermessenheit, diese ungewisse Reise anzutreten, aber stellt sie nicht das einzige Mittel

dar für den Versuch, das *Unendliche zu fixieren*?"(152)

Einige Absätze vorher meint Boulez:

"Verzweifelt müht man sich, ein Material durch äußerste, anhaltende und wache Anstrengung zu meistern, und verzweifelt behauptet der Zufall seinen Platz, schleicht sich durch tausend Löcher ein, die man auf keine Weise abdichten kann ... 'Und so ist es gut!' Indessen: bestünde nicht die größte List des Komponisten darin, dass er den Zufall *absorbierte*? Warum diese Kraft nicht zähmen, Ertrag und Rechenschaft ihr abverlangen?"(153)

Die III. Sonate bietet, wie wir gesehen haben, dem Interpreten verschiedene Fahrbahnen an. Im Aufsatz "Zu meiner Dritten Klaviersonate" sagt Boulez, der "Zufall" spiele dabei die Rolle der Weichenstellung, die sich erst im letzten Augenblick auslöse.(154) Zur Klärung des Boulez'schen "Zufalls"-Begriffs ist der nun folgende Satz von entscheidender Bedeutung:

"Man hat mich übrigens darauf hingewiesen, dass dieser Begriff der Weichenstellung nicht zur Kategorie des reinen Zufalls, sondern zu jener der nicht festgelegten Entscheidung gehört, was einen fundamentalen Unterschied bedeutet; in einer so verästelten Konstruktion wie dem heutigen Werk kann es überhaupt keine totale Unbestimmtheit geben, weil das jeglichem organisierenden Denken, jedem Stil bis zur Absurdität zuwiderliefe."

Louis de Broglie schreibt zum Begriff des "reinen Zufalls":

[Aufgrund der modernen Quantentheorie] "neigen wir zu der Annahme, dass die elementaren Phänomene vom reinen Zufall regiert werden, dass sie 'statistisch' sind, wie sich v. Neumann ausdrückt [siehe Broglie S.187/8]. In jedem Augenblick können verschiedene Möglichkeiten Wirklichkeit werden, und es lässt sich unmöglich voraussagen, welche sich verwirklichen wird. Das einzige, was wir tun können, ist, diesen Möglichkeiten im voraus berechenbare Wahrscheinlichkeiten zuzuschreiben. Die Existenz dieser Wahrscheinlichkeiten gestattet, bei Phänomenen großen Maßstabes, an denen eine ungeheure Zahl von Elementarprozessen beteiligt ist, durch das Spiel der Mitteilungen und das Gesetz der großen Zahlen die scheinbare strenge Gesetzmäßigkeit und den vermeintlichen Determinismus wiederherzustellen."(155)

In Boulez' III. Sonate können zwar in einigen (nicht in allen!) Augenblicken verschiedene Möglichkeiten Wirklichkeit werden. Aber von vornherein werden in ihrer Zahl sehr begrenzte Wege angeboten. Wenn wir beim Formanten "Trope" bleiben: Es lässt sich vorhersagen, dass der Interpret entweder mit "Entwicklung" a, b, c oder d anfängt ("Texte", "Parenthèse", "Commentaire" oder "Glose") und dann den zwei möglichen Wegen a-b-c-d und a-b-d-c folgt. Ein Weg b-a-d-c etwa ist ausgeschlossen. Der Interpret kann des Weiteren gewissermaßen als Statthalter des sehr beschnittenen Zufalls in "Parenthèse" und "Commentaire" entweder "Libre"-Zellen einfügen oder auslassen. Es ist aber immer vorhersehbar (und das muss es sein, sonst gibt der Komponist sich als Erzeuger des Werks auf), was eintreten kann und was nicht. In einem großen Bereich der Sonate ist der Komponist selber der Statthalter des Zufalls, insofern er aus einer Vielzahl von Möglichkeiten ausgewählt hat und eine determinierte Lösung anbietet.

Mit dem mathematisch-physikalischen Zufallsbegriff hat der Boulez'sche "Zufall" nichts zu tun. Welchen Hintergrund hat er wirklich bei Boulez? Hierzu müssen wir uns einige Besonderheiten des Mallarmé'schen Denkens vor Augen führen.(156) Für Mallarmé stellt der Terminus "hasard" einen Teilaspekt der Wirklichkeit, der "réalité" dar. Diese Wirklichkeit gilt es zu überwinden. Wirklichkeit ist im umfassenden Sinn alles, was nicht das Ideale, Rein-Geistige ausmacht, alles Gegenständliche, alles Zeitliche; auch die Person des Dichters, selbst die Sprache, die er benutzt. Im Sonett "Une dentelle s'abolit ...", von Boulez vertont,(157) lässt sich an Gegenständlichem nur noch die Existenz einer Vorhangsspitze feststellen, die sich im Luftzug bewegt. Die Wirklichkeit wird auf ein Minimum reduziert. Sie bleibt aber der Anstoß für die Aktion des Dichters. Die Überwindung des Räumlich-Zeitlichen versucht Mallarmé in seinem Spätwerk zu erreichen durch die Aufhebung von Anfang und Ende, durch die Mehrschichtigkeit seiner Werke, in denen man hin und her gehen kann, ohne an eine feste Grenze zu stoßen. Dieses Thema haben wir schon behandelt, desgleichen die Problematik des Verschwindens des Dichters in seinem Werk, die Problematik der Anonymität. Das Überwinden der Sprache äußert sich bei Mallarmé z.B. durch die große Bedeutung der Periphrase in seinem Werk, der kunstvollen Umschreibung einfacher Sachverhalte. Ein Dichter kann als "serviteur de rythmes" (Diener der Rhythmen) auftreten.(158) Das Wort "poète" besagt Mallarmé zu wenig, es ist zum Alltagsgut, zur "Wirklichkeit" abgesunken. Hella Tiedemann-Bartels schreibt:

> "Mallarmés Intention geht nicht auf die Herstellung einer neuen Welt, sondern auf die Konzeption einer neuen Sprache. Möchte die Imagination Baudelaires die Dinge aus dem Zwangsverband der Empirie befreien, so will Mallarmé die Worte von der Fron erretten, Gegenstände, und seien es intelligible, zu bezeichnen. Weder in der Sache, die im Gedicht verschwindet, noch im Begriff, der fehlgeht, sich lösend, fällt vielmehr die gesammelte Aufmerksamkeit aufs Wort selbst zurück. Das Gedicht Mallarmés, wahrhaft *poésie pure*, bezieht sich nur negativ auf Realität und auf deren Widerschein in der Sprache, um etwas aufleuchten zu lassen, das anders wäre."(159)

Kehren wir zu Mallarmé's Zufallsbegriff zurück. Mallarmé's theoretische Prosa sowie die Werke "Igitur" und "Coup de dés..." zeigen deutlich den negativen Sinn des Begriffs "hasard". Es erweist sich, dass der Zufall nicht zu löschen ist. Erst mit seiner Anerkennung ist er in den Griff zu bekommen. Indem er ins Werk einbezogen wird, gelingt seine Überwindung. Genau das meint Boulez mit der "List des Komponisten".

Mallarmé war sich der Fragwürdigkeit bewusst, die in der Ablehnung der Wirklichkeit, besonders der Ablehnung des individuellen Ichs beruht. In einem Brief schreibt er, dass "Schwäche" der Grund sei für die versuchte Tilgung des Ich.(160) Doris Haas meint:

> "Der Dichter stellt seine Schöpferkraft in Frage, zweifelt an der Wahrhaftigkeit seines Dichtens, offenbart in erschreckender Direktheit tiefste Schwäche, wo man ihn übermenschlich stark glaubt."(161)

Im Sonett "Le vierge, le vivace et le bel aujourd'hui ...", von Boulez vertont,(162) wird der Schwan für die Verleugnung der Wirklichkeit mit dem Exil bestraft. Mallarmé erkennt die Notwendigkeit, zur Wirklichkeit - "la région où vivre" - zurückzukehren.(163)

Der Boulez'sche Zufallsbegriff ist vor allem über Mallarmé zu verstehen. In ihn eingeschlossen ist die gesamte Thematik, die durch die Begriffspaare **Persönlichkeit des Künstlers - Anonymität, Entscheidung - Offenheit, Realität - Ideal** etc. ausgedrückt werden kann. Der Zufall, die Beliebigkeit der persönlichen Setzung, wird als tragendes Prinzip erkannt. Die einzige Möglichkeit, sich dem Zufall gegenüber adäquat zu verhalten, d.h. sich ihm nicht unreflektiert auszuliefern, besteht in seiner Absorbierung. Der Zufall findet als Gegenpol zur nie erreichten, nur geträumten vollkommenen Struktur Einlass ins Werk.

Wir stellten fest, dass bei Mallarmé auch die Sprache dem Zufall ausgelieferte Wirklichkeit ist. Um einen Vergleich mit Boulez antreten zu können, um Boulez' Verhältnis zu seiner **seriellen Sprache** bestimmen zu können, müssten wir dazu Stellung nehmen, was Sprache eigentlich sei.

Umberto Eco macht in seiner "Einführung in die Semiotik" darauf aufmerksam, dass Sprache erst entstehe, wenn viele Menschen aufgrund von Konventionen einen gemeinsamen Code verstehen. Bei Eco findet sich folgende Sprach-Definition:

> "Die Sprache wäre also ein System, das sich aus sich selbst heraus durch aufeinanderfolgende Systeme von Konventionen klärt, die sich gegenseitig erklären."(164)

Die ästhetische Botschaft ist jedoch von vornherein anders strukturiert. Ihr Charakteristikum ist das Spannungsverhältnis, das sie aufbaut zwischen sich und dem Code. Eco schreibt:

> "Die Botschaft mit ästhetischer Funktion ist vor allem in Bezug auf das Erwartungssystem, das der Code darstellt, zweideutig strukturiert."(165)

Wenn eine serielle Komposition aber allein die Diskussion ihres eigenen, nur für sie selber geltenden Codes ist, wird die kommunikative Situation durchbrochen. Ein derartiges Werk müsste sich auf eine **Metasprache** stützen, d.h. jenseits seiner Mikrostruktur läge eine sprachliche Ebene, die der Werk-Konstrukteur und der Hörer gleichermaßen kennen.

Hierin könnte eine Möglichkeit serieller Werke liegen, **Sprache** zu werden. Auf diese Fragen kommen wir noch zurück.

Die Zwölftontechnik bedeutet ein Aufbrechen der **tonalen Sprache**. Boulez bricht die **Zwölftontechnik** auf, erfüllt damit ihre letzte Konsequenz, wie wir noch sehen werden. Die Serialisten stehen in der zweiten Hälfte der 50er Jahre offenbar in einer ähnlichen Situation wie Schönberg: Der Code beginnt sich zu verdinglichen, zur "réalité" im Mallarmé'schen Sinn zu erstarren. Mit der althergebrachten **Sprache** (bzw. **Technik?**) lässt sich nichts inhaltlich Weiterführendes mehr sagen.

Sehr wichtig ist der Aspekt, dass die Zwölftontechnik niemals zu einer **Sprache** im Sinn eines allgemeinen Codes innerhalb der Musik geworden ist. Darin dass Boulez auf der Grundlage einer bloßen **Technik** arbeitet, Mallarmé und Joyce sich aber selbst in ihren extremsten Werken auf eine innerhalb einer Kultur gewordene **Sprache** (oder **Sprachen**) beziehen, liegt ein fundamentaler Unterschied zwischen der modernen Literatur und der seriellen Musik. Wir werden hierauf im dritten Teil dieser Arbeit ausführlicher eingehen und Forschungen der modernen Linguistik hinzuziehen.

B Die Bezugnahme auf Musikgeschichte im Formanten "Trope" der III. Sonate

Mallarmé's "Livre" sollte die Summe aller überhaupt denkbaren literarischen Gattungen sein, aller historischen und zukünftigen. Joyce wagte eine Odyssee durch die literarische und die Zeitgeschichte und stellte im Slang der Jetztzeit ihre äußerste Spitze dar. Boulez war fasziniert von dem "großartigen" 14. Kapitel des "Ulysses",

> "welches das Wachstum eines Fötus im Mutterleib durch eine Folge von Sprachbildungen suggeriert, die die Entwicklung der englischen Sprache von Chaucer bis zur damaligen Gegenwart nachzeichnen".(166)

Lässt sich in der III. Sonate eine direkte Beziehung auf historische Muster auffinden? Natürlich bezieht sich jedes neue Werk auf historische

Vorläufer, auch noch, wenn es sie negiert. Die III. Sonate zitiert aber derart auffällig signifikante Punkte der Musikgeschichte, dass hierin ein Programm zu vermuten ist.

Zunächst einmal ist der Titel des hier behandelten Formanten "Trope" auffällig. Er weist eindeutig zurück auf das Mittelalter. Ähnliches ist bei den anderen kreisenden Formanten festzustellen: "Antiphonie", "Strophe", "Séquence". Boulez schreibt zum Titel "Trope":

> "Ich bezog mich dabei auf den gregorianischen Gesang und dehnte diesen Monodiebegriff auf die Formstruktur aus."(167)

Wir haben die Technik des Tropierens in der III. Sonate bereits beschrieben. Mit dem Tropieren, dem Ausschmücken gregorianischer Gesänge, begann die Komponistentätigkeit im abendländischen Raum. Zunächst wurden Melismen mit Texten versehen, dann wurden erste Neukompositionen am gregorianischen Choral entlang gewagt. Boulez spielt mit dem Titel "Trope" offenbar auf die früheste Stufe abendländischen Komponierens an.

Gehen wir dafür jetzt in den Notentext der III. Sonate. Das **rhythmische Urelement** ist, wie wir festgestellt haben, "Viertel / Achtel", oder 2:1. Diese rhythmische Formel entspricht dem ersten und wichtigsten Modus der Notre-Dame-Schule. Hier wurde anfangs des 13. Jahrhunderts mit der Modalnotation die erste Möglichkeit entwickelt, Dauernverhältnisse präzise zu notieren. Im Aufsatz "Möglichkeiten" verwendet Boulez bei der Darstellung seiner Zellentechnik eben dieselbe Formel und erwähnt einige Seiten später (168) Messiaen, der eine "bewusste Dauerntechnik" unter anderem "von einem gründlichen Studium des Gregorianischen Chorals" abgeleitet habe. Es muss dahingestellt bleiben, wie exakt gregorianische Rhythmik heute noch fassbar ist, wie exakt sie überhaupt gedacht war. Da sie selbst im Kern weitgehend flexibel war, mussten Komponisten um Perotin für eine entstehende Mehrstimmigkeit gerade ihre an die Verslehre angelehnte oder ihr sogar entnommene Modal-Denkweise entwickeln. Der erste Modus 2:1 bzw. der umgekehrte zweite Modus 1:2 lehnen sich z.B. an Trochäus und Jambus an, wobei aus Betonungen Längen werden.

Boulez hat sich jedenfalls mit den Anfängen notierbarer Dauernproportionen beschäftigt und daraus Rückschlüsse für seine eigene Arbeit gewonnen. Der Notre-Dame-Schule um Perotin schreibt er zu, sie bilde "den Ursprung aller zukünftigen musikalischen Evolution" sowohl in rhythmischer als auch in kontrapunktischer Hinsicht.(169) Nach dem Mittelalter sei jedoch der rhythmische Sinn in Europa merklich verkümmert. Die Formel "2:1" ist sicher nicht zufällig in die III. Sonate gelangt, "zufällig" in dem Sinn, dass Boulez irgendeinen seiner persönlichen Eingebung entspringenden Rhythmus nahm. Genau wie der Titel "Trope" auf ein Ursprungsphänomen abendländischer Musikgeschichte hinweist, auf die ersten Kompositionsversuche, weist die Formel "2:1" hin auf etwas Allererstes: auf den ersten mittelalterlichen Versuch, Dauernverhältnisse auf dem Notenpapier zu fixieren.

Können wir spezifisch im **Tonhöhenbereich** eine ähnliche Beziehung auf Uranfänge der Kompositionstätigkeit feststellen? Die (allerdings mehrfach kreisende) Grundlage für die "Grundreihe" im Formanten "Trope" bilden die Intervalle Kleinsekunde und Quarte. Die Tongruppen (e f fis h) und (cis d es gis) bestehen, wenn wir die einfachste, aufsteigende Tonanordnung wählen, aus diesen Intervallen. Boulez schreibt: Gruppe **a** (e f fis h) könne "auf zwei Ursprungsintervalle zurückgeführt werden: den Halbton und die Quarte".(42) Diese "Ursprungsintervalle" erhält Boulez auch in Gruppe **c** bei kreuzweiser Verbindung der Töne. Hierauf macht Boulez ausdrücklich aufmerksam.

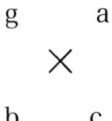

Nun ist die Quarte jenes Intervall, das die ersten mehrstimmigen Kompositionen trug. Im frühesten Stadium der Mehrstimmigkeit wurden gregorianische Choräle mit Quint/Quart-Klängen tropiert. Boulez könnte die Quarte verstanden haben als Symbol für das Entstehen polyphonen Denkens. Beachten wir aber, dass wir hierfür kein weiteres Indiz haben als die Quarte selber in der Grundreihe von "Trope". Dass sich Boulez tatsächlich dessen bewusst war, im Quartenorganum ein Ursprungsphänomen der abendländischen Musikgeschichte vor sich zu haben, geht aus seinem Lexikonartikel "Kontrapunkt" hervor:

"Der älteste kontrapunktische Typus ist das Organum: es war zunächst zweistimmig und beruhte auf Quarte und Quinte als Konsonanzen, überdies auf dem Einklang und der Oktave."(170)

In seinem Essay "Ästhetik und Götzendienst" heißt es:

"Das Organum - die Technik des zweistimmigen Kontrapunkts - ist das Ursprungsphänomen, das innerhalb der europäischen Tradition einen spezifischen und unwiderruflichen Entwicklungsprozess auslöste."(171)

Dies kann uns aber kaum als weiteres Anzeichen dafür dienen, dass Boulez die Quarte tatsächlich mit ihrem musikgeschichtlichen Hintersinn in die III. Sonate einsetzte. Eher schon wäre es möglich, aus dem Zurückgehen auf musikalische Ursprünge im formalen und rhythmischen Bereich auf ein gleiches Wollen im Tonhöhenbereich zu schließen. Die Behandlung von Form und Rhythmus macht ein ähnliches Vorgehen im Tonhöhenbereich zumindest wahrscheinlich. Als letzter Beweis kann unser Analogieschluss aber nicht gelten. Auf jeden Fall fügt sich die Quarte sehr gut in unser Interpretationsnetz ein. Ihr Gegenspieler, die Kleinsekunde, könnte stehen für die im Mittelalter wie heute geltende kleinste Einheit unseres Tonsystems. Letzteres muss aber reine Spekulation bleiben.

Ohne Frage erscheint der Rückweg der III. Sonate zu musikgeschichtlichen Ursprüngen offenkundig, auch wenn wir den Tonhöhenbereich zunächst mit einem Fragezeichen versehen müssen. Später wird er uns noch sehr dienlich sein in unserer Argumentation. Die Entwicklung auf einen möglichen Endzustand (das Chaos) hin wird anhand unserer seriellen Analyse ebenso deutlich sichtbar. Boulez beschreibt seine Kompositionsweise so:

"Die Entwicklungen verdichten und vermehren sich und werden zu Tropen, welche Tropen aufgepfropft sind, welche ihrerseits wiederum Tropen aufgepfropft sind, so dass es zu unterschiedlichen Graden von strukturellem Reichtum kommt. Diese Häufung, die von einem sehr einfachen Tatbestand ausgeht und zu einer chaotischen Situation führt, weil sie durch ein Material erzeugt ist, das um sich selbst kreist und zu solcher Komplexität anwächst, dass es alle individuellen Züge verliert und Teil eines ungeheuren Chaos wird - das ist ein für mich sehr bezeichnender Vorgang."(172)

Die III. Sonate trägt in sich die Geschichte eines Zerfalls. Diese Geschichte wird nicht kontinuierlich erzählt, ihr Anfang und Ende sind integriert. Die Grundbausteine wuchern schon im Mikrostrukturellen derart aus, dass an der Oberfläche der Anfang, die einfache Ausgangsformel, nicht mehr erkennbar ist. Das Überraschende kommt aber erst jetzt: Innerhalb dessen, was als integrierter Zerfallsvorgang zu bezeichnen ist, werden auf untergründige Weise Assoziationen an tonale Denkweisen produziert. Das ist erstaunlich, da nach allgemeinem Verständnis der Serialismus gerade das Alte, das präformierte Material beiseite schieben wollte. Es geht hier nicht um Kuriositäten wie zufällig entstehende Es-dur-Quartsextakkorde. Derartige Zufälligkeiten, allein durch den Automatismus der Reihen entstanden, fand Ligeti in der "Structure I a".(173) Es ist auch nicht jener Vorgang gemeint, dem wohl jeder Hörer serieller Musik unterworfen ist: Aufgrund eines fehlenden Bezugssystems bildet sich der Hörer selbst ein Netz von Bezugstönen und hört sich, wo er kann, die atonale Musik als tonale zurecht.

Hier in der III. Sonate, wo der Komponist allergrößte gestalterische Freiheit hat, sind tonale Zusammenhänge aufgrund einer Entscheidung entstanden. Dieses bezieht sich meist auf musikalische Kleinsträume, linear oder vertikal. Es ist durchaus fraglich, ob ein Hörer jenseits seiner eigenerzeugten Hörkonstruktionen diese vom Komponisten hingestellten Zusammenhänge wahrnehmen kann oder soll. Die spezifische Notation einiger Stellen macht deutlich, dass das alte harmonische Denken die III. Sonate als Gespenst durchzieht. Das Argument, Boulez denke vielleicht doch nur an Lesevereinfachungen, können wir schnell entkräften. Wenn sein Ziel tatsächlich wäre, dem Interpreten die Tonhöhenverhältnisse möglichst anschaulich zu machen, ist es nicht einsichtig, warum er z.B. in "Glose", Segment T ', dieses Intervall schreibt

und nicht etwa folgendes:

was viel leichter zu lesen wäre. Für Verkomplizierungen der Schreibung gibt es sehr viel Beispiele. Geben wir einige aus "Glose":

Gerade unser erstes Beispiel aus T' zeigt noch in der Notation "b-dis" und gerade hierin, dass Boulez seiner Konstellation einen quasi-tonalen Hintergrund mitgibt. Betrachten wir den größeren Zusammenhang in T':

"Glose", Segment T', oberes System

Die (assoziative!) Auflösung in **Stimmen** könnte so aussehen:

Wir dürfen aber nicht den Fehler begehen zu sagen, 1. der Komponist habe diese Stelle tatsächlich so gedacht, 2. der Rezipient höre sie auch tatsächlich so. Letzteres ist wegen der hohen Strukturdichte praktisch ausgeschlossen. Was den ersten Punkt betrifft, so müssten wir andere auffällige Beispiele heranziehen. Erst aus deren Menge könnten wir Grundvorgänge des Boulez'schen Denkens ablesen.

Rudolf Stephan analysierte in den 50er Jahren Stockhausens "3. Klavierstück" und schrieb zu den folgenden Tonkonstellationen:

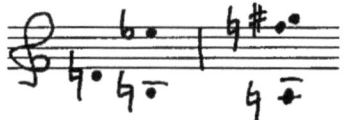

"Dann folgt die Terz h-dis(es), die wir als unvollständigen Dur-Dreiklang auffassen und schließlich eine Kombination der F-dur- und der f-moll-Terz."(174)

Wir haben hier ein Beispiel dafür, wie man tonale Zusammenhänge in ein serielles Werk hineinzaubern kann, die dort explizit **nicht** vorhanden sind. So ist eine große Terz tonal durchaus nicht eindeutig. Sie vermag nicht unbedingt einen "unvollständigen Dur-Dreiklang" darzustellen, sondern könnte auch Teil eines "Moll-Dreiklangs" sein, oder, in der Stockhausen'schen Schreibung "h-es", Teil einer "unvollständigen Dominante von c-moll mit nicht aufgelöstem Sext-Vorhalt" etc. Ähnlich verquer ist Stephans Deutung des nächsten Akkords "a-f-gis". "a-f" ist für ihn die F-dur-Terz, "f-gis" die f-moll-Terz. Dem ist entgegenzuhalten: 1. könnte "a-f" auch z.B. eine Terz aus dem d-moll-Dreiklang sein, 2. ist "f-gis" bestimmt keine Mollterz: "f-as" könnte eine sein, aber auch dies ohne Notwendigkeit. Stephan begeht den Fehler, zwei oder drei Töne aus dem Zusammenhang zu reißen und isoliert zu betrachten. Außerdem berücksichtigt er überhaupt nicht die spezifische Notation Stockhausens, ob also alterierte Intervalle vorliegen. Echte virtuelle Tonalität oder tonales Denken können wir erst feststellen, wenn wir z.B. das Spiel mit enharmonischen Umdeutungen analysieren und wenn wir vor allem wesentlich mehr als nur 2-3 Töne zusammenhängend betrachten.

Versuchen wir das anhand eines Beispiels aus "Commentaire" zu zeigen:

"Commentaire", Segment G2

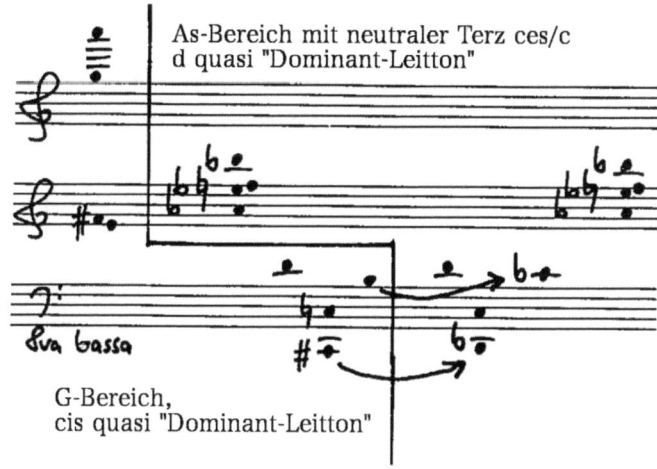

Es gibt kaum eine bessere Erklärung für die zwei von Boulez vorgenommenen enharmonischen Umdeutungen als die obige, will man Boulez nicht eines unreflektierten Manierismus bezichtigen. Es ist nicht wesentlich, den ersten Tonvorrat ausgerechnet nach G-dur hin zu interpretieren, den zweiten nach As-dur oder as-moll. Uns kommt es darauf an, dass die jeweiligen Töne offensichtlich von zwei verschiedenen tonalen **Graviationszentren** angezogen werden. Nur so können wir die Enharmonik dieser Stelle erklären - auch wenn es sich nur um ein verschmitztes Spiel Boulez' handelte.

Geben wir ein weiteres Beispiel:

"Commentaire", Segment L

Dies ist die einzige Stelle in "Trope", wo Boulez ein Doppelkreuz notiert. Warum schreibt er nicht "g"? Im Hintergrund steht "cis" als Bezugszentrum. "fisis" ist gewissermaßen Leitton zu "gis". Ein "g" wäre, tonal gedacht, sinnlos. Aus ähnlichen Gründen notiert Boulez an dieser Stelle "his" und nicht ein tonal nicht einzuordnendes "c".

Die ganze "Tempo"-Struktur in Parenthese baut auf dem Wechsel verschiedener quasi-tonaler Zentren auf. Tonmengen schließen sich zusammen zu quasi-tonalen Sinnbezügen und grenzen sich von andern Mengen ab. Während die 1. und 2. "Tempo"-Zelle einen G-Bereich aufscheinen lassen ("gis" jeweils als **Störenfried**, als **verneinender** Schritt? Siehe Joyce' Fin"negans"), deutet sich mit der 3. "Tempo"-Zelle ein Wechsel in den Cis-Bereich an.

"Parenthèse", 1. und 2. "Tempo"-Zelle

In der 3. "Tempo"-Zelle wird statt b:ais geschrieben, statt es:dis, statt c:his. Ein Cis-Hintergrund mit "neapolitanischem d" könnte sichtbar werden, könnte sogar gehört werden:

"Parenthèse", 3. "Tempo"-Zelle

Die 4. "Tempo"-Zelle deutet das vorherige cis-(moll?) nach des-moll um. Noch am Ende dieser Zelle erscheint dann wieder der G-Bereich, wiederum zunächst mit "g" als tiefstem Ton, dann wieder mit dem **Störenfried** "gis":

"Parenthèse", 4. und 5. "Tempo"-Zelle

Durch die Notation werden Bezüge in die Zwölftontechnik gebracht, die diese eigentlich per definitionem aufheben will. Solche tonalen Anspielungen sind aber nicht die Regel in "Trope". Vielerorts geht es Boulez tatsächlich darum, einen nicht-tonalen Raum aufzubauen, die einfachen Intervalle zu verschleiern. In "Commentaire", Segment P z.B. verwendet er gehäuft alterierte Intervalle (Zusammenklänge mit "+" gekennzeichnet):

e-ges   as+cis   dis+g   ais+d   a+his

Mitunter vermeidet Boulez einfache Schreibweisen so explizit, dass man darin durchaus einen Manierismus erkennen kann. Festzuhalten bleibt, dass Boulez die alten Denkweisen, ob sie sich auf Harmonik oder Melodik beziehen, nicht einfach verdrängt. Als Hintergrund erscheinen sie doch wirksam. Entweder gibt Boulez ihnen nach, oder er verschleiert sie trotzig. Die Notationsweise von "Trope" spiegelt überall die Tatsache, dass hier kein **abstrakter** Raum aus zwölf **abstrakt** gedachten Tonpunkten beabsichtigt - oder überhaupt **denkbar** - ist, wenn denn so explizit in den alten Intervallen mit deren inhärentem Hintergrund gedacht wird.

Für Boulez' tiefes Verankertsein in europäischer Geschichte erscheint folgendes Zitat von 1962 aufschlussreich:

> "Trotz des breiten Blickwinkels, den wir anderen Traditionen gegenüber gewonnen haben, trotz der vertieften Kenntnisse, die wir von ihnen besitzen, werden wir nie etwas daran ändern, dass die abendländische Musik zutiefst mit unserem Wesen, unserer Erfahrung verbunden ist, denn ihr Konventionssystem hat unsere Zustimmung geweckt und unsere Reaktionen herausgefordert."(175)

Der emphatische Serialismus der frühen 50er Jahre, auch jener von Boulez selbst, steht dieser Aussage diametral entgegen. Er ist längst umgedeutet, auch was das Denken im "Parameter"-Bereich von Tonhöhe, Tondauer, Intensitäten und Klangfarbe betrifft. Das belegt folgender Text aus "Musikdenken heute 1":

> "Von der kompositorischen Dialektik aus betrachtet, müssen, wie mir scheint, Tonhöhe und Dauer den Vorrang besitzen, während Intensität und Klangfarbe zu Kategorien von sekundärer Art gehören. Die Geschichte der gesamten musikalischen Praxis gibt den Beweis für diese Stufung ..."(176)

Was die Intensitäten in der III. Sonate betrifft, so wird sehr deutlich auf ihre "Koordinationsfunktionen"(177) abgezielt. Die Dynamik verdeutlicht strukturelle Beziehungen. In "Parenthèse" z.B. unterstreicht sie den Dualismus der "Tempo"- und "Libre"-Zellen. Den "Tempo"-Zellen ist der dynamische Bereich *pp* bis *mf* zugeteilt (nur ein *f* "bien accentué" als Ausnahme), den "Libre"-Zellen bis auf wenige Ausnahmen *mf* bis *ff*. Außerdem nimmt die Dynamik teil an der retrograden rhythmischen Struktur sowohl der "Tempo"- als auch der "Libre"-Zellen.

Die III. Sonate will musikgeschichtliche Tatsachen nicht übergehen. Ihr dialektisches Grundprinzip zwingt sie dazu, Geschichte mit einzubeziehen. Sie ist zugleich Kosmos und Chaos. Der wohlgeordnete Ur-Anfang wird dargestellt durch die mittelalterliche Idee des Tropierens und jene des rhythmischen Modus, vielleicht auch durch die Quarte. Schon zwei übereinander geschichtete Tropen verdunkeln sehr stark den Ursprung, genauso zwei ineinandergeschachtelte rhythmische Modi: Der Zerfallsprozess beginnt schon im Mikrobereich. Joyce konstruierte das Wort "Chaosmos", verballhornte es zu "Chasm" (was gleichzeitig "Abgrund" bedeutet) und setzte "Micro" davor: "Microchasm" (das darin enthaltene "croak" heißt "quaken"). Als "Microchasm" verstand er seinen "Finnegans

Wake".(178) Auf die III. Sonate würde das Wort ebenfalls zutreffen. Sie stellt Anfang und Ende, Unordnung in der Ordnung (oder umgekehrt) gleichzeitig dar.

Sie ist, überflüssig zu sagen, nicht tonal. Stellenweise produziert sie aber Zusammenhänge, die tonales Denken durchscheinen lassen. Das im frühen Serialismus emphatisch geforderte Überwinden des Alten gelingt nicht oder soll nicht gelingen. Noch in den Häufungen alterierter Intervalle steckt nichts anderes als ein trotziger Verschleierungsversuch einfacherer Notation, die als Alternative nicht zu verschleiern ist. In der III. Sonate spiegelt sich damit eine (unentschieden endende?) Auseinandersetzung abstrakten Zwölftondenkens mit der Vergangenheit.

C Boulez' Verhältnis zur Naturwissenschaft und zu naturwissenschaftlichen oder mathematischen Denkweisen

Bei der Besprechung der Großform der III. Sonate erwähnten wir die Kreisbewegung der einzelnen Formanten.

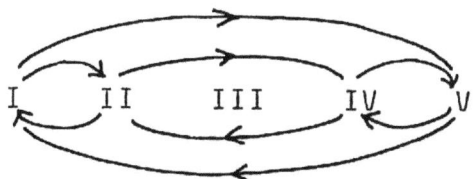

Der Begriff "Universum", den Boulez so häufig auf das künstlerische Werk anwendet, ist angesichts seiner Grafik zur III. Sonate fast wörtlich zu verstehen: Die Formanten I, II, IV, V kreisen wie Planeten "auf konzentrischen Bahnen"(179) um den zentralen Formanten III. Jeder Formant rotiert außerdem auf jeweils unterschiedliche Art in sich selber, "Trope" mit seinen "Entwicklungen" in den um sich kreisenden Reihenfolgen: A)-B)-C)-D) oder A)-B)-D)-C), in der Boulez'schen Bezeichnung in seinen Skizzen: α-β-γ-δ oder α-β-δ-γ, in deren Kreisform mit je freien

Anfängen. Boulez schreibt:

> "Nach und nach erst haben sich die Gedanken geordnet und um den Leitgedanken gruppiert: Konzeption des Werkes als ein in Bewegung, in Expansion befindliches Universum."(180)

In "Expansion" befindet sich dieses System allerdings nur latent. Boulez wollte später "noch andere 'Entwicklungen' einführen".(181) In Boulez' Augen bringt die Erzähltechnik der Joyce'schen Romane "expandierende Welten" hervor.(182) Augenscheinlich meint Boulez mit Expansion unter anderem die Ausdehnung des Sinngehalts auf sehr viele Bedeutungsschichten. Dieses Phänomen liegt, wie wir festgestellt haben, in der III. Sonate vor. Die serielle Struktur ist zumeist eine Superposition verschiedener, in sich geschlossener Systeme, wie es sehr gut in "Commentaire" zu sehen war, aber auch in "Texte" und "Parenthèse".

Joyce und Mallarmé zeigen, so Boulez, dass das Werk nicht mehr eine einfache Bahn sein könne. Die "euklidische Geometrie", die beinahe die Definition der klassischen abendländischen Musik liefere, sei aufgehoben.(183) Tonalität erzeuge ihre eigenen Formen, feste Rahmen, deren Hierarchie in gewisser Weise einer "kopernikanischen Ordnung" gehorche.(184) Boulez schreibt, sich auf die heutige musikalische Situation beziehend:

> "Man kann aber wohl mit gutem Grund an die Gruppentheorie, die Relativitätstheorie, die Quantentheorie denken, wenn man eine Klangwelt angeht, die durch das serielle Prinzip bestimmt wird ... Dabei machen wir uns keine Illusionen über die Tatsächlichkeit der Entsprechungen, die sich - fast zu leicht - zwischen Musik, Mathematik und Philosophie herstellen ließen ..."(185)

Ausführlich äußert sich Eco über das Verhältnis der modernen Kunst zur Naturwissenschaft. Gerade Mallarmé und Joyce werden als Beispiele herangezogen. So meint Eco,

> "dass gewisse Pläne Mallarmé's über die mehrdimensionale Auflösbarkeit des Buches ... an das Universum der neuen nichteuklidischen Geometrien gemahnen".(186)

Weiter schreibt Eco, dass sich in einem Kunstwerk die "vagen oder präzisen Resonanzen einiger Tendenzen der modernen Wissenschaft" zeigen könnten, welche allerdings niemals in derselben Weise wie wissenschaftliche Erkenntnisse rezipiert würden. Eco erwähnt, dass die "fortgeschrittenste Kritik" schon das Einsteinsche Raum-Zeit-Kontinuum zur Erklärung der Struktur von Joyce' Universum heranziehe. Eco setzt verschiedene Teilphänomene der modernen Kunst in Beziehung zu Erkenntnissen der heutigen Naturwissenschaft. Er sagt:

> "Die Tatsache, dass eine musikalische Struktur nicht mehr notwendig die darauf folgende Struktur bestimmt - schon die Tatsache, dass, wie in der seriellen Musik, unabhängig von den Bestrebungen, das Werk physisch in Bewegung zu bringen, kein Zentralton mehr existiert, der es gestattet, aus den vorher gesetzten Prämissen die folgenden Bewegungen abzuleiten - ist im allgemeinen Zusammenhang einer Krise des Kausalitätsprinzips zu sehen."(187)

Eco bezieht sich, wenn er von einer "Krise des Kausalitätsprinzips" spricht, offensichtlich auf die Erkenntnisse der modernen Physik. Man kann z. B. für ein Elektron, dessen Impuls man durch genaue Messung festgestellt hat, nicht den Ort angeben, an dem es sich befindet, und zwar aus prinzipiellen Gründen, nicht aus mangelndem Experimentiergeschick. Das Kausalitätsprinzip ist in einer indeterminierten Welt nicht anwendbar. Eco hält es für bemerkenswert, dass in unserem heutigen kulturellen Kontext, in dem die zweiwertige Logik des Wahr oder Falsch ersetzt wird durch "mehrwertige Logiken" (in denen das Unbestimmte gültiges Ergebnis der Erkenntnis ist), eine Poetik des Kunstwerks entsteht, die ohne ein notwendiges und vorhersehbares Ergebnis auskommt:

> "Von Mallarmé's Livre bis hin zu den musikalischen Kompositionen, die wir untersucht haben [Eco erwähnte die folgenden Werke: Klavierstück XI von Stockhausen, Sequenza für Flöte von Berio, Scambi von Pousseur, III. Sonate von Boulez] bemerken wir die Tendenz, das Kunstwerk so zu organisieren, dass keine Ausführung des Werkes mit einer letzten Definition von ihm zusammenfällt... Ob es wohl zufällig ist, dass diese Poetiken gleichzeitig sind mit dem physikalischen Prinzip der *Komplementarität*, dem zufolge es unmöglich ist, gleichzeitig verschiedene Verhaltensweisen eines Elementarteilchens anzugeben (?)... Könnte man sich nicht ver-

sucht fühlen, auch für diese Kunstwerke so wie der Physiker für seine besondere experimentelle Situation zu sagen, dass die unvollkommene Kenntnis eines Systems essentielle Komponente seiner Formulierung ist (?)..."(188)

Eco zitiert im Folgenden Niels Bohr, der meint, ein unter verschiedenen Versuchsbedingungen gewonnenes Material könne nicht mit einem einzigen Bild erfasst werden. Es sei als komplementär zu betrachten in dem Sinn, dass erst die Gesamtheit aller Phänomene die möglichen Aufschlüsse über die Objekte erschöpfend wiedergebe.

Abschließend sei ein Zitat von Eco angeführt, in dem er eine Parallele zwischen der seriellen Musik und Einsteins Raum-Zeit-Kontinuum zieht:

> "Die multipolare Welt einer seriellen Komposition - in der der Hörer, unabhängig von einem absoluten Zentrum, sein eigenes Beziehungssystem errichtet, das er aus einem klingenden Kontinuum herausholt, in dem es keine bevorzugten Punkte gibt, sondern in dem alle Perspektiven gleichermaßen gültig und möglichkeitsträchtig sind - ist sehr verwandt mit Einsteins raumzeitlichem Universum."(189)

In diesem Universum sei, nach Broglie, alles, was für jeden von uns Vergangenheit, Gegenwart und Zukunft ausmache, als ein großes Ganzes gegeben. Jeder Beobachter dieses Universums entdecke in dem Maß, wie seine Eigenzeit ablaufe, immer neue Ausschnitte der Raum-Zeit. Der sukzessive Aspekt der materiellen Welt sei dabei Illusion.

Eco hat etliche Parallelen aufzuzeigen versucht zwischen der modernen Kunst und der Physik. Untersuchen wir an vier Punkten, ob seine Argumentationsweise stichhaltig ist:

1.

Eco schreibt:

> "Die Tatsache, dass eine musikalische Struktur nicht mehr notwendig die darauf folgende Struktur bestimmt... , ist im allgemeinen Zusammenhang einer Krise des Kausalitätsprinzips zu sehen."

Gerade das **klassische** Werk ist dadurch definiert, dass eine Struktur nicht notwendig die folgende hervorruft, sondern dass eine Spannung zwischen dem Erwarteten und dem tatsächlich Erklingenden entsteht. Dass der Hörer ein klassisches Werk vielleicht schon kennt und deswegen die zukünftigen Klänge im Voraus weiß, ändert nichts am werkimmanenten Prinzip der strukturalen Spannung. Eco vermeidet die Diskussion der Frage, ob nicht im seriellen Werk oft - abgesehen von der Mikroebene, die dem Hörer ohnehin uneinsichtig bleibt - gerade **keine** Spannung zwischen dem Erwarteten und dem Erklingenden entsteht; ob nicht vom akustischen Eindruck her alle Strukturen von den anfänglichen total **vorherbestimmt** erscheinen. Eco macht den Fehler, allein vom theoretischen Anspruch der Serialisten auszugehen, nicht aber vom Klang der Mehrzahl ihrer Werke.

2.

Eco schreibt weiter:

[Wir bemerken die Tendenz,] "das Kunstwerk so zu organisieren, dass keine Aufführung des Werkes mit einer letzten Definition von ihm zusammenfällt."

Gerade das **klassische** Werk lässt keine Interpretation zu, die die letzte Definition dieses Werks wäre.

3.

Eco setzt fort:

"Könnte man sich nicht versucht fühlen, auch für diese Kunstwerke ... zu sagen, dass die unvollkommene Kenntnis eines Systems essentielle Komponente seiner Formulierung ist (?)"

Das **klassische** Werk lässt sich auch nur durch festumgrenzte Analysemethoden fassen, von denen unbegrenzt viele sich überlagern müssen, um möglichst viele Teilbereiche erhellen zu können. Und auch dann lässt sich der Inhalt nur unter Hinweis auf unsere unvollkommen gebliebene Kenntnis des Gesamtsystems angeben.

4.

Selbst der Hinweis Eco's, der Hörer eines seriellen Stücks errichte sich ein eigenes Beziehungssystem, da ihm kein fixes angeboten werde, ist nicht auf den Serialismus begrenzbar. Es sei die Behauptung gewagt, dass **jeder** Hörer beim Erklingen eines **jeden** Musikstücks sein subjektives Beziehungssystem auf die Musik projiziere und folglich nur seinen ihm gemäßen Ausschnitt heraushöre. Außerdem ist sehr in Zweifel zu ziehen, ob es in einem seriellen Werk **keine** "bevorzugten Punkte" gibt (sicher nicht im tonalen, aber doch durchaus im formalen oder texturalen Sinn). Schnelle Passagen erwecken in diesen Werken durchwegs mehr Aufmerksamkeit als langsame (oder: der **Wechsel** erweckt Aufmerksamkeit); laute mehr als leise (besser: der **Wechsel** ist entscheidend). Auch Registerwechsel, Akzente, allgemein: die Reichtümer des **wechselnden** äußeren Kleids von Musik können zu "bevorzugten Punkten" für unsere Aufmerksamkeit auch in seriellen Werken werden.

Die Verwandtschaft Serialismus - Kausalitätskrise / Raumzeituniversum etc. erscheint, zumindest von der Argumentation Eco's her, fragwürdig. Boulez hat sicher recht mit seiner vorsichtigen Warnung, die Parallelen zwischen moderner Kunst und Physik ergäben sich "fast zu leicht". Keinesfalls dürfen wir aber jetzt den Fehler begehen, leichthin die möglichen Kongruenzen als nicht eindeutig bestimmbar abzutun. Zu auffällig ist die Tendenz der seriellen Theoretiker, ein mathematisch-naturwissenschaftliches Vokabular zu verwenden, der Beschäftigung mit musiktheoretischen Fragen ein wissenschaftliches Kleid anzupassen. Gerade Boulez neigt dazu. Die Auseinandersetzung mit der modernen Mathematik und Physik ist ganz offensichtlich.

Nebenbei sei bemerkt: Auch Joyce träumte von einer Kongruenz zwischen seiner Kunst und der Mathematik. Einmal wünschte er, dass ein Mathematiker die Strukturen des "Finnegans Wake" erläutere, "denn er bestand darauf, dass sie mathematisch sei", so Ellmann.(190) Ohne jetzt den gesamten Zusammenhang Kunst-Mathematik aufrollen zu wollen, sei nur noch ein Zitat von Novalis angeführt:

> "Wenn man den Leuten nur begreiflich machen könnte, dass es mit der Sprache wie mit mathematischen Formeln sei. Sie machen eine Welt für sich aus - sie spielen nur mit sich selbst, drücken nichts als ihre wunderbare Natur aus ..."(191)

In der seriellen Theorie sind viele wissenschaftliche Begriffe mit entweder neuer, verfremdeter oder durchaus falscher Bedeutung verwendet worden. Der Physiker John Backus hat diesem Problem eine Studie gewidmet und Aufsätze von Eimert, Pousseur, Koenig und besonders Stockhausen vom wissenschaftlichen Standpunkt aus untersucht.(192) Zu erwähnen sind auch die Fußnoten von Georg Heike zu Stockhausens Aufsatz "...wie die Zeit vergeht...".(193) Ferner liegt eine Untersuchung von Boulez' "Musikdenken heute 1" vor. Wilrich Hoffmann analysiert hier einige von Boulez verwendete Begriffe aus dem wissenschaftlich-technischen Bereich. Hoffmanns Analyse ist brillant. Trotz seines ironischen, mitunter sogar sarkastischen Stils trifft er zumeist den Kern des Problems: Boulez vermengt oft rein poetische Vorstellungen mit einer wissenschaftlichen Ausdrucksweise, gibt seiner Poetik den Anschein von Wissenschaft. Hoffmann muss entgegengehalten werden, dass er absichtlich an der oft rein assoziativen, visuell-taktilen Komponente der Boulez'-schen Begriffe vorbeisieht.(194)

So ist z.B. der "Zeit"-Begriff dann nicht mehr als physikalischer Begriff zu nehmen, wenn Boulez von "gekerbter" oder "geriffelter Zeit" spricht. Sehr oft geht Boulez von visuellen Vorstellungen aus und beschreibt bestimmte Sachverhalte mithilfe wissenschaftlicher Begriffe. Wenn er "Zeitfeld" sagt, meint er einfach z.B. eine Partiturseite (als "Feld"), auf der sich in drei "Dimensionen": horizontal, vertikal und diagonal ein musikalischer Sinnzusammenhang in einer bestimmten Zeitspanne artikuliert. (195) Ein "dreidimensionales Zeitfeld" kann bei Boulez so aussehen (die Ziffern geben die "Dimensionen" an):

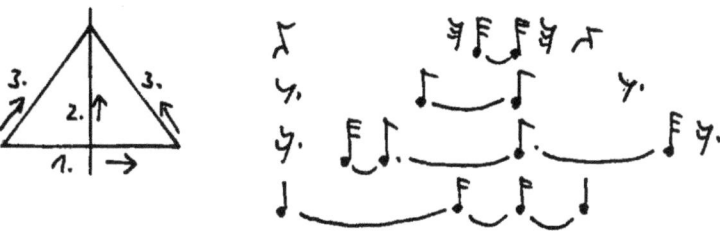

Den Begriff "Zeitfeld", der auch bei Stockhausen eine Rolle spielt, kritisierte u.a. Konrad Boehmer: Ein Zeitfeld erscheine nur auf dem Papier als Feld, nicht in der Zeit.(196)

Hoffmann geht allein vom physikalischen Hintergrund der Begriffe

"Zeit" und "Dimension" (später auch "Feld") aus und schreibt:

> "Aber nehmen wir einmal an, sie (die Zeit) hätte, wie Boulez glaubt, drei Dimensionen, und sehen wir davon ab, dass eine Diagonale niemals eine zusätzliche Dimension besitzen kann. Dann wären zur Festlegung eines Zeitabschnitts nicht nur eine, sondern drei voneinander unabhängige Angaben erforderlich."(197)

Von der Physik her betrachtet, ist folglich Boulez' Vorstellung einer dreidimensionalen Zeit absurd. Fehlerhafte Ausdrucksweisen entdeckt Hoffmann an vielen Einzelpunkten. Boulez spricht z.B. davon, dass ein Klangereignis eine Summe von Frequenzen sei. Hoffmann macht zu Recht darauf aufmerksam, dass eine Summe von Frequenzen eine einzige Frequenz ergebe.(198) Boulez meint natürlich eine 'größere Anzahl verschiedener Tonhöhen'. Auch Boulez' Ausdrucksweise: "Die Frequenz ihrerseits ist eine Funktion der Zeit (Schwingung pro Sekunde)" ist unklar. (199) Hoffmann schreibt dazu:

> "Wenn sie eine Funktion der Zeit wäre, veränderte sich die Frequenz kontinuierlich mit der Zeit, normalerweise in Form eines Glissandos." (200)

Das meint Boulez natürlich nicht. Er möchte hier auf das Kontinuum Tonhöhe / Tondauer aufmerksam machen, das den gesamten Serialismus beschäftigte, siehe z.B. Stockhausens "...wie die Zeit vergeht...".

Mit Absicht missversteht Hoffmann den Begriff "Frequenzfeld".(201) Boulez geht auch hier, wie beim Begriff "Zeitfeld", augenscheinlich von der visuellen Vorstellung einer Partiturseite aus. Ein Frequenzfeld ist demnach ein bestimmter Lagenbereich (als "Feld"), z.B. die eingestrichene Oktave, innerhalb derer verschiedene Frequenzen auftreten können. Hoffmann schreibt:

> "Zwar sind sowohl die Frequenz als auch das Feld physikalische Begriffe ... Aber ein 'Frequenzfeld' ist etwas, was es in der Physik nicht gibt. Doch nehmen wir einmal an, es gäbe ein solches Gebilde und nennen wir es nach seinem Entdecker das 'Boulezsche Frequenzfeld'. Der physikalischen Definition des Feldes zufolge wäre dies ein räumliches Gebiet - es kann auch ein Konzertsaal sein -, bei dem jedem einzelnen Punkt eine (im allgemeinen unterschiedli-

che) Frequenz zugeordnet ist."(202)

In einem Frequenzfeld würde ein Hörer mit jedem Ohr zwei verschiedene Töne hören, da die Ohren sich naturgemäß an zwei verschiedenen Punkten des Frequenzfeldes befinden. Ein auffälliger regelrechter Fehler unterläuft Boulez bei seiner Logarithmus-Definition:

> "Er bezeichnet eine arithmetische Reihe, die bei Null beginnt und durch ihre Gesetzmäßigkeit einer geometrischen Reihe entspricht, welche bei der Einheit beginnt."(203)

Hoffmann schreibt dazu:

> "[Der Logarithmus] 'bezeichnet' überhaupt keine Reihe. Er lässt sich allenfalls unter bestimmten Voraussetzungen in eine Reihe entwickeln, aber weder in eine arithmetische noch in eine geometrische ... Immerhin erweist sich Boulez als Kenner von arithmetischen Reihen, was den leidgeprüften Leser wahrhaft in Entzücken versetzt. Von einer geometrischen Reihe scheint er indessen recht nebelhafte Vorstellungen zu haben: 'Multipliziere ich aber ein Vielfaches der Einheit mit der ganzen Zahl, bekomme ich eine geometrische Reihe.' ... Der normale Sterbliche erhält nach dieser Vorschrift nur eine einzige Zahl! Ähnlich kurios ist der nächste Satz: 'Wenn ich die Einheit durch die Ganzzahlenfolge dividiere, gewinne ich ebenfalls eine geometrische Reihe.' Mitnichten. Was sich hier gewinnen lässt, nennt der Mathematiker eine harmonische Folge."(204)

Offensichtlich haben sich die seriellen Komponisten in ihren theoretischen Aufsätzen auf ein gefährliches Terrain begeben. Das ändert aber nichts daran, dass mathematische, physikalische etc. Vorstellungen ihre Kompositionstechnik tatsächlich angeregt haben. Boulez ließ sich, wie auch Joyce, vom modernen Weltbild, wie es die Naturwissenschaft anbietet, inspirieren. Mitunter finden sich regelrecht ekstatische Äußerungen über die Verbindung Kunst - Kosmos, etwa, wenn Boulez in einem Darmstädter Vortrag von 1961 sagt, die höchste Funktion des künstlerischen Geschmacks sei die "Ordnung des Universums".(205)

Das Wort "Universum", bezogen auf künstlerische Werke, durchzieht die Schriften von Boulez als schier endlose Kette. Neben Mallarmé und

Joyce wird auch Debussy in diesem Umfeld gesehen:

> "Das in Bewegung Befindliche, das Momentane dringt in die Musik [Debussy's] ein; nicht nur die Impression des Augenblicks, des Flüchtigen, worauf man es reduziert hat, sondern vielmehr eine Konzeption der Relativität und Nichtumkehrbarkeit der musikalischen Zeit, allgemeiner gesagt: des gesamten musikalischen Universums."(206)

Das Verhältnis Boulez-Debussy würde eine Spezialuntersuchung erfordern. Es sei hier nur erwähnt, dass sich viele Feststellungen aus Boulez' Debussy-Aufsatz "Die Korruption in den Weihrauchfässern", der im Oktober 1956 erschien, also zur Zeit der Arbeit an der III. Sonate, auf diese Sonate beziehen lassen:

> "Was lehrt sie uns [die Trias Debussy-Cézanne-Mallarmé]? Vielleicht dies: man darf seine Revolution nicht nur konstruieren, man muss sie auch träumen."(207)

> "[Debussy widersetzt sich dem] ererbten Wissen und hängt einem Traum von glasklarer Improvisation nach ... Er verabscheut jene armseligen Konstruktionsspiele, die den Komponisten zu einem kindischen Architekten machen. ... Für ihn ist die Form nie etwas *Gegebenes* ; sein ganzes Leben war eine einzige Suche nach dem Nicht-Analysierbaren, nach einer Entwicklung, die noch in ihrem Verlauf die Überraschungen der Imagination in sich birgt. ... Er misstraut der Architektur, wo sie Verknöcherung, Versteinerung bedeutet und zieht ihr Strukturen vor, in denen Strenge sich mit freiem Willen paart."(208)

Die konstruierte Revolution des frühen Serialismus, seine armseligen Konstruktionsspiele, seine Verknöcherungen und Versteinerungen, die Boulez hier offenbar anspricht, will er in der III. Sonate überwinden. Boulez schafft sich ein Debussy'sches offenes Universum, das auf der Relativität aller seiner Elemente zueinander beruhen soll. Debussy ist neben Mallarmé und Joyce, offensichtlich auch Cézanne, einer der wesentlichen Anreger für Boulez' Kompositionsstil nach den "Structures I". Boulez macht darauf aufmerksam, dass die Einbeziehung beweglicher Strukturen auch die Wiedergewinnung **klassischer** Prinzipien sei. Er spricht von einem "klassischen Gegensatz, der schon immer das Verhältnis zwischen strengem und freiem Stil beherrscht hat".(209)

III. Versuch einer kritischen Annäherung

An einigen Stellen des vorigen Kapitels haben wir Strukturen aus der III. Sonate in Beziehung zu Joyce und Mallarmé gesetzt. So ließen sich verschiedene Aspekte des Mallarmé'schen "Coup de dés..." auf diese Sonate projizieren, etwa was das Aufheben von Anfang und Ende innerhalb der Kreisform betrifft, oder die sich gegenseitig infrage stellenden Sinnebenen, oder auch das Verhältnis Werk / Zufall. Wir stellten fest, dass die übereinander gelagerten Bedeutungen im Joyce'schen "pun" strukturell eine direkte Entsprechung zu finden scheinen in der Vieldeutigkeit Boulez'scher Tonhöhenkonstellationen.

Wir machten ferner darauf aufmerksam, dass Boulez ganz offensichtlich an den historischen Hintergrund der formalen, rhythmischen und Tonhöhen-Komponente seiner Sonate denkt, diesen Hintergrund dann durch überlagerte Tropierungen zerfallen lässt. Damit trifft er sich mit Joyce in der Vorstellung, das Werk aufzubauen innerhalb eines umfassenden geschichtlichen Rahmens, der bei Joyce im "Microchasm" aufgeht.

Dies waren zunächst einmal einige Schlaglichter, die zur Erhellung des Verhältnisses zwischen Boulez und Mallarmé / Joyce, allgemeiner gesagt: zur Erhellung des inhaltlichen Hintergrunds der III. Sonate beitragen können. Die Komplexität des Formanten "Trope" ist damit aber nur zum Teil entknäuelt. Vor allem muss die Gebrochenheit der Boulez'schen Poetik anhand von Details eingehend dargestellt werden.

Versuchen wir, indem wir einige Phänomene gesondert herausgreifen, zur weiteren Erhellung der Boulez'schen **Sprache** beizutragen und zu einer **Sprach**-Kritik vorzudringen. Letzteres ist das eigentliche Ziel dieses Kapitels.

A Zum Begriff "Anonymat"

Der Schöpfer des anonymen Werks trachtet danach, als fühlende, handelnde Person im Werk-Universum aufzugehen. Letztlich schafft er es nicht. Durch die Fixierung seiner selbst **im** Werk wird der Künstler notwendigerweise zu einer Einzelstimme. Er selber wird - oder bleibt - der Zufall, der Einzelfall. Die Verschmelzung des Ich mit der Welt kann nicht gelingen. Die III. Sonate ist insofern kein "Anonymat" (so bezeichnet sie Boulez sicher nur in einem Teilaspekt), als sie die Geschichte persönlicher, oft abrupter Eingriffe des Komponisten erzählt. Das Aufheben des Komponisten als Person (eine Hauptforderung Boulez' ?) ist in der III. Sonate gescheitert. Dieses Scheitern ist aber von vornherein gewusst, bei Boulez genauso wie bei Mallarmé: Das Werk kann den Zufall nicht aufheben. Boulez hat dies in seinem Aufsatz zur III. Sonate unterschlagen. (7) Er hat die Mallarmé'sche Dialektik, die z.B. aus dem "Coup de dés..." spricht und die wir ausführlich erläutert haben, in diesem Aufsatz nicht nachvollzogen. Boulez artikuliert hier nur seinen Traum, dass der Komponist sich doch in seinem Werk als Person aufheben könne. Der Notentext seiner Sonate sagt etwas ganz anderes:

1. Der Tonhöhenbereich

1.

Offensichtlich ganz zufällig entstehen in sonst strengen Strukturabläufen Unregelmäßigkeiten. Das erste Mal begegnet uns diese Tatsache in "Texte" bei der Reihenfolge der Tongruppen: In Sektion M heißt die Reihenfolge **c -a - (b/d)**, und nicht, wie es der Logik des Schemas entsprochen hätte: **c - (b/d) - a**. Wir könnten zwar ein übergeordnetes Gesetz annehmen, das so lautet: "Jede Struktur kann einmal oder mehrmals verbogen werden." Ein derartiges Gesetz würde aber nichts an dem Zufallsgewand, an der Beliebigkeit eines Strukturbruchs ändern. Es gibt keine musikalische Notwendigkeit, statt **c - (b/d) - a** die Reihenfolge **c -a - (b/d)** zu schreiben. Da der "Fehler" nicht auffällt, entlarvt sich das Schema übrigens als musikalisch überflüssig.

2.

Betrachten wir die letzte Sektion N in "Texte". Ihre Transposition +11 der Grundreihe kommt auch in D vor. Boulez hätte für N auch jede andere Transposition nehmen können, da die direkte Verbindung zum nächsten Formteil "Parenthèse" ohnehin durch die Nachschlagsgruppe "his+cis d" hergestellt wird. Die letzte vollausgefüllte Note in N ist ein gis^3, wodurch sich Boulez noch eine virtuelle Oktave zum ersten Ton von "Parenthèse" einhandelt: Gis$_1$. Die Transposition +11 von N erscheint also recht ungünstig gewählt bzw. ungünstig strukturiert.

3.

Auffällig ist die spontan in die Vorschlagsfiguren-Ordnung eingearbeitete Transposition +10 der Grundreihe. Sie ist gewissermaßen eine Kompensation der Sektion K. Hier wird dieselbe Transposition völlig durcheinander geworfen. In K wird besonders deutlich die Überlagerung verschiedener Strukturprinzipien - ein Grundphänomen der III. Sonate und als solches nicht zu kritisieren:

Die Akkordkonstruktion, nicht auf der Reihe basierend, verschleiert die Reihe, auf der die Gesamt-Sektion aufbaut. Im ersten Akkord von K baut Boulez eine quasi-symmetrische Konfiguration. Nur das a^2 müsste in a^1 umgewandelt werden, um eine vollständige Symmetrie dieses Akkords zu erreichen. Der zweite Akkord, zusammengefasst mit dem dritten, ergibt eine symmetrische Tonanordnung, wobei aber das "as" nur in Bezug auf die absoluten (d.h. nicht oktavlagen-fixierten) Werte Symmetrieachse ist, nicht in Bezug auf die relativen, oktavlagen-gebundenen. Wenn wir also nur die absoluten Werte lesen würden, wären der zweite und dritte Akkord vollständig symmetrisch:

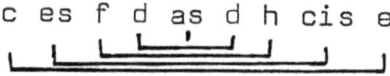

"Texte", Sektion K: 1. Akkord   2. und 3. Akkord

Dass Boulez gerade in K quasi-symmetrische Akkorde aufbaut, ist seine spontane persönliche Entscheidung, ebenso dass er in die Nebenfiguren-Ordnung die in K verschleierte Transposition +10 aufnimmt.

An den beiden Akkordsäulen in K ist bezeichnend, dass Boulez bewusst reine Symmetrien umgeht. Wir konnten dasselbe auch in Sektion A feststellen. Er macht sozusagen, wo es geht, darauf aufmerksam, dass sich der Komponist nicht einer abstrakten Konfiguration zu unterwerfen, sondern sie persönlich umzubiegen hat. Im Fall der Säule in A "leuchtet" der letzte Akkord g-c-fis natürlich ganz anders, wenn das "fis" eine Oktave höher gelegt wird, so wie Boulez es tut. Die ansonsten befolgte Regel in A, die Abstände zwischen den Werten möglichst klein zu halten, wird damit durchbrochen. Ähnliche rein klangliche Gründe können wir für die nicht-symmetrische Position des a^2 in K vermuten. Hätte Boulez die Symmetrie belassen, also a^1 geschrieben, wären zwei clusterähnliche Tonklumpen entstanden:

Durch das a^2 erscheint wenigstens der obere Akkordteil aufgelichtet. Es stellt sich hier die Frage, warum strenge Symmetrien nicht als solche ausgeführt werden, obwohl sie offensichtlich die Grundlage eines Akkords bilden, sondern aus klanglichen Gründen verzerrt werden. Eine Symmetrie selbst scheint folglich nicht automatisch den gewünschten

Klang zu erzeugen. Warum wird sie dann überhaupt benutzt?

4.

Es wäre müßig, all die kleinen Abweichungen von den zugrunde gelegten Schemata aufzuzählen. Oft lässt sich gar nicht entscheiden, ob Boulez willentlich Töne umgestellt, ausgelassen, hinzugefügt hat, oder ob echte "Kompositionsfehler" vorliegen. Die Umstellung weniger Töne in der Hauptschicht von "Parenthèse" (siehe Anmerkung 15) dürfte absichtlich geschehen sein, da dieser Fall nur am Ende der Struktur auftritt. Boulez, der in "Parenthèse" seine zweite Vorzugsreihe ganz explizit aufführt, scheint die Glätte dieses Reihenablaufs gestört zu haben. Unklar ist die Funktion der drei überzähligen Töne in der "Libre"-Struktur von "Parenthèse". Ebenso lässt sich in "Commentaire" oft nicht erklären, warum Boulez einzelne Töne aus dem Schema herausnimmt. Wir finden das in der ersten Strukturschicht genauso wie in den beiden andern. In der ersten Schicht ist z.B. gleich zu Beginn das "b" herausgenommen, am Ende das "c". Gehen wir nur noch kurz auf die zweite Schicht ein: Mitunter erklären sich die Unregelmäßigkeiten aus der Existenz der ersten Schicht, z.B. immer dort, wo "f" fehlt oder zuviel ist. An diesen Stellen verlangt die erste Schicht diese Unregelmäßigkeit (der Ton "f" bildet die Einton-Gruppe **b** dieser Schicht, d.h. der 3. Vorzugsreihe). Aber die überzähligen Töne "cis" und "dis(es)" im Segment A lassen sich so nicht erklären. Hierzu können wir feststellen, dass Boulez durch diese Tonverschiebung am Ende von A (denn "cis" und "dis" gehören eigentlich nach B) die Gruppe **d** der 1. Unterreihe der 1. Vorzugsreihe notieren kann: d cis+es. Er hätte dasselbe aber auch erreichen können durch ein Herausspalten der Ecktöne "cis" und "es" aus dem vorherigen vieldeutigen Akkord:

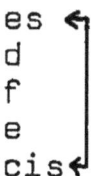

Die Vermutung sei gewagt, dass Boulez durch ein Hinzufügen von "cis" und "es" lediglich die Identifizierung des "Commentaire"-Anfangs erschweren wollte in dem Sinne, wie das Tier in Kafkas "Der Bau" seine

Vorräte versteckt (siehe Anmerkung 45). Demgegenüber könnte in demselben Segment das Fehlen eines "h" ein kompositorischer Irrtum sein, zumal ein "b" zuviel verwendet ist. Ein Druckfehler kann hier nicht vorliegen, da kein "b" (oder "ais") sich durch ein "h" ersetzen ließe: Es entstünden immer klingende Oktaven.

5.

Die Wiederholungen der Unterreihen und die Reihenumstellung in Q1/2/3 in "Commentaire" bewegen sich im Rahmen der offenen Gesamtkonzeption dieses Formteils. Natürlich ist es eine ganz spontane Entscheidung Boulez' gewesen, gerade in Q1/2/3 die Unterreihen umzustellen. Die Strukturverschleierung in "Commentaire" ist aber insgesamt so weit getrieben, dass Q1/2/3 sich völlig hierin einfügt. Boulez hat nur durch die zweimalige Verwendung der Gruppe (e f fis h) in Q2/3 nicht die Alternative offengelassen, dieses Segment als zur **richtigen** 3. Unterreihe gehörig zu interpretieren. In Q1, wo (g gis a d) fehlt, könnte hingegen von der Tonanzahl her die **richtige** 4. Unterreihe verborgen sein: (b c cis dis) + (e f fis h). Störend ist hier nur der offensichtliche Druckfehler "fes" statt "es(dis)".

6.

Abschließend sei noch ein Beispiel aus "Glose" für das spontane Aufbrechen vorher aufgestellter Regeln angeführt: Cluster treten in den Segmenten C, I, L, U + U' in "Glose" auf. Bemerkenswert erscheint, dass die Cluster bis auf die Ausnahme in U + U' immer jenen Segmenten zugeordnet sind, in denen nur **ein** Ton ausgeschlossen ist: In C kommt kein "gis" vor, in I kein "h", in L kein "d". Selbst in Q, wo kein "f" vorkommt, bleibt Boulez seinem Clusterprinzip treu insofern, als er gehäuft 2-Ton-Quasi-Cluster aus kleinen Sekunden verwendet. Bei dem letzten Segment mit **einem** ausgeschlossenen Ton, dem Segment V, durchbricht Boulez seine Regel. In V treten keine Cluster auf, dafür in U + U', obwohl hier vier Töne ausgeschlossen sind, anders herum gesagt, nur acht Töne vorkommen statt elf in C, I, L, Q, V.

Warum hat Boulez die Cluster zunächst den Elftonsegmenten zugeordnet? Es lässt sich denken, dass er hier für die Cluster mehr Bewegungsfreiheit hat als etwa bei nur acht möglichen Tönen. Schon in C merken wir aber, dass es ihm überhaupt nicht darauf ankommt, innerhalb der Cluster die Elftönezahl zu respektieren, eine selektive Harmonik zu errichten. Im zweiten Cluster in C kommt ein "gis" vor, das die Tonhöhenordnung sonst gerade verbietet:

Boulez hat sich in Bezug auf die Cluster eine Spielregel gegeben, nur um eine Spielregel zu haben. Dass sie durch jede beliebige andere ersetzbar ist, zeigt Boulez am Ende von "Glose" in U + U'.

Der Zufall der persönlichen, **gesetzlosen Setzung** findet überall Einlass in das Werk. Die sechs eben angeführten Beispiele unterscheiden sich auffällig von dem Prinzip der sonst inhärenten, strukturell integrierten Wahlfreiheit, welche die III. Sonate bestimmt. Denn es handelt sich um **rein-lokale** Ereignisse. Dort, wo der Komponist seine Struktur von Anfang an variabel angelegt hat, vermag er den Zufall einzuholen in dem Sinn, wie Boulez dies meinte: Eine Tongruppe (e f fis h), in der alle vier Töne frei permutierbar sind, liefert sich nicht den Willkürakten eines Komponisten aus; denn alle Möglichkeiten der Tonzusammenstellung sind sowieso in diese freie Tongruppe einbezogen.

Wo sich der Komponist aber eine Regel aufstellt (die für einen Teilbereich des Werks gilt), sie dann weitgehend befolgt und nur an einer Stelle durchbricht, fragt es sich, warum er diese Regel erfunden hat (oder: warum sie durchbrochen wurde). Besonders problematisch wird es, wenn sich die Regel offensichtlich auf das klangliche Äußere gar nicht bezieht (wie bei der Cluster-Elftonsegment-Beziehung in "Glose"), sondern dem Komponisten nur eine bequeme Handhabung seines Materials bietet. Der fehlende Ton wird **nicht** zum Ereignis.

Das Aufheben des Komponisten als einer dem Zufall unterworfenen Person scheitert in der Mikrostruktur der Sonate. Wir werden uns später fragen, ob das Aufheben sich eher innerhalb der Konzeption der Großform verwirklichen ließe. Boulez stellte sich vor, dass die offene serielle Logik des Werks von vornherein den Zufall miteinbeziehen würde. Über dem Werk könnte ein so offenes Regelgebäude stehen, dass der Komponist an keiner Stelle dieses Gebäude einreißen müsste, um zu endgültigen Lösungen, zum endgültigen Notentext vorzustoßen. In weiten Bereichen ist ihm das gelungen: Unter Nichtbeachtung kleinerer Versehen erscheint besonders der Tonhöhenbereich als ein in sich logischer, geschlossener Organismus. Er wird nur dort, wo es gilt, die exakte Position eines Tones auf dem Notenpapier festzunageln, zuweilen gestört. Hier kommt Boulez oft nicht drumherum, beliebige, austauschbare Setzungen vorzunehmen. Wir sahen dies in "Texte" bei der Wahl der Gruppenreihenfolge, bei der Ordnung der Vorschlagsgruppen, auch in "Glose", was die Cluster betrifft.

Boulez Konzeption von der Anonymität des Werks kann sich am ehesten da realisieren, wo von vornherein eine offene Strukturierung herrscht, kein aufgepfropftes Schema mit begrenzter Reichweite stört. Deswegen ist z.B. Boulez' Prinzip der Oktavlagenfixierung in "Texte" sofort verständlich: Es gibt von Anfang an sehr verschiedene Möglichkeiten des Klangaufbaus, die nicht serialistisch aufeinander bezogen werden, sondern unter denen offensichtlich frei auszuwählen ist. Entweder werden die Oktavlagen der Töne gemäß den reihenunabhängigen intervallischen Symmetrien einer Gesamt-Akkordsäule bestimmt (z.B. in Sektion A, K in "Texte"), oder die Grundreihe bestimmt den symmetrischen Aufbau eines Akkords (in B, I). Daneben gibt es Mischformen dieser beiden Strukturierungsmöglichkeiten, dazu, im graduellen Übergang, außer Teil- auch Kaum-Noch-Symmetrien, ferner völlige akkordische Asymmetrien als Gegenpol zur vollständig symmetrischen Sektion B.

2. Der rhythmische Bereich

Boulez hat sich im rhythmischen Bereich einen Regelkanon geschaffen, der ihm gestattet, aus einer Fülle möglicher rhythmischer Erscheinungsformen jeweils eine bestimmte Form auszuwählen. Der Komponist vermag dabei im Boulez'schen Sinn "anonym" zu bleiben, da er diese Formen nur aus dem Regelkanon abliest. Natürlich ist dieses Regelgebäude **vor** der eigentlichen Komposition doch vom Komponisten errichtet worden. **Während** des Komponierens aber vermag der Komponist lediglich als ferner, behutsamer Lenker dem Werk gegenüber zu treten - wenn er sich denn tatsächlich mit den "anonymen" Resultaten bescheiden würde. Dies tut Boulez aber beileibe nicht!

Wir bemerken die **Sekundärvariationen** der **Zellenvariationen**: Nach den Regeln streng umgeformte Zellen werden, bevor sie im Notentext erscheinen dürfen, nochmals sekundär, quasi-improvisatorisch, verändert. Greifen wir aus unserer rhythmischen Analyse einige Beispiele heraus:

1.

In Zelle C von "Texte" heißt Element b) nicht

$$\overbrace{\quad\;3\;\quad}$$
$$\downarrow\;\downarrow\;\gamma\;(\gamma)$$

oder bei einer einfachen Umformung Triole / Duole

$$\downarrow\;\downarrow\;\gamma$$

sondern, um die Hälfte der erscheinenden Werte verschoben:

$$\gamma\;\downarrow\;\downarrow\;\gamma$$

2.

In Zelle G heißt dasselbe Element b) ohne die übergeordnete Triolierung:

$$\overbrace{\quad\;3\;\quad}$$
$$-\;\;\gamma\;\downarrow.\;\downarrow$$

Element b) ist also (neben der Positionsveränderung) **augenscheinlich frei** asymmetrisch umgeformt. Wir sehen, mögliche **Regeln** wuchern zu immer neuen Auslegungen. Selbst mögliche Fehler integrieren sich in die Endlosigkeit der Erscheinungsformen:

3.

In Zelle G heißt der erste Wert des Elements d)

$$(-\;\gamma)\;\downarrow$$

und nicht, wie es rechnerisch richtig wäre:

$$(-\;\gamma)\;\downarrow\!\!\downarrow$$

Allerdings gibt es nicht allzu viele Fälle im rhythmischen Bereich, bei denen sich eine Improvisation jenseits der Regeln erkennen ließe. Boulez' Regeln sind bewusst so weit gefasst, dass faktisch jede rhythmische Konstellation möglich wird. Der Komponist gewinnt eine nahezu umfassende Freiheit. Trotzdem bleiben, zumindest in der Analyse, die Grundregeln erkennbar. Die riesige Auswahl an Möglichkeiten verlangt nach der persönlichen (das kann nur heißen: spontanen, emotionalen, zufallsbezogenen) Steuerung durch den Komponisten. Gerade im rhythmischen Bereich erweist sich - ganz abgesehen vom Postulat der Anonymität, das sich hier einfach nicht aufrechterhalten lässt - die große Gestaltungsphantasie Boulez'.

3. Die Dynamik

Vor allem im dynamischen Bereich zeigt sich die Offenheit der strukturellen Konzeption, damit also die unbedingte Notwendigkeit spontaner Entscheidungen. Zwar enthält "Texte" exakt 12 dynamische Bezeichnungen, was zunächst auf eine serielle Planung hinzudeuten scheint:

ppp, pp, p, mp, mf, quasi f, f, poco sfz, sfz, sfz assai, più f, ff.

Diese Bezeichnungen variieren aber innerhalb der anderen Formteile "Parenthèse", "Commentaire", "Glose". In "Glose" tauchen zusätzliche Zeichen auf wie *fff, sffz, molto sfz.* In "Commentaire" auch *ffff.* In "Parenthèse" unter anderem *ff sonore, poco meno f.*

Wichtige Hinweise auf Boulez' Behandlung der Dynamik finden sich in seiner Schrift "Musikdenken heute 1".(210) Er gibt hier ein sehr einfaches Beispiel aus der III. Sonate, Formant "Trope", "Commentaire", Segment B: (211)

Zu einer "Menge" von 9 Tönen tritt die "einfache" dynamische Angabe **ff** > **p**. Ebenso kann eine "komplexe" dynamische Angabe zu einer Tonhöhenmenge hinzutreten. Das alles klingt banal und selbstverständlich. Boulez will damit aufmerksam machen auf die Möglichkeit, Dynamik nicht nur punktförmig aufzufassen (wie es der frühe Serialismus versuchte), sondern sie auf größere Zusammenhänge, auf "Mengen" zu beziehen. Dieser Abschnitt seiner Schrift ist nur zu verstehen, wenn der Leser sich die Situation jener Zeit vergegenwärtigt: Boulez sucht nach einer mehr oder weniger seriellen Begründung der Dynamikbehandlung, ist sich aber darüber im Klaren, dass eigentliche Serialität, also Reihendenken, innerhalb des dynamischen Bereichs gescheitert war. Mit der Zeit drangen die seriellen Komponisten zur Erkenntnis vor, dass im musikgeschichtlichen Prozess der Sinn für dynamische Vorgänge nicht so weit entwickelt wurde wie etwa die Empfindlichkeit für Tonhöhenbeziehungen. Es erwies sich demzufolge als utopisch, die Dynamik in gleicher Weise seriell auszudifferenzieren wie den Tonhöhenbereich. Hinzu kommt, dass dynamische Werte nie exakt auszuführen sind, dass sie außerdem immer relativ zu der jeweiligen dynamischen Umgebung gehört werden, folglich nur auf dem Notenpapier als absolute Werte existieren.

Die Konzeption der Dynamik in der III. Sonate gibt dem Komponisten die allergrößte Möglichkeit, entweder die durch andere Parameter gegebenen Strukturzusammenhänge zu unterstreichen, sie zu verwischen oder neue Zusammenhänge zu schaffen.

In "Texte" trägt die Dynamik zur Abgrenzung der 13 Sektionen bei. Das Urbild ist folgendes Intensitätenmuster, das mit seinen vier Elementen sowohl an den Tonhöhen- als auch an den rhythmischen Bereich gemahnt:

a) ══════ längeres Diminuendo

b) ➤ kurzes Diminuendo

c) sf

d) ══════ längeres Crescendo

Die Anfangs- und Endbezeichnungen der Crescendo- und Diminuendo-Zeichen variieren frei, ebenso die *sf*-Bezeichnung. In Sektion A steht statt des *sf* ein ▼ mp

In B ist das Sforzato-Element c) weggelassen; die Elemente a) und d) sind aneinandergestellt:

a) + d)   p ══════ ══════
b)   mf ➤ mp

Die Dynamik der Vorschlagsnoten ist oft ein freier Kommentar auf die Hauptdynamik, oft ist sie aber auch in die Hauptdynamik integriert, wie in B; ebenso in C:

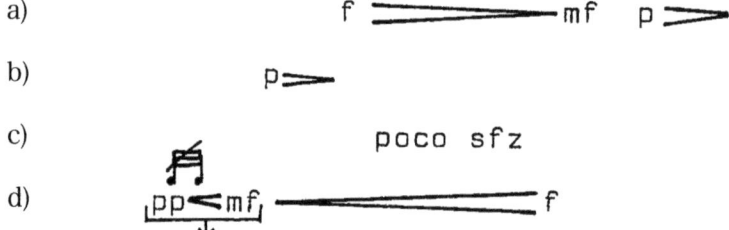

auch als umgekehrtes Element b) interpretierbar,
siehe zum Vergleich den Anfang von Sektion B.

In D hingegen löst Boulez das Urbild weitgehend auf. Hier treten das erste Mal sich nicht verändernde dynamische Flächen auf: ***pp*** und ***p***.

```
        pp              pp
    pp(ohne <) p
    pp <mf      mp  >     >pp
p
```

In E isoliert Boulez das dynamische Element d): ***f sub.*** <

In F steht die dynamische Fläche ***più f - sfz*** gegen die Elemente d) und c):

```
c)?     più f
        sfz
d)              f <
c)              mf
```

G enthält offensichtlich wieder alle vier Elemente:

```
a)          mf(ohne >)mp   p
b)                              >ppp
            p >
c)
                    poco sfz
d)      mp(ohne <)  mf
```

Die Möglichkeiten, ins Werk bzw. seine ursprünglichen Gesetze einzugreifen, sind gerade im hierfür prädestinierten dynamischen Bereich unermesslich. Denn weder liegt die Stellung der Crescendi und Diminuendi zueinander fest noch deren dynamische Anfangs- und Endbezeichnung. Die Sektionen H bis N fügen unseren Erkenntnissen substantiell nichts Neues mehr hinzu, wir verzichten daher auf eine detaillierte Darstellung.

In "Parenthèse" wird die Dynamik zur Verdeutlichung der Tonhöhen- / Tondauernstruktur eingesetzt. Sie nimmt hier teil an der rückläufigen Struktur sowohl der "Tempo"- als auch der "Libre"-Zellen. Boulez variiert dabei sehr frei, in den "Libre"-Zellen wird z.T. regelrecht improvisiert.

Wir wollen dies am Beispiel der Außenbezirke der "Libre"-Struktur klarmachen.

"Libre"-Struktur Anfang (1. und Teil des 2. "Libre"):

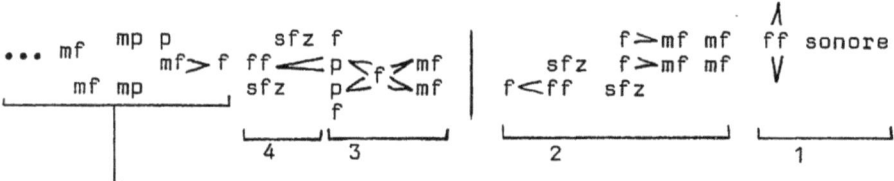

"Libre"-Struktur Ende (Teil des 4. und ganzes 5. "Libre"):

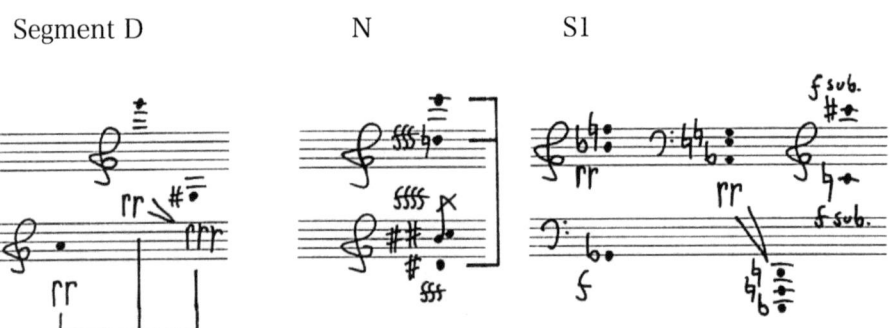

Dynamik ganz verändert.
Reine Improvisation

Die umfassende Freiheit bei der Dynamiksetzung zeigt sich besonders in "Commentaire". Hier besagt die Grundregel, dass die dynamischen Zeichen die Beziehungen zwischen Tönen aus derselben Tongruppe unterstreichen sollen. Wir greifen nur drei Beispiele heraus:

"Commentaire"

Segment D   N   S1

alle *pp*-Töne gehören zusammen,
sowie alle *f*-Töne

Mitunter verbindet die dynamische Angabe auch reihenmäßig zusammengehörende Gruppen, also größere Zusammenhänge. Wir sahen dies soeben in S1, wo die pianissimo-Töne zusammen die Gruppen (d dis e a) und (f g as b) bilden, die forte-Töne die unvollständige Gruppe ((h) c cis fis). Ein weiteres Beispiel für die Verdeutlichung größerer Reihenteile durch die Dynamik ist F1:

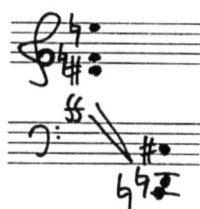

Die Dynamik täuscht aber auch Tongruppen vor. Im folgenden Beispiel aus H ist (h c des e) keine irgendeiner Reihe folgende Gruppe, (h c des ges) wäre eine:

"Commentaire", Segment H

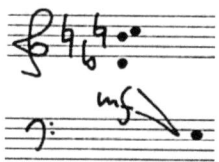

"Commentaire", Segment S2: "ais" und "fis" können nicht zusammengehören, da keine Gruppe der Reihen eine große Terz enthält:

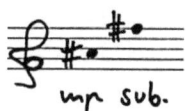

Tatsächlich vorhandene Gruppen können durch die Dynamik verschleiert werden:

"Commentaire"

Segment I/1   B

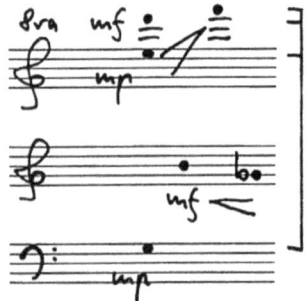
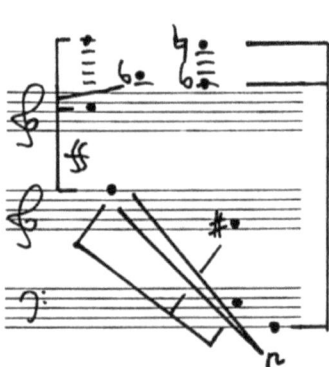

Die *mf*-Töne gehören nicht zusammen.

Boulez geht völlig frei mit seinen Zeichen um. Es gibt keine Schemata, stattdessen nur sehr globale Regeln, die zum Umstoßen da zu sein scheinen. Anonymität ist geradezu das Gegenprinzip zur dynamischen Mikrostruktur der III. Sonate.

4. Die Anschlagsarten

Wir werden nur ein kleines Beispiel herausgreifen. In der Behandlung dieses Bereichs besteht kein wesentlicher Unterschied zu jener der Dynamik. Boulez behandelt beide Bereiche kongruent; z.B. verdeutlichen in "Parenthèse" die Anschlagsarten in gleicher Weise die rückläufige Struktur der "Tempo"- und "Libre"-Zellen wie die Dynamik auch. Das bedeutet, es ist auch die Möglichkeit eingeschlossen, **gegen** die Rückläufigkeit zu stehen, die Struktur asymmetrisch erscheinen zu lassen. Außerdem lassen sich wie im dynamischen Bereich lokale Varianten erkennen.

Bei der folgenden Gegenüberstellung des 2. und 4. "Libre" aus "Parenthèse" werden wir die *sfz* -Bezeichnungen nicht berücksichtigen wegen ihrer Zwitterstellung zwischen Anschlagsart und dynamischer Bezeichnung. Die meisten Bezeichnungen bezüglich des Anschlags enthalten ohnehin eine dynamische Komponente. Auf dem Klavier ist folglich der Parameter "Anschlagsart" nicht selbständig.(212)

"Parenthèse", 2. "Libre"

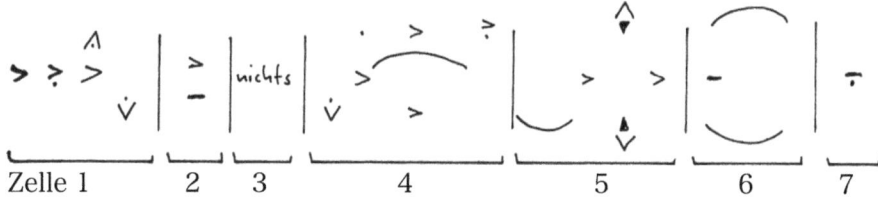

Die Zelleneinteilung wurde von der rhythmischen Struktur übernommen

"Parenthèse", 4. "Libre"

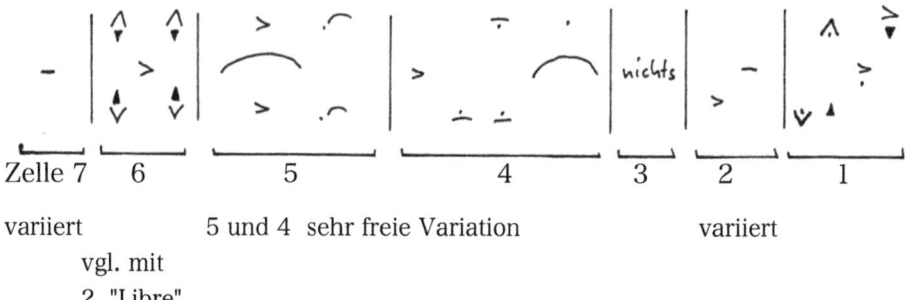

variiert   5 und 4 sehr freie Variation   variiert
   vgl. mit
   2. "Libre"
   5. Zelle!

Was wirklich an Boulez' Sonate anonym sein könnte, ist schwer zu fassen. Die Mikrostruktur erweist sich als gespalten.

Kommentar zu 1.:

Der Tonhöhenbereich ist noch am ehesten ein aus seinen eigenen Regeln und eigenen Definitionen heraus operierender Mechanismus. Gerade weil dessen Definitionen exakt fassbar sind, lassen sich konzeptionelle Brüche bzw. Freiheiten aufzeigen, also nicht-anonyme Setzungen des Komponisten.

Kommentar zu 2.:

Der rhythmische Bereich enthält äußerst weitgefasste Regeln. Die rhythmischen Konstellationen lassen sich oft nicht eindeutig auf diese Regeln zurückführen. Das macht die Farbigkeit der Partitur aus. Gerade hier zeigt sich Boulez als Verursacher eines persönlichen, unwiederholbaren Werks.

Kommentar zu 3. und 4.:

Extrem deutlich erweist sich im dynamischen und im daran mehr oder weniger gekoppelten Anschlagsarten-Bereich das Vermeiden unpersönlicher, schematischer Lösungen. Solche Möglichkeiten wurden gar nicht erst gesetzt.

Es fragt sich, ob der Begriff der "Anonymität", den Boulez vor allem aus dem Werk Mallarmé's und Joyce' abzog, glücklich auf die III. Sonate anwendbar ist, ob er nicht eher das, was diese Sonate wirklich darstellt, verschleiert.

Der Dichter vermag insofern "anonym" zu werden, als er, wie schon Flaubert, in seinem Werk über seine Personen nicht richtet, sich wie ein anonymer Beobachter verhält. Er vermag auch, wie Mallarmé, durch inhaltlich konträre Aussagen seine eigene Person aus dem Werk herauszuziehen und den Worten ein Eigenleben zu gestatten, welches sich der Leser selbst ausdeutet. Der Dichter kann vermeiden, von sich selbst zu erzählen, indem er sich dem Klang der Worte, ihrem Streben zu verwandten Worten hingibt, im klingenden Wortspiel den ganzen Werkinhalt aufgehen lässt - wie Joyce im "Finnegans Wake".

Der Komponist hat nicht die inhaltlichen Möglichkeiten eines Dichters, da keinem Ton, keiner Tongruppe eine fest umrissene Semantik zuzuordnen ist. Er kann sich nicht aus dem Werk katapultieren, indem er sich wie ein Beobachter der Vorgänge verhält; indem er seine Aussagen zurücknimmt. Denn: Selbst in der matrix-gebundenen "Structure 1 a" wird die Entscheidung **gegen** sprachgebundene Muster aus älterer Musik zum körperlich erfahrbaren Ereignis, welches der Komponist evoziert. Das Negativbild ist ein sehr heftiges, sinnlich erfahrbares Bild. Die Melodie- oder Puls-**losigkeit** transportiert vehement die Melodie- und Puls-**haftigkeit** einer anderen Musik. Die III. Sonate ist jedoch absolut nicht melodie- oder pulslos. Das Wort "Anonymität" besagt hier also wenig oder führt in die Irre.

B. Zum Begriff der offenen Form

Anonymität - offene Form - Zufall: Diese Begriffe sind ineinander verwoben, sie sind kaum deutlich zu trennen. Deswegen hat es etwas Gewaltsames an sich, wenn wir den Aspekt der offenen Form jetzt isoliert von den anderen Begriffen betrachten wollen. Wir tun es, um auf eine Paradoxie aufmerksam zu machen. Hierzu müssen wir etwas weiter ausholen.

Unsere Analyse hat gezeigt, dass Mikro- und Makrostruktur auf demselben Prinzip aufbauen: dem der ständigen Wahlfreiheit unter verschiedenen Möglichkeiten. Der Tonhöhenbereich basiert auf Tongruppen, in denen die Töne frei austauschbar sind, z.B.

$$\text{fis} \leftrightarrow \begin{matrix} e \\ \updownarrow \\ h \end{matrix} \leftrightarrow f$$

Die rhythmische Zelle enthält ebenfalls Elemente, die neben ihrer variablen Stellung zueinander noch intern veränderbar sind. Ähnlich ist die dynamische Zelle angelegt.

Das Prinzip der Wahlfreiheit dehnt sich auf die formale **Medio-Ebene** aus. Hierunter verstehen wir die Vorzugsreihen, denen die Tongruppen folgen. Die Unterreihen dieser Vorzugsreihen können um sich selbst kreisen, dürfen aber, wie es in "Parenthèse" und "Commentaire" zu sehen war, nicht aus dem Kreis springen:

$$4 \circlearrowleft \begin{matrix} 1 \\ \\ 3 \end{matrix} 2$$

Hierin unterscheidet sich die formale Medioebene von der Mikroebene.

Die Großform von "Trope" ist ähnlich wie die formale Medioebene eingeschränkt beweglich. Es sind hier aber zwei Kreisanordnungen vorgeplant, wie wir bereits geschildert hatten:

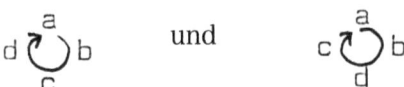

Der Formant "Trope" ist ferner eingeschlossen in die formale Gesamtanlage der III. Sonate, die eingeschränkt beweglich ist:

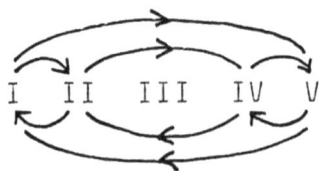

Boulez überlässt dem Interpreten sowohl innerhalb der einzelnen Formanten als auch innerhalb der Gesamtanlage der Sonate formale Entscheidungsfreiheiten. Allerdings ist diese Freiheit eine scheinbare, denn der Interpret realisiert in jedem Fall nur den Willen des Komponisten, der ja jede Kombination vorgeplant hat.

Die angesprochene Paradoxie der offenen Form ist folgende: Sie verwirklicht sich in der III. Sonate auf einer Grundlage totaler mikro-formaler **Geschlossenheit**. An einem bestimmten Punkt bricht Boulez die offene Konzeption ab (obwohl sie prinzipiell viel weiter ins Werk hineinreichen könnte) und trifft seine Entscheidungen nach alter Weise **ohne** den Interpreten. Eine ungebrochene offene Logik müsste dazu führen, dass auch die Wahl der Unterreihen dem Interpreten überlassen wird, sogar dass er die Stellung der Tongruppen zueinander und die Tonreihenfolge innerhalb der Tongruppen bestimmen darf. Die Parameter Dauer und Intensität könnten natürlich ebenfalls in derartige Überlegungen einbezogen werden.

Wenn das Konzept des offenen Werks in dieser Weise zu Ende gedacht wird, gibt sich der Komponist auf. Um das zu verhindern, muss er der Offenheit an irgendeinem Punkt einen Riegel vorschieben. Das ist dann eine persönliche Setzung, ein Eingeständnis der Unmöglichkeit - wie bei Mallarmé - , das Absolute mit dem Ich zu verbinden. Durch die Grenze, die Boulez setzen muss, wird der **Kompromisscharakter** der III. Sonate deutlich. In "Texte" und "Glose", die beide völlig geschlossene formale

Einheiten sind, setzt er diese Grenze sogar sehr früh an.

Die mikrostrukturelle offene Logik der Sonate, die dem Komponisten einen großen Entscheidungsspielraum zugesteht, verlangt **nicht** aus ihrem Prinzip heraus nach einer auf dem Notenpapier veränderlichen Großform. Der Komponist könnte auch im Bereich der Großform seine definitiven Entscheidungen treffen, zumal da er im Mikrobereich schon mit dem Entscheidungen-Fällen angefangen hat.

Wir gelangen letztlich zu Mallarmé's Feststellung über seine eigene Kunst:

> "Wozu dient das alles? Zu einem Spiel."(213)

Im "Coup de dés..." kommt das Wort "Chance", das natürlich auch "Zufall" bedeutet, in der Bedeutung "Spiel" vor. Zu "Chance oiseuse" (kurz vor "N'ABOLIRA") schreibt Hugo Friedrich:

> "Spiel meint die Zweckfreiheit, ja absolute Freiheit des kreativen Geistes."(214)

Dieses "Spiel" in reiner "Zweckfreiheit" müssen wir der III. Sonate zugestehen, nicht auf ihrer hypothetischen Inhaltlichkeit im "Anonymat" beharren. Wir sollten über ihrer offensichtlich gebrochenen Philosophie nicht ihren Spielcharakter vergessen. Boulez schrieb in "Alea":

> "Je weniger man entscheidet, desto mehr hängt die einzige Chance für die Begegnung der Objekte vom reinen Zufall ab; je mehr man entscheidet, desto mehr hängt das musikalische Ereignis von jenem Koeffizienten des Zufalls ab, der durch die Subjektivität des Komponisten gebildet wird. Am mehr oder weniger aufgelockerten **Spiel** mit dieser Antinomie wird sich das Interesse für eine Passage des so komponierten Werkes entzünden."(215) (Hervorhebung vom Verfasser)

C Der Zufallsaspekt der Sprache - Die Notwendigkeit der Codeveränderung

Wir haben bereits erörtert, wie der Boulez'sche Zufallsbegriff zu verstehen ist. Im Hintergrund steht - wie bei Mallarmé - der Gedanke, der Zufall sei in seiner die gesamte Realität der Dinge umfassenden Eigenschaft der eigentliche Widersacher des Absoluten, des Ideals. Der Zufall als Zufälligkeit wird selten angesprochen, z.B. im soeben angeführten Zitat bei der Formulierung "reiner Zufall". Wenn Boulez aber vom "Koeffizienten des Zufalls" spricht, der durch die Subjektivität des Komponisten gebildet werde, so meint "Zufall" etwas anderes: das Ausgeliefertsein an die Beliebigkeit der Entscheidung. Irreführend, weil nur metaphorisch, ist die Verknüpfung des technischen Begriffs "Koeffizient" mit dem hier sozusagen poetischen (Mallarmé'schen!) Gehalt des Begriffs Zufall.

Als zufällig empfand Mallarmé auch die Sprache, wie wir gesehen haben. Mallarmé versuchte, ihrer Zufälligkeit, ihrer Verdinglichung zu entgehen durch die Periphrase, die kunstvolle Umschreibung der Dinge. Joyce ging noch weiter als Mallarmé und brach vor allem in seinem letzten Werk die Sprache so gänzlich auf, dass kaum ein Wort in seiner Alltagsbedeutung vorkommt. Praktisch jedes Wort wird in "Finnegans Wake" **geblendet** durch ein anderes. Damit wird seine ursprüngliche Bedeutung durch andere überlagert. Dies ist nur ein einfacher Fall von Wortveränderung. Falls überhaupt noch ein Beispiel nötig ist, nehmen wir ein humorvolles: "greasefulness" ist ein durch "grease" (Schmierfett) geblendetes "gracefulness" (Grazie, Anmut, Würde).(216)

Es lässt sich eine Tabelle aufstellen über die allmähliche Entfernung der "Finnegans Wake"-Wörter von der Alltagssprache. Geben wir die Tabelle von Manfred Jahn (217) in Kurzform wieder, und versuchen wir im Anschluss einen Vergleich mit Boulez' Technik, sich in verschiedenen Stufen von der ursprünglichen Zwölftonreihe zu entfernen. Worauf es uns bei diesem Vergleich ankommt, ist allein die Feststellung der **Ähnlichkeit** des Verfahrens. Sowohl Joyce als auch Boulez verwenden einen Code, von dem sie sich in verschiedenen Schritten bis hin zum

"Unwort" bzw. zur "Unreihe" entfernen. Es soll mit dem Vergleich keineswegs gesagt werden, Boulez benutze dieselbe Technik wie Joyce.

In Jahns Dissertation über "Sprachspielerische Wortbildungstechniken in James Joyces FINNEGANS WAKE" findet sich folgende Aufstellung von Worttypen:

1. gibt es **Legiwörter** =gesetzmäßig verwendete Wörter, die im englischen Wörterbuch stehen. Jahn meint ein "fiktives" Wörterbuch, das alle englischen Wörter mit ihren phonischen und grafischen Werten enthält, auch alle zusammengesetzten Wörter, kurz: alle Wörter, "die einem idealen **native speaker** 'auf Abruf' zur Verfügung stehen".(218)

2. gibt es **Sinwörter** =Kunstwörter: Jedes Wort, das nicht Legiwort ist, ist ein Sinwort. Bei den Sinwörtern sind verschiedene Typen zu unterscheiden:

a) **potentielle Legiwörter** wie z.B. "kingable" (=suitable for being king): Wörter, "die grammatisch gebildet sind, sich in Morpheme analysieren lassen (king-able), Bedeutungen haben, aber nicht im Wörterbuch verzeichnet sind".(219)

b) Semiwörter wie z.B. "payrent" (=someone who pays the rent): Wörter, "die grammatisch irregulär gebildet sind"; sonst gelten die Kriterien von a).

c) Noncewörter wie z.B. "wug": Wörter, "die sich nicht in Morpheme analysieren lassen, keine Bedeutung haben, nicht im Wörterbuch stehen, und deren phonischer Wert wohlgeformt englisch ist". Hier lassen sich

1) Phonische Noncewörter und

2) grafische Noncewörter unterscheiden.

"Playgue" ist z.B. nur ein **grafisches** Noncewort, da der **phonische** Wert mit "plague" (Plage) identisch ist, also einem Legiwort.

d) **Unwörter** wie z.B. "mrul", "knie". Sie unterscheiden sich dadurch von den Noncewörtern, dass ihr phonischer Wert unenglisch strukturiert ist. Unwörter in Bezug auf das Englische können aber in anderen Sprachen Legiwörter sein, wie "knie" in Bezug auf das Deutsche.

Was lässt sich über Boulez' Verhältnis zum Code sagen? Wir werden uns jetzt auf den Tonhöhencode beschränken. Die Ausgangskonstellation ist die Zwölftonreihe mit ihren Tongruppen. Letztere könnten in der Gesamtheit ihrer Transpositionen, Umkehrungs-, Kreis- und Krebsformen der Rubrik "Legiwort" entsprechen: Die Reihe und ihre Tongruppen repräsentieren wie das "Legiwort" die ursprüngliche Grammatik des Codes.

1. Die **Zwölftonreihe** mit ihren "klassischen" Permutationsmöglichkeiten: Wir finden die Reihe, die Boulez in "Musikdenken heute 1" als die Grundlage der Tonhöhenstruktur von "Trope" beschreibt, das einzige Mal durchgehend und fast ohne Unregelmäßigkeiten verwendet in den "Tempo"-Zellen von "Parenthèse" aus dem Formanten "Trope". Boulez benutzt hier, wie wir gesehen haben, die Grundreihe (in etwas umgestellter Form) und verkettet sie mit ihrer transponierten Krebsumkehrung (=Unterreihe 2), diese wiederum mit einer Tritonustransposition der Grundreihe (=Unterreihe 3), diese schließlich mit einer weiteren transponierten Krebsumkehrung (=Unterreihe 4). Diese Technik bewegt sich im Rahmen dessen, was speziell Webern fand. In den "Tempo"- Zellen von "Parenthèse" artikuliert sich die klassische Zwölftontechnik.

2. **Erweiterte Permutationsmöglichkeiten.**

a) **Rotation** der Tongruppen; Boulez spaltet seine Reihe in Tongruppen auf und lässt diese rotieren, dies noch analog zu Webern. Der einfachste Fall einer neuen Reihenbildung bei Boulez ist die Vertauschung der Position einer Tongruppe. Durch dieses Prinzip entsteht das System der vier Vorzugsreihen:

1. Vorzugsreihe	**a**	**b**	**c**	**d**	etc.
2. Vorzugsreihe	**b**	**c**	**d**	**a**	etc.
3. Vorzugsreihe	**c**	**d**	**a**	**b**	etc.
4. Vorzugsreihe	**d**	**a**	**b**	**c**	etc.

Dieses Prinzip findet sich z.B. in "Commentaire", Segment I/2.

b) **Zusammenschweißen** von Tongruppen: Weiter von der Reihe entfernt sich schon die Gruppenanordnung in "Texte". Die Gruppen **b** und **d** werden zu **b/d** zusammengefasst. Das bedingt eine neue Stellung von **a** zu **c**. Wir finden Gruppenreihenfolgen wie **c - a - b/d**.

c) **Rotieren der Einzeltöne** innerhalb der Gruppen: Im eben angeführten "Commentaire"-Beispiel I/2 sehen wir, dass die Tonreihenfolge innerhalb der Gruppen noch gewahrt ist. Genau der transponierten Reihe entsprechend (Transposition +4) treten die Töne nacheinander auf. Nur das "ais" wird am Ende weggelassen:

Gruppen: b c   d   a
Töne: c | h d e cis | fis eis g | gis a dis (ais)
Töne gemäß der Reihe:
         5   6 7 8 9   10 11 12   1 2 3 4

Die Wahrung der Tonreihenfolge ist aber ein seltener Fall. Zumeist lässt Boulez die Töne innerhalb der Gruppen frei rotieren. Nehmen wir ein Beispiel aus "Texte", Sektion D (=Transposition +11)

Gruppen: b/d   c   a
Töne: d cis g | h gis fis a | b   es e
         c   f
Töne gemäß der Reihe:
         12 10 5   8 9 6 7   3   1   2
         11   4

Originaltransposition +11 der Grundreihe zum Vergleich:
es e   b   f | g | fis a   h   gis | cis c d
1   2   3   4   5   6   7   8   9   10 11 12

d) **Übereinanderlagern** von Tongruppen: Schon in "Texte", ganz extensiv aber in "Parenthèse" und "Commentaire" lässt Boulez die Gruppen sich überlappen: Die folgende setzt ein, wenn die vorhergehende noch nicht mit allen Tönen ausgeführt ist. Dieses Prinzip taucht schon am Anfang von "Texte" auf:

Sektion A (=Transposition +4)

Gruppen: c unvollständig | b/d unvollständig | a | aus c und b/d
                                                     nachgeholte Töne:
Töne: e   cis   f   gis   h   c
            d   dis   g
                                               b   fis
                                               a

Wir müssen hier unterscheiden zwischen grafisch eindeutigen und grafisch vieldeutigen Gruppen. **Grafisch** meint hier die Gesamtheit der visuellen Erscheinung. Eingeschlossen sind 1. die Verteilung der Töne auf die Notensysteme, 2. die rhythmische Notation, 3. die Dynamik, 4. die Anschlagsarten.

1) Grafisch eindeutige Gruppen: In "Texte" bemerken wir, dass zumindest vom Notenbild her die Gruppen oft deutlich voneinander abgegrenzt werden. Grafisch wird also die Reihe noch befolgt, mit allen Einschränkungen wegen der Tonrotation innerhalb der Gruppen. Die Gruppenüberlappung wird also durch das Notenbild kompensiert:

"Texte", Sektion A

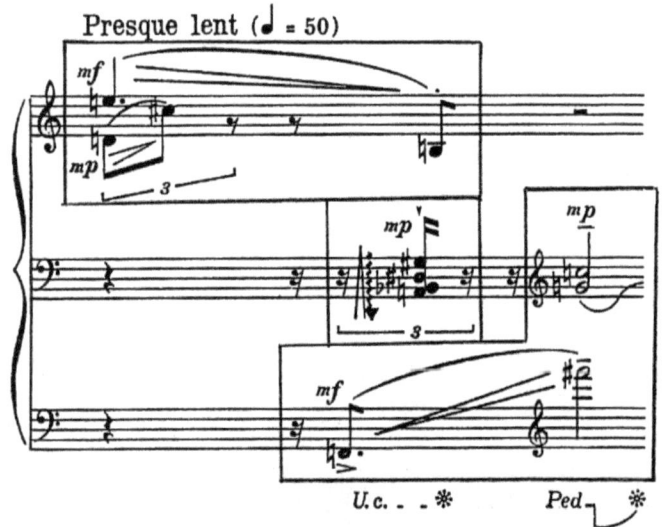

2) Grafisch vieldeutige Gruppen: Anders sieht es in den "Libre"-Zellen von "Parenthèse" aus, wo die zusammengehörenden Töne einer Gruppe quer durch alle Notensysteme springen und wo ihre Verwandtschaftsbeziehungen auch nur selten durch die rhythmische, dynamische etc. Notationsweise verdeutlicht werden:

"Parenthèse", 2. "Libre"

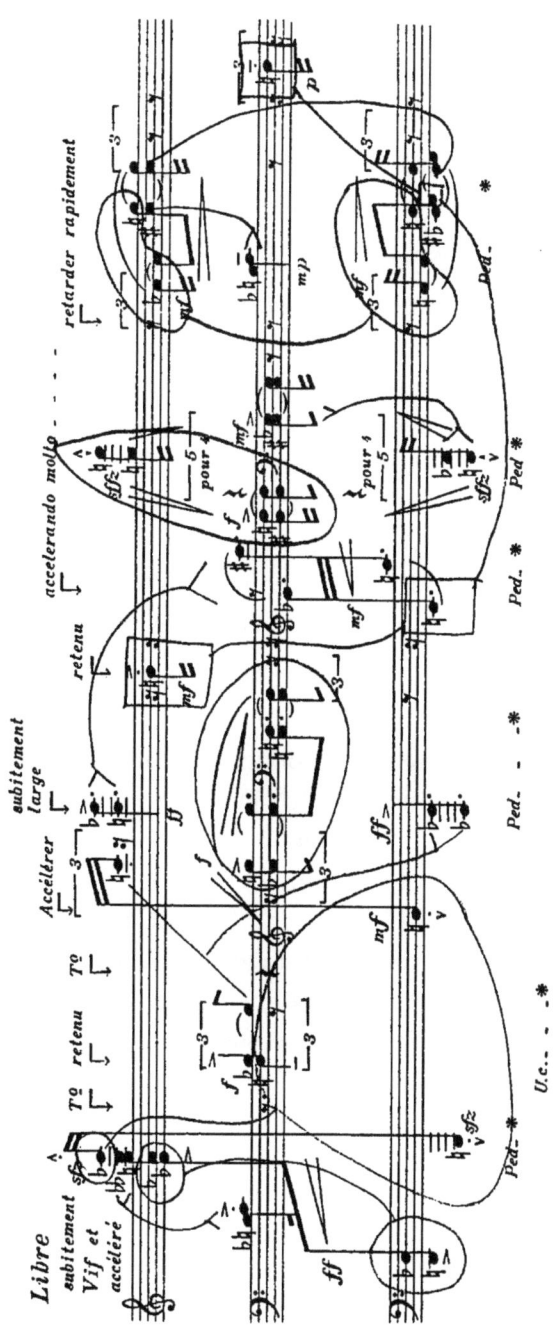

e) **Vervielfachung** von Gruppen: Während in "Texte" noch ganz streng pro Reihe jede Gruppe nur 1x vorkommt (1x **a**, 1x **b/d**, 1x **c**), treten in "Parenthèse" und "Commentaire" Vervielfachungen einzelner Gruppen auf. In "Parenthèse", 1. "Libre", z.B. tritt die Gruppe **a** 4x auf, die anderen Gruppen treten nur jeweils 2x auf.

f) **Auslassung** von Gruppen: Diesen Fall finden wir nur in "Commentaire", dort aber sehr häufig. Segment B lässt die Gruppe **b** aus, C die Gruppe **a**, D ebenfalls die Gruppe **a** etc.

g) **Vervielfachungen und Auslassungen von einzelnen Tönen der Gruppen**: Es ist schwer zu sagen, ob hier immer eine Absicht vorliegt. Wenn Joyce "twwins" (=Zwwillinge) schreibt, so hat die Verdopplung des "w" eine Aussagekraft. Wir wissen mit Sicherheit, dass kein Schreibfehler vorliegt. Verdoppelt Boulez in "Parenthèse" im 2. "Libre" ein "c", im 3. ein "f", im 4. ein "e", so kann dies ein bloßes Versehen sein, es sei denn, wir unterstellen die Absicht, diese Töne sind aus einem sehr persönlichen undurchschaubaren Grund hervorgehoben. Ähnlich gelagert scheinen einige der Unregelmäßigkeiten in "Commentaire", Segmente A, D, E/F1/2, G2b, I/2/K1, N5, O5/6/7, P, Q1, T2a/c/d. "Texte" und "Glose" enthalten keine derartigen Unregelmäßigkeiten.

h) **Intervallik der Reihe aufgehoben**: Die Unreihe. In "Texte" richtet sich die Intervallik ausnahmslos nach jener der Reihe. Nur möglich sind (samt Umkehrungen) 1. Halbton und Quarte, 2. Tritonus und Ganzton, 3. Kleinterz. Schritt für Schritt entfernt sich Boulez von dieser Regel über "Parenthèse", "Commentaire" bis hin zu "Glose". Eine echte Unreihe, deren Logik nicht mehr von der ursprünglichen Reihe geprägt wird, haben wir z.B. in "Glose", Segment T, wo die Großterz bzw. Kleinsext, also reihenfremde Intervalle, im Vordergrund stehen:

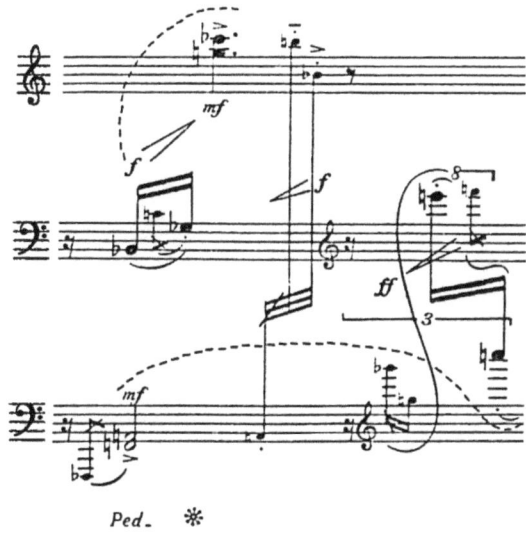

Nur die Vorschlagsgruppe (a h b) in der Segmentmitte, auch (ges g f) am Ende lassen noch Teile verschiedener Reihentranspositionen erahnen. Ferner unterliegt T natürlich der früher angesprochenen Reihen-Negativstruktur und bezieht sich insofern doch auf die Reihe.

Was lässt sich zu Boulez' Umgang mit dem Code zusammenfassend sagen? Boulez geht von der **alltäglichen** Erscheinung der Zwölftonreihe aus und entfernt sich in verschiedenen Schritten immer weiter von der Reihe. Einer möglichen Verdinglichung, Erstarrung der Struktur geht er dadurch aus dem Weg. Die Reihe selber erscheint, wenn wir Mallarmé's Denkweise auf die Musik projizieren, als Teil der zufallsausgelieferten Wirklichkeit. In ihrer Umschreibung und Auflösung erst vermag Boulez dem Zufall der vorgegebenen Setzung zu entkommen, allerdings wie Mallarmé nur scheinbar, denn der **Zufall** der Setzung wird lediglich ersetzt durch jenen der spontanen **Entscheidung**.

Ein ganz wesentlicher Unterschied besteht aber, das sei nochmals gesagt, zwischen der Situation des Dichters und jener des seriellen Komponisten: Der Dichter geht aus von einem Code, den der Rezipient von Grund auf kennt, wenn auch in vielen seiner Parameter nur im Unterbewusstsein. Der Rezipient einer Dichtung (wir müssen jetzt absehen z.B. von der "konkreten Poesie") kann daher dauernd zwischen dem Code und dessen Veränderung eine Beziehung herstellen. Wir sehen das deutlich bei Joyce: Im Nicht-Codewort "greasefulness" erkennt der Leser die Code-Wörter "gracefulness" und "grease". Er kann beide zu dem Sinngehalt verbinden: ein Zustand von Grazie und gleichzeitig voller Schmierfett.

Ein serieller Komponist hingegen geht aus von einem Code, den der ideale Rezipient prinzipiell zwar kennt als aus der Zwölftontechnik Gewachsenes, aber nur in der schriftbezogenen Ton-für-Ton-Analyse nachvollziehen kann, nicht beim Hören. Dieser ideale Rezipient, der Adorno'sche "Experte", (220) kann folglich beim Hören auch nicht die Abweichungen vom Code bemerken; d.h. eine der wichtigsten strukturellen Ebenen dringt gar nicht erst in sein Bewusstsein. Der eigentliche Adressat eines Werks wie der III. Sonate muss damit zwangsläufig der die Partitur sezierende Analysator sein. Die Kommunikation läuft vom Schreibtisch des Komponisten zu jenem des Analysierenden.

Für den Leser von "Finnegans Wake" sind Unwörter wie "mrul", "gnilb", "bnik" ein die Augen aufreißender Choc, ebenso wie die Neuschöpfung "ptyx" bei Mallarmé (als Reim auf "Styx", den Fluss in der griechischen Unterwelt). Eine Unreihe in "Glose" aber fällt weder dem Hörer noch normalerweise dem Interpreten auf, wenn er nicht zu Papier und Bleistift greift und eine derartige Struktur analysiert.

Natürlich ist damit das Verhältnis serielles Werk / Hörer nicht ausdiskutiert. Der Hörer, auch der ideal gebildete, bezieht sich ja beim Hören nicht auf den Zwölftoncode des Komponisten, sondern unbewusst auf jenen seiner umfassenderen musikalischen Sprachkenntnis. Wir haben gesehen, dass sich auch der Komponist nicht dem Spannungsverhältnis Serialismus / Tonalität entziehen kann. Ob aber in dieser Spannung der eigentliche Reiz beim Hören der III. Sonate liegt und damit auf einer anderen Ebene doch die Antinomie Wort / Unwort, also eine Spannung zwischen Code und ästhetischer Botschaft wahrgenommen werden kann, muss dahingestellt bleiben. Tonalität als einen der tragenden Beziehungspunkte in der III. Sonate annehmen, heißt, ihren Kern völlig verfehlen. Tonalität erscheint (vielleicht, oder: nicht nur) als ein Randphänomen; es bleibt der Subjektivität oder Bereitschaft oder Bildung des Hörers überlassen, wo und ob er dieses Phänomen wahrnimmt. Aber genau hier liegt das unauflösbare Rätsel der III. Sonate.

Wir finden also folgende mögliche Sachverhalte vor:

1. Die Spannung Serialismus / Tonalität ist eventuell wahrnehmbar, aber vom Komponisten nicht als **zentrales** Hörphänomen gewollt.

2. Die Spannung Reihe / Unreihe ist nicht wahrnehmbar, aber sie ist komponiert als zentrales strukturelles Ereignis.

Gewollt ist die Vermeidung der "integrierten Eigentümlichkeiten" einer vorgegebenen **Sprache**. Das heißt: Vermieden werden sollen die im musikgeschichtlichen Prozess verhärteten Vorstellungen von Tonhöhenhierarchien, Rhythmus, Form etc. Zum andern soll auch jede Verhärtung des Reihendenkens vermieden werden. Diese vorgegebene Technik, in den wenigen Jahrzehnten ihres Bestehens kaum zu einer **Sprache** verfestigt, wird bereits wieder zerbrochen. Ihre Bruchstücke werden eingeschmolzen in die Denkweise, im allgemeinsten Sinn **Struktur** zu erzeugen: symmetrische, teilsymmetrische, asymmetrische oder eine Struktur aus Überlagerungen all dieser Eigenschaften.

Vielerorts in der III. Sonate, besonders in "Commentaire" und "Glose", erscheint in der Tonhöhenanalyse die Suche nach der Reihe fast so verfehlt wie die Ausschau bei Webern nach einem tonalen Hintergrund. Die Reihe ist in den entwickeltsten Bereichen des Formanten "Trope" ersetzt durch eine völlig offene Logik der Variation, des Versteckens, des Auslassens und Hinzufügens, des Überlagerns und der Interferenzen.

Die serielle Musik, wie sie sich in der III. Sonate darbietet, unternimmt demzufolge eine doppelte Sprachzerstörung: jene der Tonalität sowieso und jene der Reihe. Dies unterscheidet sie ganz wesentlich von den Poetiken Mallarmé's und Joyce'. Wir können uns das klarmachen, wenn wir einige Gesichtspunkte der modernen linguistischen Forschung heranziehen:

Claude Lévi-Strauss unterscheidet in der "Ouverture" zu seinem Buch "Das Rohe und das Gekochte" zwei verschiedene kulturelle Denkweisen: "strukturales Denken" und "serielles Denken".(221) Umberto Eco greift in seiner "Einführung in die Semiotik" diese Unterteilung auf.(30) Strukturales Denken, wie es Lévi-Strauss und Eco verstehen, lässt sich kurz und sicher vereinfacht definieren als ein Denken, das auf dem vorgegebenen Code einer bestimmten Kultur aufbaut. Das serielle Denken hingegen versucht, gerade die vorgegebenen Codes umzuwerfen, sich dem strukturalen Denken zu entziehen.

Das strukturale Denken bewegt sich nach Lévi-Strauss auf zwei Artikulationsebenen. Beschreiben wir das zunächst anhand der Wortsprache:

Der erste Code steuere die **intellektuelle** Bedeutung der Wörter und der syntaktischen Konstruktionen. Dies sei der Code, den eine Kultur jedem ihrer Mitglieder mit auf den Weg gibt. Er sei nur sehr begrenzt beweglich und nicht austauschbar als Erbe der gemeinsamen Erfahrung und als Resultat der Zerlegung der sinnlichen Erfahrung in Gegenstände. Er werde größtenteils unbewusst gelernt und angewendet.

Der zweite Code des strukturalen Denkens steuere die **ästhetischen** Eigenschaften der Wörter: den **Wortklang**, der die Wortbedeutungen verstärken, verändern oder aufheben könne. Dieser zweite Code kann nach Lévi-Strauss nur Bedeutungen entfalten, da der erste Code existiert.(222) Ohne den ersten Code sei der zweite ein "bedeutungsloses", unverbindliches Spiel.

Lévi-Strauss unterstreicht, dass die Musik (außer der seriellen) auf die erste Artikulationsebene verweise. Diese erste Ebene werde

a) dadurch bestimmt, dass die Musik die "organischen Rhythmen" ausnutzt; sie wendet sich an die "Zeit der Eingeweide". Musikalische Erregung kann sie dadurch schaffen, dass sie die Zeiten des "theoretisch konstanten physiologischen Rasters" überspringt, verdoppelt, vorwegnimmt, mit Verspätung einholt; und zwar auf andere Weise, als der Hörer erwartet. Die erste Artikulationsebene wird nach Lévi-Strauss

b) durch das System der Tonleitern und der Intervalle bestimmt. Dieses System variiert von Kultur zu Kultur.(223)

Die zweite Artikulationsebene umschreibt Lévi-Strauss so: Sie bestehe

"in der Wahl und dem Arrangement der Einheiten sowie in ihrer Interpretation gemäß den Imperativen einer Technik, eines Stils und einer Manier".(224)

Diese Definition lässt sich auf verschiedene Manifestationen von **Sprache** anwenden: Wortsprache, Musik, Malerei. Techniken werden umgewandelt "nach den für einen Künstler oder eine Gesellschaft charakteristischen Regeln eines Codes".

Lévi-Strauss startet in "Das Rohe und das Gekochte" dann eine umfassende Kritik an der abstrakten Malerei und besonders an der seriellen Musik, allgemein an allen sich "nicht-figurativ" nennenden Schulen:

> "Sie verzichten auf die erste Artikulationsebene und geben vor, um des Überlebens willen sich mit der zweiten zu begnügen."(225)

Beziehen wir das auf die serielle Musik, prüfen wir, ob Lévi-Strauss recht haben kann. Die serielle Musik verzichtet (oder **will** verzichten, was einen Unterschied ausmacht) auf die ererbte formale, rhythmische und Tonhöhen-Sprache. Sie verzichtet nach Lévi-Strauss also auf die erste Ebene. Sie schafft sich einen neuen Code. Ihrem Prinzip der Verneinung kann sie nur treu bleiben, wenn sie auch diesen Code sich nicht verfestigen lässt und ihn wiederum aufhebt. Der Komponist ist also dauernd auf Entdeckung aus. Jede seiner Botschaften stellt den Code infrage, auch jenen, dem die Formulierung der Botschaft gerade gehorcht. Die III. Sonate lässt sich so definieren.

Wenn es der seriellen Musik tatsächlich gelungen sein sollte, die gewachsene tonale Sprache zu überwinden, und zwar in allen ihren Parametern, so würde sie tatsächlich allein auf der zweiten Artikulationsebene funktionieren. Sie wäre ein **bedeutungsfreies** Spiel, ausgedacht von einem isoliert arbeitenden Komponisten. Dass die serielle Musik das nicht ist, scheint Lévi-Strauss zu ahnen. Er schreibt:

> "Indem sie entschieden die Partei der Töne ergreift, stellt sich die serielle Musik, Gebieterin über eine raffinierte Grammatik und Syntax, selbstverständlich in das Feld der Musik, zu deren Rettung sie vielleicht sogar mit beigetragen hat."(226) (Lévi-Strauss kritisierte vorher die "Musique concrète", die bekanntlich völlig frei gegenüber Geräusch und Klang war.)

Allein die Tatsache, dass die seriellen Komponisten Töne und nicht Geräusche verwenden, weist hin auf die - zunächst allerdings sehr vage erkennbare - Affinität des Serialismus zum kulturellen Code. Lévi-Strauss hätte auch erkennen müssen, dass die serielle Musik nicht das Prinzip umstößt, die "Zeit der Eingeweide" zu artikulieren oder zu konterkarieren. Er beschäftigt sich jedoch nicht mit der rhythmischen Komponente des Serialismus. Dabei hätte er trefflich darauf aufmerksam machen können, wie umfassend die serielle Rhythmik mit den Zeiten des "theoretisch konstanten physiologischen Rasters" arbeitet, indem sie sie fortwährend **verändert**. Auch wenn serielle Musik nur dazu beitragen könnte, uns revoltieren zu lassen, so würde sie eben deswegen, wie die ältere Musik, eine erste Artikulationsebene enthalten.

In Teilbereichen ist die Entfernung der seriellen Musik von der "strukturalen", kulturabhängigen, kleiner, als Lévi-Strauss annimmt. Wir müssen uns aber darüber im Klaren sein, dass das serielle Denken gerade deswegen vom strukturalen Denken abgegrenzt werden muss, **weil** wir gemeinsame Züge bemerken können.

Kehren wir in einer letzten Kurve zurück zum Verhältnis Boulez' zur modernen Literatur. Gehen wir aus von Joyce. Joyce' Extremposition im "Finnegans Wake" ließe sich unter linguistischer Sicht so beschreiben: Die erste Artikulationsebene, also jene der intellektuellen, besser vielleicht: gegenstandsbezogenen Bedeutungen der Wörter, ist vorhanden. Sie ist sogar prinzipiell bis in die Einzelheiten der Orthografie und der Syntax vorhanden; denn der allergrößte Teil veränderter Wörter oder Sätze ist durch die Wirkung eines Codes der ersten Ebene begründbar. Diese Codes können allerdings verschiedenen Sprachen entstammen, sogar verschiedenen historischen Zeiten.

Überlagert (und in Vielem überhaupt erst verständlich) wird diese erste Ebene durch die zweite: Sie gibt die Begründung für das Spielerische, Isolierte der Joyce'schen Sprache. Hier drückt sich das extensiv **musikalische** Wollen Joyce' aus. Ihm lag selber sehr daran, beim Hören vom **Klang** der Worte auszugehen. Übersetzungen sollten an schwierigen Stellen weniger deren Semantik wiedergeben als eine dem Original adäquate Klanglichkeit erreichen.(227) Das ändert aber nichts daran, dass Joyce - wie Mallarmé - die erste Ebene der Wortbedeutungen zum Ausgangspunkt seines Denkens nahm.

Insofern als die **Intention** der seriellen Technik die Vermeidung der ersten Ebene ist, besteht keinerlei Ähnlichkeit zwischen dem Denken Mallarmé's oder Joyce' und jenem Boulez'. Wenn wir allein die Intentionen der Serialisten für ihr Werk selber nehmen, dürften wir ihre Werke nicht mit gewachsenen Musiksprachen als Träger von **Bedeutungen** auch für ihr Werk in Verbindung bringen. Lévi-Strauss begeht aber den Fehler, theoretischen Anspruch und Werk in eins zu setzen. Die Taue, die die Seriellen zerschneiden **wollten**, sieht er als zerschnitten an:

> "Denn im Gegensatz zur artikulierten Sprache, die von ihrer physiologischen und sogar physikalischen Grundlage untrennbar ist, wird dieses System [der seriellen Musik] abgetrieben, seit es selbst seine Taue zerschnitten hat. Ein Schiff ohne Segel, das sein Kapitän, überdrüssig, dass es nur als Brücke dient, aufs offene Meer gesteuert hat, in der geheimen Überzeugung, dass er, wenn er das Leben an Bord den Regeln eines minutiösen Protokolls unterwirft, die Besatzung von der Sehnsucht nach einem Heimathafen und einer Bestimmung ablenken wird ..."(228)

Es ist nicht auszuschließen, dass der Hörer eines Tages viele seriellen Werke als nicht so weit entfernt vom musikhistorischen Zusammenhang hören und begreifen könnte. Er müsste im Gegenteil die Verwandtschaft dieser Werke zur "Struktur" des abendländischen musikalischen Denkens erkennen. Was diese Struktur als Ganzes sei, ließe sich wahrscheinlich erst dann sagen, wenn der Hörer sie **von außen** zu betrachten vermag, d.h. wenn er selber einem anderen kulturellen Umfeld entstammte - oder zumindest einem veränderten, wenn er von einer Metaebene aus hören könnte.

Wir selber sind dem Handicap ausgeliefert, den "Metacode" im Sinne Eco's, die übergeordnete Struktur der uns erscheinenden Strukturen (modale, tonale Musik, Dodekaphonie, Serialismus, Mikrotonalität) kaum exakt bezeichnen zu können, da wir in unserer Kultur gefangen und befangen sind. Höchstens auf sehr allgemeiner Ebene können wir auf gemeinsame grammatische Erscheinungen aufmerksam machen:

1. In jedem Fall, egal ob es sich um mittelalterliche oder serielle Musik handelt, ist die Grundlage der musikalischen Struktur der einzelne Ton, nicht etwa das Geräusch.

2. In jedem Fall werden pro Oktave 12 Werte benutzt (die Mikrotöne sind innerhalb des Serialismus der 50er Jahre eine Randerscheinung).

3. In jedem Fall wird unter diesen 12 Werten eine strukturelle Anordnung getroffen in unterschiedlichen Formen wie Tonleitern oder -vorrä-

ten, Reihen, Tongruppen etc.

4. In jedem Fall wird eine Hierarchie von zentralen und peripheren Intervallen errichtet. Die peripheren Intervalle der modalen und tonalen Musik wären gerade jene, die die zentralen des Serialismus sind: große Sept, kleine None, Tritonus.

5. In jedem Fall gilt das Gesetz der sich erneuernden Struktur: Eine bloße Aneinanderreihung identischer Bausteine oder, abgemildert, ein stetes variatives Kreisen wie in afrikanischer Musik ist verboten.

6. In jedem Fall gilt eine Hierarchie unter den Parametern: Die Tonhöhe hat mehr Gewicht als die Tondauer; beide wiederum dominieren über Tonstärke und Klangfarbe. Die wenigen rigoros seriellen Werke, in denen Tonstärke und Farbe auf eine Stufe mit den anderen Parametern gestellt werden sollten, beweisen nicht das Gegenteil. Boulez hat auf die notwendige Unterordnung hingewiesen, wie wir erwähnten, diese selbst auch in der III. Sonate praktiziert.

7. In jedem Fall gilt die Trennung von Ausführendem und Hörer.

Diese Liste wäre fortsetzbar bis in feinste Verästelungen. Aber eine oder viele parallele Listen wären zu notieren: Geräuschkomposition eröffnet eine der Alternativlisten. Minimal music eine andere. Installation music eine dritte etc. Diese neuen Listen zeigen gerade die extrem enge Verbindung des Serialismus mit westlichen Musiken der europäischen Vergangenheit auf. Einem hypothetischen Wesen aus einer kulturellen "Struktur", der all diese **Grammatiken** nicht eigen wären, würden sofort viele Gemeinsamkeiten auffallen gerade zwischen mittelalterlichen, modalen, tonalen und auch seriellen Werken.

Spannend ist die Auseinandersetzung Eco's mit Lévi-Strauss. Eco münzt auf Lévi-Strauss den Vorwurf, der Strukturalist, der der Verwalter einer Metasprache sein sollte, entpuppe sich als "Überlebender eines historisch datierten Sprachgebrauchs", er sei unfähig, "sich von den eigenen Kommunikationserfahrungen zu entfernen", er begehe den schweren Irrtum, "die traditionelle Sprache für die Metasprache zu halten".(229) Dieser Gefahr ist sich Lévi-Strauss aber voll bewusst. Er schreibt:

"Aus der Tatsache, dass sich die von den Theoretikern geschaffenen Strukturen und Formen meist als künstlich und zuweilen als abwegig herausgestellt haben, folgt nicht, dass es überhaupt keine allgemeine Struktur gibt, die nicht eines Tages von einer besseren Analyse der Musik, die alle ihre Erscheinungsformen in Zeit und Raum berücksichtigte, freigelegt werden könnte. Wo wäre die Linguistik, wenn die Kritik der für eine Sprache konstituierenden Grammatiken, die zu verschiedenen Zeiten von den Philologen vorgebracht worden sind, sie zu dem Glauben verführt hätte, diese Sprache entbehre einer konstituierten Grammatik? Oder wenn die Strukturunterschiede, die einzelne Sprachen untereinander aufweisen, sie entmutigt hätten, die schwierige, doch wichtige Suche nach einer allgemeinen Grammatik fortzuführen?"(230)

Die Gespaltenheit Lévi-Strauss' zwischen wissenschaftlichem Anspruch und persönlicher Meinung zeigt sich in den nächsten Sätzen: Wo er vorher noch von der Notwendigkeit gesprochen hat, die "allgemeine Struktur" (hier: der musikalischen Erscheinungsformen) zu finden, entdeckt er nun eine "Utopie des Jahrhunderts", der die serielle Musik möglicherweise verfallen sei: "nämlich ein Zeichensystem auf nur einer Artikulationsebene schaffen zu können", (231, siehe auch 225) unter Verzicht auf die erste Ebene der innerhalb einer Kultur festgelegten Bedeutungen.

Eco hingegen stellt die These auf, die serielle Musik sei letztlich nur die andere dialektische Seite der strukturalen Methode. Sie erscheine als der Pol des Werdens, der dem Pol des Bestehens gegenüberstehe. Die Serie sei nicht die Negation der Struktur, sondern die Struktur, die an sich selbst zweifele und sich als historisch erkenne.(232) Wenn wir dies akzeptieren, erscheinen die Poetiken Mallarmé's und Joyce' wiederum jener von Boulez verwandt. Die Sprache wird als historisch erkannt (bei Mallarmé: als "zufällig" und zur "réalité" erstarrt). Sie wird in Zweifel gezogen, d.h. ihre erste Artikulationsebene der festgelegten Bedeutungen wird aufgebrochen.

Die letzte Konsequenz daraus ist, das Aufbrechen selbst wieder in Zweifel zu ziehen. Denn das Phänomen "Sprachzerstörung" unterliegt der notwendigen Entwicklung, selbst Sprache zu werden, zur Sprache zu erstarren. Wir kommen, zurückkehrend zum musikalischen Bereich, zu dem paradoxal anmutenden Schluss, dass die Zerstörung (Überwindung) der Sprachzerstörung im Serialismus selbst begründet liegt. Dessen Scheitern ist sein Wesen. Denn in sein Prinzip, verdinglichte Sprache zu vermeiden, muss er sich selbst mit einschließen, um sich nicht einem fundamentalen Bruch auszuliefern. Daher besteht seine einzige Existenzmöglichkeit darin, die Reihe infrage zu stellen - wie wir es in der III. Sonate bemerken konnten. Die erreichte "Unreihe" verlangt nach einer völlig neuen, nichtseriellen Konzeption. Serialität erscheint nunmehr durchprobiert.

Nach der III. Sonate und der in ihr enthaltenen Perspektive auf Befreiung von der Reihe sind alle nachfolgenden Reihen Anachronismen. Sie sind innerhalb der musikalischen Sprachentwicklung ebenso "präexistente" Ordnungen wie das tonale Prinzip. Die Reihe ist erstarrt zu einer historischen Form oder Floskel mit deren "integrierten Eigentümlichkeiten" (wie Boulez sich in Bezug auf tonale Denkweisen ausdrückt). Die Reihe kann, da die Grenze ihrer Fähigkeiten aufgezeigt wurde, nie wieder eine lebendige Struktur erzeugen. Fügen wir aber hinzu, dass ein Gegenbeweis nicht auszuschließen ist. Musikgeschichte wird mit musikalischen Werken gemacht, nicht mit Behauptungen in Worten.

Boulez hat das - allerdings erweiterte - serielle Prinzip nie aufgegeben. Zwar hat er in der III. Sonate, Formant "Trope", die Begrenztheit des strengen Zwölftondenkens aufgezeigt; zwar versuchte er dann in den Improvisationsebenen späterer Werke eine Alternative. Aber schon in den "Structures II", ganz massiv in "Rituel", kam er zu streng-seriellen Ordnungen zurück. Die Reminiszenzen in den "Structures II" an die "Structures I" tragen schon anachronistische Züge: Das strenge 1. Kapitel aus den "Structures II", in eine improvisatorische Umgebung eingepflanzt, lässt sich aber noch rechtfertigen als Brückenschlag über zehn Jahre Musikgeschichte hinweg zu den "Structures I", als nostalgisches Erinnerungsstück an die Hoch-Zeit des Serialismus. "Rituel" kennt auch die alte Rigorosität. Die dortige Freiheit bei der Zusammenstellung der Töne aus den Tonsäulen, die rhythmische Verschiebbarkeit der Instrumentengruppen untereinander, die Freiheit der Instrumentation ist eine neugefasste "Freiheit", entwickelt aus den vorherigen Werken bis zurück zur III. Sonate. Die serielle Idee von "Rituel" wird dadurch aber **nicht** infrage gestellt. "Rituel" verleugnet in einem ganz wichtigen Aspekt die Perspektive, die Boulez durch die Beschäftigung mit Mallarmé gewann - obwohl sich "Rituel" durch die internen Wachstumsprozesse auf formale Vorstellungen Mallarmé's aus dessen "Livre" bezieht. Allerdings kann gerade in Verleugnung und Folgsamkeit der Wert von "Rituel" liegen. Niemand darf fordern, wer einmal Mallarmé gefolgt sei, müsse bis zur letzten Konsequenz dabei bleiben. Die letzte Konsequenz - die Aufgabe aller Sprachlichkeit - ahnt die III. Sonate. Wie "Rituel" siedelt sich "Éclat" (1965) fern von Mallarmé an und findet in gewisser Weise eine Brücke zum "bunt-sinnlichen Marteau", wie G. Ligeti dieses frühere Werk beschrieb. (233)

Was könnten die Ergebnisse unserer kritischen Annäherung an die III. Sonate sein?

1. Wir haben die **Unerfüllbarkeit** des **anonymen Prinzips** erfahren. Jeder Wunsch nach Anonymität stößt spätestens unmittelbar vor der Fixierung der Noten in der Partitur an Grenzen. Wenn wir ein Zitat von Hugo Friedrich umformen, das sich im Original auf Mallarmé bezieht, so können wir sagen: Was in der III. Sonate **gelingt**, ist der Ton für den **misslungenen Kontakt** zwischen dem **Absoluten** und dem **Menschen**. (234)

2. Wir haben Hinweise gefunden für die äußerste Anspannung zwischen **Strukturzwang** und **Klangwollen** sowie rhythmischem, dynamischem Wollen; die Dynamik unterliegt allerdings nur sehr wenig strengem Strukturdenken, müsste hier also eher ausgeklammert werden. Die Sprachkritik am Serialismus kann besonders hier einhaken und die Frage aufwerfen, warum überhaupt Strukturen erst gesetzt und dann zerbrochen werden. Die Vermutung ist nicht von der Hand zu weisen, dass sprachliche Unsicherheit oder Ideologie der Grund für dieses Vorgehen sind. Eine adäquate Kritik wird aber die gesamte kulturelle Situation der 50er Jahre mit einzubeziehen haben. Lévi-Strauss schreibt, die von den Serialisten getroffene Wahl könnte "von der Not der Zeiten diktiert sein". (235)

3. Wir bemerkten den **Kompromisscharakter** der III. Sonate bezüglich ihrer **Offenheit**. Die Verschiebbarkeit der Formteile erscheint nicht als unbedingte Notwendigkeit der mikrostrukturellen offenen Logik. Denn da der Komponist im Mikro- und Medio-Bereich als **Komponist** geschlosse-

ne Formen schreibt, könnte er diese Vorgehensweise auch auf den Makrobereich ausdehnen. Es lässt sich auch andersherum argumentieren: Kein logischer Grund ist zu erkennen, die Verschiebbarkeit der großformalen Teile für den **Interpreten** nicht auch auf die kleinen Teile auszudehnen - außer dem, dass der Komponist sich dann aufgibt. Ein Kompromiss ist die III. Sonate insofern, als, vom Mikro- und Medio-Bereich kommend, die geschlossenen Formen auf die vom Makrobereich hereinbrechende offene Konzeption prallen und der Komponist eine schlichtende Grenzsetzung vornimmt. Die Sonate wird zum bloßen Spiel mit der Antinomie Geschlossenheit / Offenheit. Sie erreicht nicht die ihr im Begleittext beigegebene Philosophie eines offenen Universums.

4. Wir fanden, dass eine der wichtigsten strukturellen Ebenen der Sonate nicht in das **Bewusstsein des Hörers** dringen kann: jene der Dialektik **Code / Codezerstörung**. Zwar enthält jede Musik überschüssige, nicht hörbare Intentionen. Aber die hörend nicht verfolgbaren komplexen Umgangsformen mit der Reihe bilden sicherlich die Hauptbausteine des Werks. Die bewegliche, sich schließlich selbst aufgebende Reihe ist als solche eine unhörbare Grundlage der **Offenheit**, welche das Thema der Sonate darstellt. Sie ist der Initiator der großformalen offenen Logik. Die Philosophie des Werks erschließt sich allerdings der **Analyse**.

5. Anders als Joyce und Mallarmé unternimmt Boulez eine doppelte grammatikalische Zerstörung: jene der Tonalität ohnehin und jene der Reihe. Abgesehen davon, dass hierdurch die Gefahr allergrößter Hermetik gegeben ist, liegt hierin tatsächlich der positive Kern der III. Sonate. Sie erfüllt die wichtigste Konsequenz des seriellen Denkens: die **Technik** eines Werks nicht zur **Sprache** erstarren zu lassen, das Werk selbst in die Grammatikzerstörung einzubeziehen. Der Serialismus gelangt an seine Grenze. Er beschreibt seine Grenze.

Abschließende Bemerkungen

Boulez hat das serielle Denken verstanden als die bisher letzte Stufe der musikalischen Sprachentwicklung, ja sogar als die Zukunft musikalischen Denkens. Dies spricht noch aus dem Aufsatz "Ästhetik und Götzendienst" (1962), wo Boulez den Serialismus im Zusammenhang mit jenen anderen "Perioden der Eroberung" sieht: der ars nova, Monteverdi, dem Aufkommen der Tonalität.(236)

> "Die Entwicklung wird sich auf ein erweitertes serielles System hin bewegen - aber ich besitze nicht genug prophetische Gaben, um präzise Hinweise geben zu können."(237)

Die musikalische Entwicklung der 60er und besonders jene der 70er Jahre hat aber gezeigt, dass der Serialismus viel früher als erwartet an einem Endpunkt angelangt war. Wir haben in dieser Arbeit versucht zu zeigen, dass sein Scheitern immanent mit der seriellen Idee verbunden ist. Ihre Logik zwingt dazu, jede Form einer erstarrten Grammatik zu vermeiden.

Andererseits kann sich das serielle Werk nur in dem übergeordneten Zusammenhang einer kulturellen "Struktur" bewegen und unterliegt von vornherein der Gefahr, von dieser Struktur aufgesogen zu werden, damit also seine emphatische Kontraposition, unter der allein Serialismus bestehen könnte, zu verlieren.

Springen wir noch einmal zu Joyce und Mallarmé. Joyce empfand ganz sicher ein Unbehagen am "Finnegans Wake". Zeitweise wollte er ernsthaft das Werk von einem anderen Dichter, James Stephens, vollenden lassen.(230) Dem "Finnegans Wake" als Beschreibung einer Nacht sollte ein Werk folgen, das zum Tag zurückkehrt. Wie stand Mallarmé zu seinem Werk? Mallarmé war klar, dass die endgültige Tilgung der Wirklichkeit (der Sprache als Träger von Bedeutungen, des Ich) unmöglich realisierbar sei. In Briefen offenbarte er tiefe Zweifel an seiner Vorgehensweise.(239) Boulez erkannte die Notwendigkeit, einer Verdinglichung, Erstarrung seiner Sprache **Sprachzerstörung** zu entgehen. Er sah ein, dass unser Denken sich nicht seiner historischen Prägung entziehen könne. (240) Der Formant "Trope" der III. Sonate zeigt ganz deutlich die Bezugnahme auf Musikgeschichte. Das ist allerdings kein **Zurückgehen** auf etwas, sondern die Darstellung einer allgemeinen, zu kommentierenden Basis. In der Tropus-Idee, im rhythmischen Modus, vielleicht in der Intervallbehandlung finden wir mittelalterliche Elemente. In der Schreibung vieler Tonkonstellationen lassen sich verschmitzte Anklänge an grundtonbezogenes, tonartliches, im weitesten Sinn tonales Denken aufzeigen. Die rhythmische Zellentechnik bezieht sich (über Messiaen) auf Strawinsky. In ihrer Kopplung mit der Tonhöhentechnik, die auf Weberns struktureller Logik und Bergs Prinzip der wandelbaren Reihe beruht, zeigt sich die Auseinandersetzung mit den zwei wohl wichtigsten kompositorischen Richtungen der ersten Hälfte des 20. Jahrhunderts. Strawinsky und die Schönberg-Schule werden in gewissem Sinn miteinander versöhnt. Der Formant "Trope" ist ideell eine Summe von Musikgeschichte. Hierin liegt die enge Verwandtschaft zu Mallarmé's und Joyce' umfassender Beschäftigung mit Literatur- und Geistesgeschichte. Boulez vermied es, seinem Werk trotz dessen sprachlicher Hermetik den Boden der Auseinandersetzung zu entziehen. Die III. Sonate stellt sich dar als Kommentar zu musikgeschichtlichen Vorgängen.

Was Boulez' folgende Entwicklung betrifft, so ist es auffällig, dass er die ziselierte, zerbrechliche Grammatik der III. Sonate in ihrer Komplexität und Vieldeutigkeit nicht weitergeführt hat. Die Sonate stellt in dieser Hinsicht den unangefochtenen Höhepunkt der Sprachentwicklung Boulez' dar. Spätere Werke tendieren zu einfacheren Formulierungen. Einen fast sich auflösenden Mikrobereich, vergleichbar dem der III. Sonate, gibt es später nicht mehr.

Fortgesetzt hat Boulez (und mit ihm eine große Zahl weiterer Komponisten) hingegen ganz extensiv den Aspekt der formalen Offenheit. Hier ist die III. Sonate (zusammen mit Stockhausens Klavierstück XI, Pousseurs "Mobile" und natürlich J. Cage) die Urmutter einer ganzen Generation von Nachfolgewerken.

Die III. Sonate erscheint als ein groß angelegter Versuch, innerhalb einer mehrwertigen seriellen Logik eine Welterfahrung des Komponisten zu spiegeln. Das Denken in verschiedenen sich überlagernden, sogar dabei sich zum Teil gegenseitig auslöschenden Ebenen wird zum Prinzip erhoben. Denken wir nur an die Aspekte von Serie und Zelle, Atonalität und harmonischem Denken, kompositorischer Setzung und Offenheit, Emotionalität innerhalb des "Anonymats", Urformel und chaotischer Struktur, Vermeidung des Zufalls durch seine Integration. Wir konnten, gerade was die letzten drei Punkte betrifft, eine auffällige Ähnlichkeit zu den Poetiken Joyce' und Mallarmé's feststellen. Wichtige Unterschiede hingegen bemerkten wir im Verhältnis der Dichter und des Komponisten zur kulturell vorgegebenen Sprache. Wir vereinfachen jetzt: Während Mallarmé und Joyce von der ersten Artikulationsebene ausgehen (jener Sprachschicht, die die intellektuelle oder Alltags-Bedeutung der Wörter regelt), versucht Boulez, eine größtenteils der ersten Ebene bereits enthobene **Zwölftontechnik** zum Ausgangspunkt zu nehmen. Mallarmé's und Joyce' Grundlage ist die Umgangssprache, Boulez' Grundlage ist eine nicht zur allgemeinen Sprache gewordene Technik. Mallarmé und Joyce schaffen eine Spannung zwischen der Alltagssprache und ihrer Personalsprache, Boulez eine zwischen der Zwölftontechnik und dem sie in Frage stellenden Text der III. Sonate. Im Fall Mallarmé / Joyce nimmt der Leser die Spannung wahr, im Fall Boulez nur der Analysierende.

Wir haben aber festgestellt, dass wir uns vor einem derart vereinfachten Schubladendenken hüten müssen. Zur ersten Artikulationsebene der Musik, die durch unsere abendländische Kultur vorgegeben ist, gehört **nicht** nur, wie Lévi-Strauss meinte, die Intervallhierarchie innerhalb von Tonleitern (die der Serialismus ja überwinden wollte) und die "Zeit der Eingeweide", sondern ein äußerst komplexes regulatives Gebäude, wie wir es zumindest in seinen Umrissen zu skizzieren versuchten. Vielen Räumen dieses Gebäudes bleibt der Serialismus treu. Allerdings sollten wir jetzt nicht behaupten wollen, so neu sei die Neue Musik der 50er Jahre ja gar nicht. Es kam hier in dieser Arbeit auch gerade darauf an, die Unterschiede zwischen "seriellem" und auf eine gewachsene Kultur bezogenem "strukturalen" Denken aufzuzeigen. Die III. Sonate bewegt sich keineswegs in einem luftleeren Raum ohne **Bedeutungen**. Allerdings verschließt sie die wesentlichen Elemente ihrer Technik vor dem **Hörer**, behindert die Sprachwerdung ihrer Technik. Und hierin ist sie tatsächlich ein "Anonymat".

Aber das ist nur die **eine** Seite der Positionierung gegenüber diesem Werk. Die **andere** Seite steht parallel und mit gleichem Gewicht im Raum und geht aus von einem Hörer, der über Jahre mit diesem Werk vertraut wurde und sich seinen sprachhaft-tonalen Möglichkeiten öffnet:

Die III. Sonate lässt an **jeder** Stelle die ganze Vielschichtigkeit zwischen anonymisiertem Ton und historisch und "sprachlich" eingebettetem Ton hörbar werden. Besonders im mittleren Register wird die ganze Vielfalt einer eingebetteten Intervallik deutlich. Es mag sein, dass die extremen Klavierregister weit weniger Bezüge zu historisch gebunden Musikmodellen oder sprachhaft-tonalen Assoziationen zulassen. Dabei sind die Grenzen fließend: Wo können wir noch assoziativ hören, und wo nicht. Die Registerfrage geht einher mit Fragen nach der Intervalltextur allgemein: Wo ist sie so gebaut, dass eine Brücke zu dem "Alten" aufleuchtet wie eine Epiphanie im Sinne Joyce's, eine augenblicklich eine "Wahrheit" aufzeigende Erscheinung, so dass Quinte oder Quarte zum Ereignis werden, oder jene Diatonik wie in Boulez Gruppe c aus seiner Ausgangsreihe, die in der Summe die Töne (g a b c) enthält. Denn genau diese Momente gibt es stetig. Und je mehr wir die Sonate hören, desto klarer kann Boulez' Bindung an das Alte als eine **gewollte** Bindung werden.

Kehren wir am Schluss zum rein-musikalischen Sektor zurück - obwohl die III. Sonate beweist, dass es ihn nicht gibt: Ein umfassender und wichtiger Aspekt der Sonate ist der Versuch, innerhalb der seriellen Grammatik eine Beweglichkeit zu erzielen, die in klanglicher Hinsicht eine bunt und reich anzuschauende Außenhaut generiert jenseits ihrer Knochen. Sie ist auf einer ihrer Bedeutungsebenen ein springlebendiges **Spiel** zwischen Strenge und Freiheit. Und Freiheit wiederum meint die Möglichkeit der Auseinandersetzung mit musiksprachlicher Tiefe und darüber hinausweisend eine Auseinandersetzung mit semantischer Tiefe. Es geht nicht darum, den Wert der III. Sonate am Scheitern oder Nicht-Scheitern dieses Spiels abzulesen. Wichtig und einmalig ist sie, weil sie die äußerste dem Serialismus zumutbare Position bezieht und damit direkt seine Kippe markiert.

Abkürzungen in den Anmerkungen:

WZ für: Pierre Boulez: Wille und Zufall. Gespräche mit Célestin Deliège und Hans Mayer, Stuttgart-Zürich 1977

WT für: Pierre Boulez: Werkstatt-Texte, Frankfurt/M-Berlin 1972

Ap für: Pierre Boulez: Anhaltspunkte, Essays, Stuttgart-Zürich 1975

Md für: Pierre Boulez: Musikdenken heute 1, = Darmstädter Beiträge zur Neuen Musik V, Mainz 1963, frz. Penser la musique aujourd'hui, Éd. Gonthier, Paris 1964

OK für: Umberto Eco: Das offene Kunstwerk, Frankfurt/M 1973

Anmerkungen:

1 György Ligeti: Pierre Boulez. Entscheidungsfreiheit und Automatik in der Structure 1 a, in: die reihe 4, Wien 1958 S.38-63

2 Marc Wilkinson: Pierre Boulez' "structure 1 a". Bemerkungen zur Zwölfton-Technik, in: Gravesaner Blätter 3 Heft 10, Gravesano-Mainz 1958   S.12-29

3 Mary Hannah Wennerstrom: Parametric analysis of contemporary musical form, Diss. Indiana U. 1967 318 S.

4 WZ S.74, siehe auch S.92

5 P.B.: Möglichkeiten, in: WT S.22 ff. In WT finden sich sämtliche Quellenhinweise über die frz. Originalausgaben.

6 P.B.: Alea, in: WT S.100 ff

7 P.B.: Zu meiner Dritten Klaviersonate, in: WT S.164 ff

8 Md

9 WZ

10 Eine Analyse der Schriften u.a. über den "Marteau":

Julia Heimerdinger: Sprechen über Neue Musik. Eine Analyse der Sekundärliteratur und Komponistenkommentare zu Pierre Boulez' *Le marteau sans maître* (1954), Karlheinz Stockhausens *Gesang der Jünglinge* (1956) und György Ligetis *Atmosphères* (1961). Diss. Univ.

Halle, (Verlag Berlin: Epubli), Halle/Berlin 2014

Auswahl der Untersuchungen zum "Marteau", nach Jahreszahl geordnet:

Friedrich Saathen: "Le Marteau sans maître" von Pierre Boulez, in: Schweizer. Musikzeitung 97, 1957 S.289-291

Olivier Corbiot: Pierre Boulez - Le Marteau sans maître, in: L'Éducation Musicale 21, 1965/66, S.252-255; 22, 1966/67 S.56-59 und S.166-167; 23, 1967/68 S.56-59 und S.76

Gwyneth Margaret Roberts: Rhythm as a structural element in Boulez's Le Marteau sans maître, Diss. Indiana U. 1968 128 S.

Lev Kobljakov: Pierre Boulez' "Le Marteau sans maître". Analysis of pitch structure (Vorabdruck eines Kapitels einer russ. Diss.), in: Zeitschrift für Musiktheorie, 8. Jg. Heft 1, 1977

Joseph Häusler (Hrsg.): Pierre Boulez. Eine Festschrift zum 60. Geburtstag am 26. März 1985, Universal Edition, Wien 1985, darin: Paul Griffiths, Le marteau de son maître or Boulez selon Boulez, S.154-164

Lev Kobljakov: Pierre Boulez - A World of Harmony, Harwood Academic Publishers (Contemporary music studies No 2), Chur etc. 1990

Ulrich Mosch: Musikalisches Hören serieller Musik: Untersuchungen am Beispiel von Pierre Boulez' "Le Marteau sans maître", Pfau-Verlag, Friedberg 2004 381 S.

Pascal Decroupet (Hrsg.): Veröffentlichungen der Paul Sacher Stiftung: Le Marteau sans maître: Fac-similé de l'épure et de la première mise au net de la partition. Basel 2005

Peter O'Hagan: From sketch to score: A facsimile edition of Boulez's *Le marteau sans maître,* in: Music&Letters, 88(4) Nov.2007 S.632-644.

Hubertus Dreyer: Die Ästhetik des „Marteau sans maître" und Peirce' „Ground", in: *Tokyo Geijutsu Daigaku Ongaku Gakubu kiyo = Bulletin, Faculty of Music, Tokyo. National University of Fine Arts & Music.* 35, Tokyo 2009 S.107–124

Nastas'â Alekseevna Hruševa: Chance and order. The poetics of Stéphane Mallarmé in *Le marteau sans maître* by Pierre Boulez, in: Opera musicologica: Naučnyj žurnal Sankt-Peterburgskoj konservatorii, (1:15) 2013 S.36-50, 96.

11 Schriften mit Bezug auf die III. Klaviersonate oder Essays spezifisch über das Werk, nach Jahreszahl geordnet:

Robert Black: Boulez's Third Piano Sonata. Surface and Sensibility, in: Perspectives of New Music 20, 1981/82 S.182-98

William G. Harbinson: Performer Indeterminacy in Boulez's Third Sonata, in: Tempo 169, 1989 S.15-20

Anne Piret: Pierre Boulez, Sonata no. 3 for piano, in: Analyse musicale (29), Société Française d'Analyse Musicale, Paris November 1992 S.61-74

Rosângela Pereira de Tugny: Pierre Boulez, Third piano sonata, in: Dissonance/Dissonanz (36), Hrsg. Schweizerischer Tonkünstlerverein, Mai 1993 S.4-7

Rosângela Pereira de Tugny: Au commencement était l'esquisse. À propos de *Constellation-Miroir* de Pierre Boulez (At the beginning was the sketch: Concerning Pierre Boulez's *Constellation-Miroir),* in: Musurgia: Analyse et pratique musicales, 6(1) 1999 S.41-61

Peter O'Hagan: Pierre Boulez and the Piano. A Study in Style and Technique. Routledge, London-New York, Sep. 2016 392 S.

12   Speziell zum Formanten "Trope" nach dem Skizzenmaterial:

Peter O'Hagan: Pierre Boulez, "Sonate, que me veux-tu?" An Investigation of the Manuscript Sources in Relation to the Third Sonata, Surrey 1994, Text im Internet frei zugänglich unter
http://epubs.surrey.ac.uk/2331/ besucht am 3. Feb. 2017.
Auf S.117 die Boulez'sche Begrifflichkeit zu seiner Arbeit in Strukturschichten.

Eine Zusammenfassung, mit weiteren Hinweisen auf die Boulez'sche Begrifflichkeit:

Peter O'Hagan: "Trope" by Pierre Boulez, in: Mitteilungen der Paul Sacher Stiftung, Nr. 11, April 1998 S. 29–35. Als PDF direkt zugänglich unter

https://www.paul-sacher-stiftung.ch/de/forschung-publikationen/publikationen/mitteilungen/nr-11-april-1998.html, besucht am 7.Feb.2017. Auf S.30 f beschreibt O'Hagan die Boulez'sche Namensgebung $\alpha\ \beta\ \gamma\ \sigma$ mit der jeweiligen Zuordnung von Skelett und Kommentar.

13   Speziell zum Umfeld Boulez, Mallarmé und/oder Joyce:

Mary Breatnach: Boulez and Mallarmé. A Study in Poetic Influence, Scolar Press, Aldershot 1996 160 S.

Zbigniew Granat: Boulez, Joyce, Mallarmé - Music as modernist literature, in: Music and literary modernism: Critical essays and comparative studies. 2nd ed., Cambridge Scholars, Newcastle upon Tyne 2009 S.32-47

Nastas'â Alekseevna Hrušëva: Chance and order. The poetics of Stéphane Mallarmé in *Le marteau sans maître* by Pierre Boulez, in: Opera musicologica: Naučnyj žurnal Sankt-Peterburgskoj konservatorii, (1:15) 2013 S.36-50, 96.

Iwanka Stoianowa: La troisième sonate de Boulez et le projet mallarméen du Livre, in: Musique en jeu 16 Nr.11, Nov.1974 S.9-28

14 Konrad Boehmer: Zur Theorie der offenen Form in der Neuen Musik, Darmstadt 1967 S.87 ff

15 nämlich b/des und es/ges. Richtig ist Boehmers Feststellung, dass in der formalen Rückläufigkeit der "Tempo"-Teile die Dialektik von Rigorosität und Entscheidungsfreiheit schon ausgetragen wird. Das Beispiel, das er hierfür wählt, ist allerdings gerade untypisch: denn die angesprochene Dialektik äußert sich im Tonhöhenbereich nur in der Umstellung der Töne fis/a und g/e am Ende der Gesamtstruktur. In der Rhythmik der "Tempo"-Teile finden sich viel gehäufter spontane Entscheidungen auf der Grundlage eines strengen Ablaufs. Besonders umfassend aber werden die "Libre"-Teile variiert, und zwar auch basierend auf einem festgelegten Strukturablauf.

16 Boehmer S.71-95

17 Boehmer S.94

18 Ligeti: Zur III. Klaviersonate von Boulez, in: die reihe 5, Wien 1959 S. 38-40

19 Nicholas Maw: Boulez and tradition, in: The Musical Times 103, 1962 S.162-164

20 Maw schreibt: a) könne dieser Formant als Ganzes eine "Abweichung" (deviation: so übersetzt Maw "Trope") vom Rest der Sonate sein; b) könne der Abschnitt "Texte" authentisch sein, die andern Abschnitte wären dann Abweichungen; c) könne der vom Interpreten zuerst gewählte Abschnitt als authentisch zu betrachten sein, die folgenden wären dann Abweichungen.

21 WT S.164

22	WT S.164
23	WT S.54
24	WZ S.69
25	Ligeti: Pierre Boulez, in: die reihe 4, a.a.O. (Anm.1). Vergleiche mit Anmerkung 41
26	WT S.217
27	Constantin Floros: Gustav Mahler, Bd II: Mahler und die Symphonik des 19. Jahrhunderts in neuer Deutung, Wiesbaden 1977 S. 10
28	Das Wort "Anonymat" verwendet Heinz-Klaus Metzger in seiner Übersetzung des Boulez-Aufsatzes "Sonate 'Que me veux-tu' ", original in: Médiations, Revue des expressions contemporaines, Heft 7, 1964 S.61 ff. "S'il fallait trouver un mobile profond à l'œuvre que j'ai tâché de décrire, ce serait la recherche d'un tel 'anonymat'."(S.75) Diese Passage übersetzt Metzger so: "Wenn es einen tiefen Beweggrund für das Werk gibt, das ich zu schreiben versucht habe, dann ist es die Suche nach einem solchen 'Anonymat'." (Darmstädter Beiträge zNM S.40)

Josef Häusler übersetzt: "Gälte es, den tiefsten Beweggrund aufzuspüren für das Werk, das zu schreiben ich versucht habe, so läge er im Streben nach solcher 'Anonymität'." (WT S.178) Boulez hat beide Übersetzungen autorisiert. Das Wort 'Anonymat' scheint mir noch rigoroser das zu bezeichnen, was Boulez meint, als die weichere Formulierung 'Anonymität'. |
| 29 | Claude Lévi-Strauss: Mythologiques I. Le cru et le cuit, Paris 1964; dt. Das Rohe und das Gekochte, Frankfurt/M 1.Auflage 1976 |
| 30 | Umberto Eco: La struttura Assente, Mailand 1968; dt. Einführung in die Semiotik, München 1972 |
| 31 | Herbert Eimert: Grundlagen der musikalischen Reihentechnik, Wien 1964 (Sonderband der "reihe")

Zum Begriff "Aleatorik" und zu weiteren Schlüsselbegriffen zur Neuen Musik siehe etwa:

Hans Heinrich Eggebrecht (Hrsg.): Terminologie der Musik im 20. Jahrhundert, Franz Steiner Verlag, Stuttgart 1995. Darin etwa der Artikel von Wolf Frobenius: "Aleatorisch, Aleatorik" |
| 32 | P.B.: "Reihe'" in: WT S.275 f |

33	WT	
34	Ap	
35	"die reihe": Informationen über serielle Musik, hrsg. von Herbert Eimert unter Mitarbeit von Karlheinz Stockhausen. (Universal Edition) Wien-Zürich-London (1)1955, (2)1955, (3)1957, (4) 1959, (5)1959, (6)1960, (7)1960, (8)1962	
36	"Darmstädter Beiträge zur Neuen Musik", hrsg. von Wolfgang Steinecke, ab 4. Band von Ernst Thomas. (Schott-Verlag) Mainz ab 1958.	
37	WT S.56	
38	WT S.57	
39	Horst Petri: Literatur und Musik. Form und Strukturparallelen, Göttingen 1964 S.68. Petri macht darauf aufmerksam, dass Boulez die kreisenden Formanten paarweise aneinander bindet, und verbessert die bei H.R. Zeller angegebene Permutationszahl 24 in 8. Zeller ging vielleicht davon aus, dass Boulez selber sich in eigenen frühen Aufführungen der Sonate nicht an die paarweise Formant-Bindung hielt. Siehe dazu Hans Rudolf Zeller: Mallarmé und das serielle Denken, in: die reihe 6, Wien 1960 S.21	
40	WT S.164 ff	
41	Ligeti: Pierre Boulez, in: die reihe 4, a.a.O. (Anm.1)	

z.B. S.41 zum Verhältnis von Tonhöhe und Dauer: Die Dauern werden gemäß der Tonhöhentabelle permutiert. Deren Zahlen, die zunächst reine **Ordnungszahlen** sind, werden im Dauernbereich **wertbezeichnend** benützt. Der **1.** Ton der Reihe, ein "es", bedeutet demzufolge **1** 32stel, der **2.** Ton, ein "d", bedeutet **2** 32stel etc. Bei einer Halbtontransposition abwärts bleiben die Intervalle innerhalb der Reihe natürlich gleich (es-d wird d-cis), die Dauernverhältnisse verändern sich aber völlig: Dem Halbtonschritt entspricht bei einer Dauernreihen-Transposition nicht mehr die Relation **1:2** 32stel, sondern **2:8** 32stel. Denn "d" ergibt die Ziffer **2**, "cis" die Ziffer **8**, da "cis" in der Ausgangsreihe an **8.** Stelle steht. Das Dauernnetz bekommt dadurch in der "Structure 1 a" etwas sehr Willkürliches.

Ein weiteres Beispiel: Ligeti S.42 zur Behandlung der Intensitäten: Zunächst einmal ist es kaum möglich, 12 Intensitätswerte exakt auszuführen. Zudem wählt Boulez einen Weg durch die Zahlentabelle, der ihn niemals zu der einfachen Lautstärkebezeichnung "plano" führt. Theoretisch tritt "fortissimo" ebenfalls nie auf (durch einen Eingriff des Komponisten wird aber einmal ffff in ff umgewandelt).

Ein letztes Beispiel: Ligeti S.43 zu den Anschlagsarten: Widersprüchlich ist hier vor allem, dass Anschlagsarten einen Intensitätsgrad besitzen, also kein eigenständiger Parameter sind, aber als solcher behandelt werden. Dadurch entstehen widerspruchsvolle Kombinationen wie:

$$\overset{\wedge}{\underset{ppp}{poco\ sfz}}$$

42   Md (Anm.8) S.64 ff

43   vgl. Kobljakov, a.a.O. (Anm.11) S.26,2; 30,2; 32 f. Zur Oktavlagenfixierung im "Marteau" siehe speziell S.30 f

44   siehe Md S.64

45   Md S.38 ff

46   WT S.167

47   P.B.: Structures II für 2 Klaviere, Universal Edition 13833

48   WT S.74

49   siehe Anmerkung 41 1. Beispiel

50   siehe Anmerkung 4

51   WT S.10-21

52   WT S.22-52

53   Ap S.163-238

54   WT S.32

55   WT S.32

56   WT S.276

57   WT S.15

58   Ap S.170 ff, siehe auch S.165

59   WT S.10/11

60   Ap S.170 ff

61   Ap S.247

62   WT S.12

63   WT S.11

64	siehe Antoine Goléa: Musik unserer Zeit, München 1955 S.191
65	WZ S.12
66	WT S.16 ff. Rhythmische Kanons in "Le visage nuptial" und in der "Sonatine" für Flöte und Klavier
67	WT S.16
68	WT S.21
69	WT S.13
70	siehe z.B. Ap S.165
71	WZ S.13
72	Goléa, a.a.O. (Anm.64) S.191
73	WZ S.46
74	P.B.: Le Marteau sans Maître. Der Analyse lag folgende Ausgabe vor: UE 12450-12652 LW
75	Marteau Partitur S.71 ab "subitement Lent"
76	Karlheinz Stockhausen: ...wie die Zeit vergeht..., in: die reihe 3, Wien 1957. Hier zitiert nach: K. Stockhausen: Texte Bd 1, Köln 1963 S.103 ff
77	WT S.72
78	WT S.33 ff
79	Md S.43 ff
80	WZ S.12/13
81	WZ S.57
82	WZ S.15
83	WZ S.57
84	WT S.33 unter 2.
85	WT S.34 unter 6. und 7.
86	WT S.33 unter 2.
87	WT S.33 unter 1.
88	WT S.33 unter 1.
89	WT S.33 unter 1.

90	WT S.33 unter 2.
91	WT S.34 unter 6.
92	WT S.33/34 unter 3.
93	WT S.33 unter 1.
94	Md S.51
95	WT S.33 Beispiel 7 R.IV
96	WT S.34
97	siehe zum Begriff 'Anonymat' Anmerkung 28
98	aus Stéphane Mallarmé: Crise de Vers, zitiert nach Marie-Louise Erlenmeyer: Stéphane Mallarmé, Ein Würfelwurf, Olten/Freiburg i.Br. (1966) S.104 Wörtlich übersetzt: "Das reine Werk enthält das Verschwinden des sprechenden Dichters, der die Initiative den Wörtern überlässt; [die Wörter sind] mobilisiert durch den Stoß ihrer Ungleichheit..."
99	siehe Umberto Eco: Opera aperta, Mailand 1962. dt. Das offene Kunstwerk, Frankfurt/M 1973 S.315. Eco bezieht sich dort auf David Hayman: Joyce et Mallarmé, Lettres Modernes, Paris 1956
100	James Joyce: Stephen Hero, zitiert nach U. Eco: OK S.314
101	Hugo Friedrich: Die Struktur der modernen Lyrik, Hamburg 1956 S.26
102	H. Friedrich S.26
103	Brief Gustave Flaubert's, zitiert nach U. Eco: OK S.315
104	P.B. im Aufsatz "Zu meiner Dritten Klaviersonate", WT S.164, 165, 178
105	Marcel Raymond: De Baudelaire au Surrealisme, Paris 1947. Siehe U. Eco: OK S.316
106	Eco: OK S.316 ff
107	Eco: OK S.317
108	P.B.: Rituel, UE 15941
109	Floros: Gustav Mahler Bd II, a.a.O. (Anm.27) S.311
110	zitiert nach Eco: OK S.43. "Die Welt existiert, um in ein Buch zu münden."
111	siehe Friedrich, a.a.O. (Anm.101) S.86

112 Werner Vordtriede: Novalis und die französischen Symbolisten, Stuttgart 1963 S.116

113 Ap S.96

114 WT S.168/9

115 WZ S.56/57

116 WT S.175

117 WZ S.57

118 Jacques Scherer: Le "Livre" de Mallarmé, Paris 1957 S.125

119 Hans Rudolf Zeller: Mallarmé und das serielle Denken, in: die reihe 6, Wien 1960 S.27

120 Erlenmeyer, a.a.O. (Anm.98) S.66

121 Scherer, a.a.O. (Anm.118) S.79

122 siehe Vordtriede, a.a.O. (Anm.112) S.164

123 Scherer S.102 (A) ff

124 Vordtriede S.118

125 nach Erlenmeyer S.90

126 Fritz Senn: James Joyce. Aufsätze, Zürich 1972 S.30

127 Richard Ellmann: James Joyce, New York 1959, dt. Zürich 1959 S.574

128 WT S.170

129 Ellmann, a.a.O. S.590

130 Scherer, a.a.O. (Anm.118):

"In einer derartigen Struktur kann der Sinn nicht bestimmter sein als die Form oder das Genre. Hätte eine einzige Passage des Livre einen definitiven Sinn, eindeutig und Einflüssen aus der Nachbarschaft unzugänglich, würde diese Passage ausreichen, die Gesamtheit des Mechanismus zu blockieren."

131 Scherer S.82. "Es gibt keinen wirklichen Textsinn."

132 zitiert nach J. Scherer S.22. "Ich bin nun unpersönlich, nicht mehr Stéphane, den Du gekannt hast."

133 Eco: OK S.45

134	Scherer S.22. "Diese Totalität, der Gegenstand des Livre, kann auch ohne weiteres begriffen werden als das Nichts: Nichts Besonderes Wollen, heißt alles wollen, oder besser nichts."
135	Robert Greer Cohn: Mallarmé's Un Coup de Dés: an exegesis, Yale 1949 S.9
136	Cohn, S.10
137	nach Cohn S.10
138	Henri Mondor: Vie de Mallarmé, Paris 1941, siehe Erlenmeyer, a.a.O. (Anm.98) S.63
139	nach Erlenmeyer S.110
140	nach Erlenmeyer S.70
141	siehe Cohn S.95
142	Cohn S.97
143	WT S.171
144	Scherer S.153 A
145	Eco: OK S.39. Zum "pun" siehe Manfred Jahn: Sprachspielerische Wortbildungstechniken in James Joyces FINNEGANS WAKE, Diss. Köln 1975. Jahn definiert den pun enger als Eco: "Bei einem Pun sind Träger- und Parasitwort *lautlich identische* oder *lautlich ähnliche* Legiwörter" (=Wörter aus dem Wörterbuch, siehe Jahn S.8). Noch enger definiert G.N. Leech, der nur **lautlich identische** Wörter gelten lässt. Siehe zum pun-Problem Jahn S.25
146	Eco: OK S.40, siehe auch S.53
147	z.B. WT S.165
148	Carl Dahlhaus: Analyse und Werturteil, Mainz 1970 S.63
149	Eco: OK S.405
150	nach Jahn, a.a.O. (Anm.145) S.79
151	nach WT S.113
152	WT S.113
153	WT S.104
154	WT S.167

155	Louis de Broglie: Licht und Materie. Beiträge zur Physik der Gegenwart, Frankfurt/M-Hamburg 1958 S.188 f
156	siehe hierzu Doris Haas: Flucht aus der Wirklichkeit. Thematik und sprachliche Gestaltung im Werk Stéphane Mallarmés, Diss. Bonn 1970 S.43 ff
157	P.B.: Improvisation sur Mallarmé - une dentelle s'abolit, UE 12857
158	Haas, a.a.O. (Anm.156) S.90
159	Hella Tiedemann-Bartels: Versuch über das artistische Gedicht, München 1971 S.19
160	Haas S.64
161	Haas S.64
162	P.B.: Improvisation sur Mallarmé: le vierge' le vivace et le bel aujourd' hui, UE 12855
163	siehe Haas S.41
164	Eco: Einführung in die Semiotik, a.a.O. (Anm.30) S.77
165	Eco: Semiotik S.146
166	WT S.165
167	WT S.172
168	WT S.45
169	WT S.267
170	WT S.267
171	WT S.219
172	WZ S.57
173	Ligeti: Pierre Boulez, a.a.O. (Anm.1) S.59
174	Rudolf Stephan: Neue Musik. Versuch einer kritischen Einführung, Göttingen 1958 S.63
175	WT S.227
176	Md S.31
177	Md S.52
178	siehe Eco: OK S.390

179	WT S.177
180	WT S.177
181	WT S.170
182	WT S.164
183	WT S.165/6
184	WT S.219
185	WT S.60
186	Eco: OK S.47
187	Eco: OK S.48
188	Eco: OK S.49
189	Eco: OK S.53
190	siehe Ellmann, a.a.O. (Anm.127) S.589
191	Carl Dahlhaus: Die Idee der absoluten Musik, Kassel 1978 S.142
192	John Backus: Die Reihe - A Scientific Evaluation, in: Perspectives of Music Bd I Nr.1 1962
193	Stockhausen, a.a.O. (Anm.76) S.99 ff in den Anmerkungen: Georg Heike
194	Wilrich Hoffmann: Komponisten als Mathematiker und Physiker? Bemerkungen zu Boulez' Studie "Musikdenken heute", in: Österr. Musikzeitschrift 24, 1969 S.635-640
195	siehe Md S.47/48
196	Boehmer, a.a.O. (Anm.14) S.83
197	Hoffmann, a.a.O. (Anm.194) S.636
198	Md S.30, dazu Hoffmann S.636
199	Hoffmann S.636
200	Hoffmann S.636
201	Md S.32
202	Hoffmann S.637
203	Md S.83
204	Hoffmann S.638/9

205	WT S.253
206	Ap S.13
207	Ap 5.10
208	Ap S.12
209	WT S.110
210	Md S.52 ff
211	Md S.55
212	siehe Anmerkung 41 letztes Beispiel
213	Stéphane Mallarmé: Œuvres complètes, Paris 1945 S.647. Siehe Erlenmeyer, a.a.O. (Anm.98) S.66
214	nach Erlenmeyer S.66
215	WT S.107 f
216	siehe Jahn, a.a.O. (Anm.145) S.3
217	Jahn S.8 ff
218	Jahn S.8
219	Jahn S.9
220	Theodor W. Adorno: Einleitung in die Musiksoziologie, Frankfurt/M 1962 S.15
221	Lévi-Strauss, a.a.O. (Anm.29). Siehe besonders S.38-46
222	Lévi-Strauss S.37
223	Lévi-Strauss z.B. S.32/33, 47
224	Lévi-Strauss S.37
225	Lévi-Strauss S.38 ff
226	Lévi-Strauss S.41
227	siehe Fritz Senn, a.a.O. (Anm.126) S.34
228	Lévi-Strauss S.43
229	Eco: Semiotik, a.a.O. (Anm.30) S.386
230	Lévi-Strauss S.42
231	Lévi-Strauss S.42

232 Eco: Semiotik S.391

233 Ligeti: Pierre Boulez, a.a.O. (Anm.1) S 63

234 siehe Friedrich, a.a.O. (Anm.101) S.132

235 Lévi-Strauss S.43

236 WT S.221 ff

237 WT S.230

238 Ellmann, a.a.O. (Anm.127) S.570

239 siehe hierzu Haas, a.a.O. (Anm.156) S.74, 156/7

240 WT S.227

Literatur:

1. Schriften von Pierre Boulez - Auswahl

Viele seiner Schriften sind deutsch in folgenden Sammelpublikationen erschienen:

P.B.: Werkstatt-Texte, aus dem Französischen von Josef Häusler, Frankfurt/M-Berlin 1972

P.B.: Anhaltspunkte, Essays, aus dem Französischen von Josef Häusler, Stuttgart-Zürich 1975

Nicht darin enthalten sind u.a.:

P.B.: Musikdenken heute 1, = Darmstädter Beiträge zur Neuen Musik V, Mainz 1963

P.B.: Chien flasque, in: Erik Satie, son temps et ses amis, in: Revue Musicale 214, Juni 1952 (Extranummer). Zitiert in: Anne Rey: Erik Satie, Paris 1974 S.173 f

P.B.: Général Debussy - eccentric - , in: Melos 29, 1962 S.341-42. Vgl. mit "Die Korruption in den Weihrauchfässern", in: Anhaltspunkte a.a.O.

P.B.: Nécessité d'une orientation esthétique = Vorlesung an der Harvard University 1963. Teilabdruck in: Zeugnisse. Festschrift Th.W. Adorno, Frankfurt/M 1963 S.332-359

P.B.: Traditional Music - a Lost Paradise, in: The World of Music 2, 1967 S.3-10

Eine Liste weiterer Einzelschriften gibt Martin Zenck: P.B., Die Partitur der Geste und das Theater der Avantgarde. Wilhelm Fink, Paderborn 2017 S.794 ff

Weitere umfassendere Veröffentlichungen von Boulez:

P.B.: Musikdenken heute 2, Vortrag 1963, übers. v. Josef Häusler, (= Darmstädter Beiträge zur Neuen Musik Bd. 6), Schott, Mainz 1985 80 S.

P.B.: Orientations - Collected Writings, Harvard University Press, Cambridge 1990 542 S.

P.B.: Points de repère I. Pierre Imaginer & Jean-Jacques Nattiez, Editions du Seuil, Paris 1995

Jean-Jacques Nattiez (unter Mitw. von Françoise Davoine): "Dear Pierre", "Cher John". Pierre Boulez und John Cage, der Briefwechsel. Aus dem Engl. und Franz. übers. von Bettina Schäfer und Katharina Matthewes, Europ.Verl.-Anst., Hamburg 1997 257 S.

P.B.: Leitlinien. Gedankengänge eines Komponisten. Vorträge 1976–1988, übersetzt v. Josef Häusler, Bärenreiter/Metzler, Kassel 2000

P.B. in Bayreuth. Essays, Gespräche, Dokumente, Berlin 2005

P.B.: Regards sur autrui. Points de repère II, Paris 2005

2. Interviews, Rundgespräche mit Pierre Boulez - Auswahl

"Wo ist echte Tradition?" Streitgespräch zwischen Curjel, Schrade, Westphal, Landré, Boulez, in: Melos 27, 1960 S.289-300

Interview in: The Musical Times CVIII, 1967 S.473 ff

Pierre Boulez: Sprengt die Opernhäuser in die Luft! In: Melos 34, 1967 S.429-437

Jaroslav Buzga: Interview mit Pierre Boulez in Prag, in: Melos 34, 1967 S.162-64

Pierre Boulez, Interview in: Opera 20, London 1969 S.922 ff und 1026 ff

Rudolf Hohlweg: Konsertritualen maste förändras. Ett samtal mellan tonsättaren Pierre Boulez och Rudolf Hohlweg, in: Nutida musik 13 H.4, 1969/70 S.3-6; dt. in: Melos 36, 1969 S.488 ff

Michèle Cotta und Sylvie de Nussac: L'Express va plus loin avec Pierre Boulez, in: L'Express 979, April 1970 S.144-86

Debussy erinnert mich an ein Raubtier... Ein Gespräch mit Pierre Boulez über Debussy, Wagner und "Pelléas et Mélisande", in: Opernwelt 11 H.2 1970 S.44-46

Lösungen für unsere Zeit finden! Ein Gespräch zwischen Pierre Boulez und Otto

Tomek, in: NZfM 132, 1971 S.62-68

Henri Pousseur: Pierre Boulez, VH 101 Nr.4, 1971 S.6-12

Ursula Stürzbecher: Werkstattgespräche mit Komponisten, Köln 1971 S.46 ff

Se interroga a Pierre Boulez, in: RMChilena 24/118, April-Juli 1972 S.22-35

Monica Steegmann: Gespräch mit Pierre Boulez - Komponist und Dirigent, in: Musik und Medizin 3, 1975 S.49-53

Hans Oesch: Interview mit Pierre Boulez, in: Melos/NZ 4/1976, Mainz 1976 S.293-96

Pierre Boulez: Wille und Zufall. Gespräche mit Célestin Deliège und Hans Mayer, Stuttgart-Zürich 1977

Peter McCallum: An interview with Pierre Boulez, in: The musical times, 130 (1751) 1989 (Tonband 1988)

Musik ist eine Art zu leben, zu denken, alles wahrzunehmen. Pierre Boulez im Gespräch mit Martin Elste, in: Fono Forum, (3) 25-29, März 1995

Barbara Zuber: Komponieren—Analysieren—Dirigieren. Ein Gespräch mit Pierre Boulez, in: Musik-Konzepte, (89-90), Oktober 1995 S.29-46

Erling E. Gulbrandsen: Pierre Boulez in interview (1996). III: Mallarmé, musical form and articulation, in: Tempo: A quarterly review of modern music, 65 (257) Juli 2011 S.11

Pierre Boulez talks to Martin Lodge, in: Canzona. The Yearbook of the Composers' Association of New Zealand, 20(41) 1999 S.46.

Erich Singer: Wandlungen aus der Perspektive des Komponisten und Interpreten. Ein Gespräch mit Pierre Boulez, in: Metamorphosen. Buch zum Festival - Internationale Musikfestwochen Luzern 2000, Benteli, Wabern-Bern 2000 S. 98-115

Philippe Albèra & Sue Rose: Pierre Boulez in interview. II: On Elliott Carter, 'a composer who spurs me on', in: Tempo, A quarterly review of modern music, (217) 2001 S.2

Jean-Yves Bosseur: Pierre Boulez. Le piano préparé, les méthodes de hasard selon John Cage (Interview 2003), in: De vive voix. Dialogues sur les musiques contemporaines. Serie: Musique ouverte, Minerve, Paris 2003 S.123-127

Jürgen Otten: "Mein Werk besteht aus Spiralen!" Pierre Boulez im Gespräch mit Jürgen Otten, in: Österreichische Musikzeitschrift, 59(5), Lafite Wien, Mai 2004 S.13-17

3. Literatur über Pierre Boulez und das Umfeld seines Denkens - Auswahl bis 2017, alphabetisch nach Autoren geordnet

Theodor W. Adorno: Das Altern der Neuen Musik, in: Dissonanzen, Göttingen 1956 S.110 ff

Theodor W. Adorno: Vers une musique informelle (1961), in: Gesammelte Schriften Bd.16, Suhrkamp, Frankfurt/Main 1978 S.493-540

Meter van Ames: What is music? in: J. of aesthetics and art criticism 26/2, Winter 1967 S.241-49

Gilbert Amy: Rezension von: "Relevés d'apprenti. Textes réunis et présentés par P. Thévenin", Paris 1966 (siehe Anhaltspunkte a.a.O.), in: The World of Music Nr.1,1967 S.56-58

William W. Austin: Neue Musik, in: Epochen der Musikgeschichte in Einzeldarstellungen (1974) S.386-461

Claus-Henning Bachmann: Französischer Avantgardismus - eine neue Romantik? Pierre Boulez in Darmstadt und Donaueschingen, in: Antares 6, 1958 S.682-84

Carol K. Baron: An Analysis of the Pitch Organization in Boulez's 'Sonatine' for Flute and Piano, in: Current Musicology 20, 1975 S.;87-95

Jean-Louis Barrault: Pierre Boulez, in: Cahiers de la Compagnie M.Renaud, J.-L. Barrault 2 II.3, 1954 S.3-6

Michael Beiche: Serielles Denken in Rituel von Pierre Boulez, in: Archiv für Musikwissenschaft, 38 (1), 1981 S.24

Robert Black: Boulez's Third Piano Sonata. Surface and Sensibility, in: Perspectives of New Music 20, 1981/82 S.182-98

Konrad Boehmer: Zur Theorie der offenen Form in der Neuen Musik, Darmstadt 1967 S.84-96

Konrad Boehmer: Auf der Suche nach der verlorenen Identität oder: Bouvard und Pécuchet komponieren, in: Verwaltete Musik. Analyse und Kritik eines Zustandes, hrsg. v. U. Dibelius, München 1971 S.97-117

Benjamin Boretz, Edward T. Cone: Perspectives on contemporary music theory, New York 1972 285 S.

Siegfried Borris: Pierre Boulez, ein Komponistenportrait, in: Musik im Unterricht, Ausg. B 59, 1968 S.180-85

Mario Bortolotto: Relevés de maître, in: Nuova Rivista Musicale Italiana 3, 1969 S.236-245

André Boucourechliev: Pierre Boulez à Donaueschingen, in: Preuves 13, 1962 Nr.142 S.73-75

André Boucourechliev: Probabilités critiques du compositeur, in: La Musique et ses problèmes contemporains 1963 S.232-243 = Cahiers de la Compagnie M.R., J.-L. Barrault XLI, Paris 1963

Philip Bracenin: The abstract system as compositional matrix. An examination of some applications by Nono, B. and Stockhausen, in: Studies in Music 5, 1971 S.90-114

Mary Breatnach: Boulez and Mallarmé. A Study in Poetic Influence, Scolar Press, Aldershot 1996 160 S.

Wilfried Brennecke: Artikel "Pierre Boulez" in: Die Musik in Geschichte und Gegenwart, hrsg. v. F. Blume, Bd. 15 Supplement, Kassel etc. 1973 S.1007-13

Robert Breuer: Boulez - Abschied von New York, in: Österr. Musikzeitschrift 32.Jg. H.7/8 1977 S.356

Reginald Smith Brindle: The New Music, London 1975 206 S.

Michel Butor: Mallarmé selon Boulez, in: Melos 28, 1961 S.356-59 vgl. mit Michel Butor: Das Mallarmé-Portrait von Pierre Boulez, in: Programmhefte der Bayreuther Festspiele 1966, Parsifal S.10-22

Edward Campbell: Boulez - Music and Philosophy, Cambridge 2010 298 S.

Bruno Canino: Boulez prima e dopo, in: Nuova Rivista Musicale 3, 1969 S.672-83

Jacques Chailley: La musique et le signe, Lausanne und Paris 1967

Michael Chanan: Boulez's Éclat/Multiples, in: Tempo XCV, Winter 1970/71 S.30-33

Daniel Charles: Entr'acte, "Formal" or "Informal" Music, in: MQ LI, 1965

O. Corbiot: Pierre Boulez - Le Marteau sans Maître, in: L'Éducation Musicale 21, 1965/66 S.252-255; 22, 1966/67 S.56-59, 166-67; 23, 1967/68 S.56-59, 76

Robert Craft: Boulez and Stockhausen, in: The Score 24, 1958 S.54-62

Robert Craft: Pierre Boulez and Karlheinz Stockhausen: Avec Stravinsky, Monaco 1958 216 S. (=Coll. Domaine musicale)

Anthony H. Cross: The significance of Aleatoricism in 20th Century Music, in: MR 29/4, 1968 S.305-22

Lowell M. Cross: A bibliography of electronic music, Toronto 1967

Jean-Pierre Derrien: Pierre Boulez, in: Musique en jeu 1, 1970 S.103-132

Ulrich Dibelius: Moderne Musik 1945-65, München 1966 S.112-129

Barbara Dobretsberger: »Première« und »Deuxième Sonate« von Pierre Boulez - Phänomene strukturalistischen Denkens. Peter Lang Verlag, Frankfurt/M 2005 327 S.

Misha Donat: Recordings, in: Tempo 101, Juli 1972 S.57-59

David Drew: Modern French Music, in: Nouvelles Littéraires 2014, Paris 7.April 1966 S.6 f

Hans Heinrich Eggebrecht (Hrsg.): Terminologie der Musik im 20. Jahrhundert, Franz Steiner Verlag, Stuttgart 1995. Darin etwa der Artikel von Wolf Frobenius: "Aleatorisch, Aleatorik"

David Ewen: Composers of tomorrow's music, New York 1971 176 S.

Peter Faltin: Pierre Boulez, in: Slovenská hudba XI/4, 1967 S.165-67

Michael Fink: Pierre Boulez, a selective bibliography, in: Current Musicol. 13, 1972 S.135-50

Thomas Bösche: Auf der Suche nach dem Unbekannten oder zur Deuxième Sonate 1946-1948, in: Orm Finnendahl (Hrsg.): Die Anfänge der seriellen Musik, Publikation des Instituts für Neue Musik der UdK Berlin, Wolke Verlag, Hofheim 1999 S.37 96

Roderich Fuhrmann: Pierre Boulez, Structures I (1952), in: Perspektiven Neuer Musik, hrsg. v. D. Zimmerschied, Mainz 1974 S.170 ff

Jonathan Goldman: Structuralists contra serialists? Claude Lévi-Strauss and Pierre Boulez on avant-garde music, in: Intersections. Canadian journal of music / Revue canadienne de musique, 30(1), 2010 S.77

Jonathan Goldman: The Musical Language of Pierre Boulez: Writings and Compositions, Cambridge University Press 2011 270 S.

Antoine Goléa: Rencontres avec Pierre Boulez, Paris 1958 264 S.
Rez. dazu Robert Cogan, in: Perspectives of New Music 1 Nr.2, 1963 S.148-54

Antoine Goléa: Mein Weg zu Boulez, in: Melos 27, 1960 S.84-87 (= ein Kapitel aus dem vorherigen Buch "Rencontres..." a.a.O.)

Antoine Goléa: French Music Since 1945, in: MQ LI, 1965

Antoine Goléa: Rezension von "Relevés d'apprenti" (siehe Anhaltspunkte a.a.O.), in: Melos 33, 1966 S.228-230

Clytus Gottwald: Artikel "Boulez", in: Riemann Musiklexikon, 12. Aufl. Personenteil I, Ergänzungsband, hrsg. v. C. Dahlhaus, Mainz 1972

George Green: Reviews of records, in: MP LX/2, April 1974 S.319-21

Paul Griffiths: Boulez, Oxford Univ. Press, Oxford 1979 64 S.

Jim Grimm: Formaspekte der 2. Klaviersonate von Boulez, in: RMSuisse CXII/4, 1972 S.201-205

Peter O'Hagan: Pierre Boulez, "Sonate, que me veux-tu?" An Investigation of the Manuscript Sources in Relation to the Third Sonata, Surrey 1994. Text im Internet frei zugänglich unter http://epubs.surrey.ac.uk/2331/besucht am 3.Feb. 2017

Peter O'Hagan: Pierre Boulez and the Piano. A Study in Style and Technique, Routledge Verlag, London-New York, Sep. 2016 392 S.

Bengt Hambraeus: En porträttskiss av Pierre Boulez, in: Musikrevy 16, 1961 S.156-59

Peter S. Hansen: An introduction to twentieth century music, Boston 1967 420 S.

William G. Harbinson: Performer Indeterminacy in Boulez's Third Sonata, in: Tempo 169, 1989 S.15-20

Walther Harth: Von Bach bis Boulez. Das 8. Festival de Musique in Aix-en-Provence, in: Melos 22, 1955 S.267-269

Josef Häusler: Musik im 20. Jahrhundert, Bremen 1969

Josef Häusler: Fruchtland der Synthese. Der Komponist Pierre Boulez, in: Musica 24, 1970 S.239-41

Josef Häusler: Einige Aspekte des Wort-Ton-Verhältnisses, in: Die Musik der sechziger Jahre. Zwölf Versuche, hrsg. v. R. Stephan, = Veröffentlichungen des Instituts für Neue Musik und Musikerziehung Darmstadt 12, Mainz 1972 S.65-76

L. Heck und Fr. Bürck: Klänge im Schmelztiegel (Über die technische Realisation von "Poésie pour pouvoir"), in: Melos 25, 1958 S.320-329

Martin Hecker: Formreflexion und Struktur der 2ème Sonate pour piano von Pierre Boulez. Von der Inszenierung eines Übergangs, Diss. Hochschule für Musik und Theater, Leipzig, in: Studien zur Musikwissenschaft, Nr.15, Verlag Dr. Kovač, Hamburg 2008

Rudolf Heinemann: Untersuchungen zur Rezeption der seriellen Musik, = Kölner Beiträge zur Musikforschung XLIII, Regensburg 1966

Hans Heinsheimer: New York. Abschied von Boulez, in: Melos/NZ 3/77, Mainz 1977

Helmut Heißenbüttel: Geschmack und Funktion, in: Musica 31. Jg., Kassel etc. 1977 S.545-47 (Rez. von "Wille und Zufall" a.a.O.)

Claude Helffer: L'œuvre pour piano de Boulez, in: MTousTemps LI/1, Okt.1970 S.10-13

David Hellewell: The new music; an introduction and general survey for the non-specialist, Bournemouth 1973 30 S.

Theodor Hirsbrunner, Pierre Boulez und sein Werk, (Laaber-Verlag), Laaber 1985 244 S.

Theodor Hirsbrunner: Die Entstehungsbedingungen der Atonalität in Boulez' Erster Klaviersonate (1946), in: Kompositorische Stationen des 20. Jahrhunderts: Debussy, Webern, Messiaen, Boulez, ..., Signale aus Köln No. 7, Lit-Verlag, Münster 2004 S.46-56

André Hodeir: La musique depuis Debussy, Paris 1961 S.106-138, engl.: (Grove Press) New York 1961

André Hodeir: Serialism and Development in Western Music since Webern, in: Twentieth Century Music, hrsg. v. R.H. Myers, London 1960 S.30-35, 37

Wilrich Hoffmann: Komponisten als Mathematiker und Physiker? Bemerkungen zu Boulez' Studie "Musikdenken heute (1)", in: Österr. Musikzeitschrift 24, 1969 S.635-40

Hans Hollander: Die Musik in der Kulturgeschichte des 19. und 20. Jh., Köln 1967 S.114 f, 125 f

G.W. Hopkins: Boulez's "Le Soleil des Eaux", in: Tempo 68, 1964 S.35-37

G.W. Hopkins: Debussy and Boulez, in: The Musical Times 109, 1968 S.710-714

Dominique Jameux: Rezension von "Relevés d'apprenti" (siehe Anhaltspunkte a.a.O.), in: Musiques nouvelles 1968 S.331-333

Dominique Jameux: Pierre Boulez. Engl. Übers. v. Susan Bradshaw, Faber & Faber, London ¹1991 (frz. 1984) 448 S.

Franck Jedrzejewski: La mise en oeuvre du principe dodécaphonique dans la première sonate de Pierre Boulez, in: Analyse musicale, (7) April 1987 S.69

Hans-Klaus Jungheinrich: Familienähnlichkeiten. Claude Lévi-Strauss entdeckt das serielle Denken von Pierre Boulez, in: Hans-Klaus Jungheinrich (Hrsg.): Das Gedächtnis der Struktur. Der Komponist Pierre Boulez, Mainz 2010 S.51-59

Erhard Karkoschka: Rezension von "Musikdenken heute 1", a.a.O., in: Melos 30, 1963 S.291-94

Marianne Kesting: Mallarmé und die Musik, in: Melos 35, 1968

Lev Kobljakov: Pierre Boulez' "Le marteau sans maître". Analysis of pitch structure (Vorabdruck eines Kapitels einer russ. Diss.), in: ZfMth, 8.Jg. 1977 Heft 1

Boris Kremenliev: Boulez dirigiert die Uraufführung seines "Éclat" in Los Angeles, in: Melos 32, 1965 S.268-270

Ernst Krenek: Is the Twelve-Tone Technique on the Decline? In: MQ 39, 1953 S.523-25

Ton de Leeuw: Muziek van de Twintigste Eeuw, Utrecht 1964. Schwed.: Nittonhundratalets musik, Stockholm 1967. Neuauflage engl.: Music of the Twentieth Century. A Study of its Elements and Structure. Amsterdam University Press, Amsterdam 2006

Ogneaca Lefterescu: Coloristic tendencies in contemporary piano literature, in: Lucrari de muzicologie, 1966 (1967) S.287-93, auch in dt.

Hans Ulrich Lehmann: Boulez's "Figures, Doubles, Prismes", in: Tempo 68, 1964 S.35 f

François Lesure: Pierre Boulez, in: Musica d'Oggi, 1958 S.19-21

Claude Lévi-Strauss: Mythologica I. Das Rohe und das Gekochte, 1. Aufl., Frankfurt/M 1976 S.84-96

Wolf-Eberhard von Lewinski: Pierre Boulez, Auf der Suche nach neuen Formen, in: Fono forum XIV/9, 1969 S.560-62

György Ligeti: Pierre Boulez, Entscheidungsfreiheit und Automatik in der Structure 1 a, in: die reihe 4, Wien 1958 S.38-63

György Ligeti: Zur III. Klaviersonate von Boulez, in: die reihe 5, Wien 1959 S.38-40

Edward Lockspeiser: A bout with Boulez, in: High Fidelity 16, Mai 1966 S.65-68, 118

Hermann Matzke: Auf dem Wege zum realelektronischen Orchester. Eine Boulez-Uraufführung bei den Donaueschinger Musiktagen 1958, in: Instrumentenbau-Zeitschrift 13, 1958 S.31-32

Claus-Steffen Mahnkopf: Boulez - ein Schicksal?, in: Musik-Konzepte 89/90, 1995 S. 16-28

Nicholas Maw: Boulez and tradition, in: The Musical Times 103, 1962 S.162-64

Wilfrid Mellers: Caliban reborn; renewal in twentieth-century music, in: World Perspectives 36, New York 1967 195 S.

Heinz-Klaus Metzger & Rainer Riehn (Hrsg.): Pierre Boulez I, in: Musik-Konzepte 89-90, edition text+kritik, Oktober 1995

Heinz-Klaus Metzger & Rainer Riehn (Hrsg.): Pierre Boulez II, in: Musik-Konzepte 96, April 1997

Henri Michaux: Genèse du trois "Poèmes pour pouvoir", in: Melos 25, 1958 S.308 f (dt. S.309 f)

Massimo Mila: Rezension von Pierre Boulez: Par volonté et par hasard. Entretiens avec Célestin Deliège, Paris 1975 (siehe "Wille und Zufall" a.a.O.), in: NRMI-XI/1, Januar-März 1976, ital.
Weitere Rez.: Henri Vanhulst, in: RBelgeMusicol 28-30, 1974-76 S.271-72, frz.
Weitere Rez.: Robert T. Piencikowski, in: Schweizer. Musikzeitung 116.Jg., Zürich 1976 S.41

Lou Ann Neill: The harp in contemporary chamber and solo music, Diss. Los Angeles 1971 58 S.

Luigi Nono: Die Entwicklung der Reihentechnik, in: DBzNM I, Mainz 1958

Reinhard Oehlschlägel: Claude Debussy und die neue Musik, in: Musica 25/4, 1971 S.353-55

Hans Oesch: Wandelt sich das europäische Musikbewußtsein? In: Melos 31, 1964 S.212-219

Hans Oesch: Die ars nova des zwanzigsten Jahrhunderts, in: Melos 34/11, 1967 S.385-88, auch in: Universitas 23/1, 1968 S.19-25

Rosângela Pereira de Tugny: Pierre Boulez, Third piano sonata, in: Dissonance 36, Hrsg. Schweizerischer Tonkünstlerverein, Mai 1993 S.4-7, auch in frz.

Rosângela Pereira de Tugny: Au commencement était l'esquisse. À propos de *Constellation-Miroir* de Pierre Boulez (At the beginning was the sketch: Concerning Pierre Boulez's *Constellation-Miroir),* in: Musurgia: Analyse et pratique musicales, 6(1) 1999 S.41-61.

Horst Petri: Literatur und Musik. Form- und Strukturparallelen, Göttingen 1964 S.64-68

Joan Peyser: Boulez. Composer, Conductor, Enigma. Cassell, London 1977

Robert T. Piencikowski: Pierre Boulez, Le Marteau sans maître, in: Schweizer.

Musikzeitung 117. Jg., Zürich 1977 sowie zahlreiche weitere Veröffentlichungen über Pierre Boulez vom selben Autor.

Anne Piret: Pierre Boulez, Sonata no. 3 for piano, in: Analyse musicale (29), Société Française d'Analyse Musicale, Paris November 1992 S.61-74

Henri Pousseur: L'apothéose de Rameau, in: Rev. d'esthétique 21, 1968

Gwyneth Margaret Roberts: Rhythm as a structural element in Boulez's Le Marteau sans maître, Diss. Indiana U. 1968 128 S.

Claude Rostand: La musique française contemporaine, Paris 1952

Claude Rostand: La musique de scène de Pierre Boulez pour "L' Orestie" d'Eschyle, in: Schweizer. Musikzeitung 96, 1956 S.11-13

Claude Rostand: Boulez in Donaueschingen, in: Melos 25, 1958 S.402-404

Claude Rostand: Trends and Tendencies in Contemporary French Music, in: Twentieth Century Music, hrsg. v. R.H. Myers, London 1960 S.152 f

Jean Roy: Présences contemporaines, Musique française, Paris 1962 S.457-470

Friedrich Saathen: "Le Marteau sans Maître" von Pierre Boulez, in: Schweizer. Musikzeitung 97, 1957 S.289-91

Claude Samuel: Panorama de l'art musical contemporain, avec textes inédits de Goléa, Hodeir, Boulez, Xenakis, Leroux, Bourgeois, Fano, Béjart, = Coll. Le Point du jour, Paris 1962.
Rez. André Boll, in: Revue d'histoire du théâtre 14, 1962 S.386 f

Pierre Schaeffer: À la recherche d'une musique concrète, Paris 1952 S.190 f

Brigitte Schiffer: London. Boulez-Premiere in der Festival Hall, in: Melos/NZ 4/75, Mainz 1975 S.307-309. Vergleiche mit:
Brigitte Schiffer: Pierre Boulez - 'Rituel in memoriam Maderna', in: Schweizer. Musikzeitung 115.Jg., Zürich 1975 S.261

Marcel Schneider: Célébrité de Pierre Boulez, in: La nouvelle revue française 27, 1966 S.728-32

Wolfgang Schreiber: Autoritär und nachgiebig. Pierre Boulez - Portrait eines Vielseitigen, in: Musica 30.Jg. S.117-19

Klaus Schweizer: O. Messiaens Klavieretüde "Mode de valeurs et d'intensites" (1949) und die Anfänge serieller Komposition bei P. Boulez und K. Stockhausen, Staatsexamensarbeit Freiburg i.Br. 1964, mschr.

Marina Scriabine: Pierre Boulez et la musique concrète, in: La Revue Musicale

215, 1952 S.14-15

Peter E. Stacey: Boulez and the Modern Concept, (Scolar Press), Aldershot 1987

Gino Stefani: La logica di Boulez, in: Il convegno mus. II, 1965

Rudolf Stephan: Bemerkungen zu Pierre Boulez' Komposition von René Char's "Klage der verliebten Eidechse", in: Musik und Bildung 1, 1969 S.27-30. Verbessert in: Zur musikalischen Analyse, hrsg. v. Gerhard Schumacher, in: Wege der Forschung 257, 1974 S.441-51

Karlheinz Stockhausen: Sprache und Musik, in: DBzNM I, Mainz 1958 S.57 ff, und in: die reihe 6, 1960 S.36 ff

Iwanka Stoianowa: Pli selon pli, portrait de Mallarmé, in: MJeu 11, Juni 1973 S.75-98

Iwanka Stoianowa: La troisième sonate de Boulez et le projet mallarméen du Livre, in: Musique en jeu 16 Nr.11, Nov.1974 S.9-28

Iwanka Stoianowa: La musique et Mallarmé, Mallarmé 1842-1898 - un destin d'écriture, Paris 1998

Igor Stravinsky&Robert Craft: Conservations with Igor Stravinsky, Faber&Faber, London 1959

Igor Strawinsky: Gespräche mit Robert Craft, Zürich 1961 S.198 f, S.233-35

Igor Strawinsky mit Robert Craft: Erinnerungen und Gespräche, Frankfurt/M 1972 z.B. S.236-39

Heinrich Strobel: London - Boulez entdeckt "Pelléas" neu, in: Melos 37, 1970 S.65-67

Heinrich Strobel: "Verehrter Meister, lieber Freund...". Begegnungen mit Komponisten unserer Zeit, hrsg. v. Ingeborg Schatz, Stuttgart-Zürich 1977 112 S.

Hans Heinz Stuckenschmidt: Von Arnold Schönberg bis Pierre Boulez. Die neue Musik, ihr Weg und ihre Erlebbarkeit, in: Universitas 25, 1970 S.805-12

Akira Tamba: Creative idea and creation. Contemporary French composers, Diss. Paris 1974 245 S. (Tokio: Ongaku no tomo, 1972) frz. und jap.

Paule Thévenin: L'univers en mouvement de Pierre Boulez, in: La Musique et ses problèmes contemporains, Paris 1963 S.355-359

Ebke Thomas: Was ist *Aleatorik* ?, in: Melos 27 (1961) S.213–219

Ernst Thomas: Der organisierte schöpferische Rausch, in: NZfM CXX, 1959 S.515-19

Roman Vlad: Storia della dodecafonia, Mailand 1958 S.257-61

Hans Vogt: Neue Musik seit 1945, Stuttgart 1972

Mary Hannah Wennerstrom: Parametric analysis of contemporary musical form, Diss. Indiana U. 1967 318 S.

Arnold Whittall: After Webern, Wagner - reflections on the past and future of Pierre Boulez, in: The Music Review 28, 1967 S.135-38

Jacques Wildberger: Verschiedene Schichten der musikalischen Wortdeutung in den Liedern Franz Schuberts, in: Schweizer. Musikzeitung CIX/1, Jan-Feb 1969 S.4-9

Marc Wilkinson: Pierre Boulez' "Structure 1 a". Bemerkungen zur Zwölfton-Technik, in: Gravesaner Blätter 3, H.10, 1958 S.12-29 dt.+engl.

Martin Zenck: Pierre Boulez - Die Partitur der Geste und das Theater der Avantgarde. Wilhelm Fink, Paderborn 2017

Martin Zenck etc.: Zum mittelalterlichen Konstruktivismus in der seriellen Musik der fünfziger Jahre, in: Mf 43, 1990

Winfried Zillig: "Jeune France" von Messiaen bis Boulez, in: Bayerischer Rundfunk. Konzerte mit Neuer Musik 10, 1959 S.18-31

Winfried Zillig: Variationen über Neue Musik, München 1959 S.173 ff

4. Weitere für diese Arbeit verwendete bzw. in dieser Arbeit erwähnte Literatur

Theodor W. Adorno: Philosophie der Neuen Musik (2. Aufl.), Frankfurt/M 1958

Theodor W. Adorno: Quasi una fantasia, Frankfurt/M 1963

Theodor W. Adorno: Einleitung in die Musiksoziologie, Frankfurt/M 1962

John Backus: Die Reihe - A Scientific Evaluation, in: Perspectives of Music Bd I Nr.1 1962

Suzanne Bernard: Mallarmé et la musique, Paris 1959

Zack Bowen: Musical Allusions in the Works of James Joyce, New York-Dublin 1975

Hermann Broch: James Joyce und die Gegenwart, Frankfurt/M 1971

Louis de Broglie: Licht und Materie. Beiträge zur Physik der Gegenwart, Frankfurt/M-Hamburg 1958

Robert Greer Cohn: Mallarmé's Un Coup de Dés: an exegesis, Yale U 1949

Robert Greer Cohn: Mallarmé's Masterwork, New Findings, Den Haag-Paris 1966

Richard K. Cross: Flaubert and Joyce. The Rite of Fiction, Princeton U. 1971

Carl Dahlhaus: Analyse und Werturteil, Mainz 1970

Carl Dahlhaus: Die Idee der absoluten Musik, Kassel 1978

Umberto Eco: Opera aperta, Mailand 1962, dt. Das offene Kunstwerk, Frankfurt/M 1973

Umberto Eco: La struttura assente, Mailand 1968, dt. Einführung in die Semiotik, München 1972

Herbert Eimert: Grundlagen der musikalischen Reihentechnik, Wien 1964 (Sonderband der "reihe")

Richard Ellmann: James Joyce, New York 1959

Marie-Louise Erlenmeyer: Stéphane Mallarmé, Ein Würfelwurf, Olten/Freiburg i.Br. (1966)

Constantin Floros: Gustav Mahler. Band I: Die geistige Welt Gustav Mahlers in systematischer Darstellung. Band II: Mahler und die Symphonik des 19.Jh. in neuer Deutung, Wiesbaden 1977

Hans-Jost Frey: Mallarmé und die Neue Musik, in: Schweizer. Monatshefte 1966 S.575-598

Hugo Friedrich: Die Struktur der modernen Lyrik. Erweiterte Neuaufl., Hamburg 1968 S.72-107

Antoine Goléa: Musik unserer Zeit, München 1955

Doris Haas: Flucht aus der Wirklichkeit. Thematik und sprachliche Gestaltung im Werk Stéphane Mallarmé's, Diss. Bonn 1970

David Hayman: Joyce et Mallarmé, Lettres Modernes, Paris 1956

Manfred Jahn: Sprachspielerische Wortbildungstechniken in James Joyces FINNEGANS WAKE, Diss. Köln 1975

James Joyce: Ulysses, new ed., New York 1961 ([1]1914), dt. übersetzt von Hans Wollschläger, Frankfurt/M 1975

James Joyce: Finnegans Wake, repr. ed., London 1960 ([1]1939)

Stéphane Mallarmé: Œuvres complètes, Paris 1945

Herbert M. McLuhan: Joyce, Mallarmé, and the Press, in: Sewanee Review LXII,

Sewanee 1954

Henri Mondor: Vie de Mallarmé, Paris 1941

Henri Pousseur: Musik, Form und Praxis, in: die reihe 6, Wien 1960

Marcel Raymond: De Baudelaire au Surréalisme, Paris 1947

Nicholas Ruwet: Von den Widersprüchen der seriellen Sprache, in: die reihe 6, Wien 1960

Jacques Scherer: Le "Livre" de Mallarmé, Paris 1957

Ulrich Schneider: Die Funktion der Zitate im "Ulysses" von James Joyce, Bonn 1970

Fritz Senn: James Joyce. Aufsätze, Zürich 1972

Rolf Stabel: Igitur - Mallarmés Erfahrung der Literatur, München 1976

Rudolf Stephan: Neue Musik. Versuch einer kritischen Einführung, Göttingen 1958

Karlheinz Stockhausen: ...wie die Zeit vergeht..., in: die reihe 3, Wien 1957

Hella Tiedemann-Bartels: Versuch über das artistische Gedicht, München 1971

Werner Vordtriede: Novalis und die französischen Symbolisten. Zur Entstehungsgeschichte des dichterischen Symbols, Stuttgart 1963

Iwanka Stoianowa: La musique et Mallarmé, Mallarmé 1842-1898 - un destin d'écriture, Paris 1998

Kurt Wais: Mallarmé. Dichtung, Weisheit, Haltung, 2. Aufl. von: Mallarmé. Ein Dichter des Jahrhundert-Endes, München 1952 (^{1}1938)

Hans Rudolf Zeller: Mallarmé und das serielle Denken, in: die reihe 6, Wien 1960

***

Die im Text enthaltenen Notenbeispiele der III. Sonate sind bei der Universal Edition Wien erschienen.

Nachwort

Diese Arbeit entstand in ihrer ersten Form 1979 am musikwissenschaftlichen Institut der Universität Hamburg als Dissertation. Mein ganz besonderer Dank gilt meinem Doktorvater, Herrn Professor Dr. Constantin Floros. Über viele Jahre danach unterrichtete ich bis 2017 an der Hochschule für Musik und Theater Hamburg Komposition und Musiktheorie. Ich gewann in zahllosen Diskussionen über Neue Musik wertvolle Erkenntnisse hinsichtlich der Schwierigkeiten und Chancen der Musik von Pierre Boulez. Alle diese Gedanken sind in die hier vorliegende Neufassung meiner Schrift 2017 eingeflossen. Ich bedanke mich bei allen Studierenden und auch KollegInnen: besonders bei Prof. Volkhardt Preuß; bei meinem Freund aus der Ligeti-Klasse in Hamburg: Dr. Hubertus Dreyer; bei Ligeti selber posthum (ich träume unsere Diskussionen bis heute weiter); und bei vielen KomponistInnen außerhalb Hamburgs für die vielen extrem anregenden Diskussionen über das Komponieren heute. Meine Frau Susanne half mir sehr bei der Durchsicht des Textes. Ihr gilt mein großer Dank für die vielen Stunden, die sie als Lektorin aufwendete.

Gerade jetzt am 25. Februar 2017 gibt mir ein Wort von Brian Ferneyhough zu denken, von dem Fanis Gioles, der griechisch-hamburgische Percussionist, berichtete: "Wir sollten Nostalgie aufgeben." Was stünde dagegen? Eine Musik als **reine Struktur**? Ich kann sie so **denken**, gewiss, als reine Verhältnisse von Intervallen, Längen. Aber was macht das **Hören** damit? Jedes akustische Ereignis setzt dieses Hören selbst instantan in einen Vergleich zu Erinnertem in unserem Kopf. Wir funktionieren so. Wir haben **unsere Welt** Schritt für Schritt gebaut durch Einordnung von Erfahrenem in ein Konstrukt hinein. Das ist immens subjektiv und ergreifend in seiner Komplexität. Hören wir aus der Stille des Konzertsaals heraus den ersten Ton, den ersten Klang, das erste Geräusch, dann **sagt** da etwas: "Hier bin ich". Oder: "Anfang". Kommt der nächste Ton, kommt mit ihm eine **Aufforderung**: "Vergleiche mich mit dem Ton vorher." Jeder nächste Ton baut immer weiter eine sich im Kopf erzeugende

Story. Ein heftiger Akzent kann diesen Traum löschen, uns wiederum initialisieren für eine neue selbstgebaute Story. Ein Pianissimo über eine Zeitspanne kann ein konstantes Bild erzeugen, in welche Richtung auch immer. So kann es gehen, muss aber nicht. Ich erlebe "Bone Alphabet" von Brian Ferneyhough mit Fanis Gioles. Da ist wieder die Boulez'sche Idee des "squelette". Da kommt gleich wieder die notwendige **Haut** des Erlebens: Keine rhythmische Proportion ist **nur** eine solche. Mitunter erzeugt Brian durch Wiederholungen selbst eine Bildkanalisierung. Der Tanz entsteht, die Verbindung zu den alten Liedern. Und alles ist Wiederholung: Die sieben disparaten Klänge für Percussion, nur sieben in einem asymmetrischen Kreis. Angeordnet in renaissancehafter Polymetrik, sehr oft. Abbrechende Pulse, aber doch Pulse, sehr oft. Stets Beziehungen Hoch-Tief. **Beziehungen.** Damit also **Buchstaben** wie für **Wörter**. Oder **Un-Wörter**, die ein Negativ bilden und mögliche Wörter nur scharfzeichnen. Ein verschmitztes Spiel der tausend Wörter und tausend Auslöschungen von Wörtern. Ferneyhough, das Kind von Boulez. Und Fantasie ist alles...